主　　编　曹士兵　中国应用法学研究所所长
副 主 编　关　毅　国家法官学院科研部主任
　　　　　刘　畅　国家法官学院科研部副主任
主编助理　边疆戈　国家法官学院科研部编辑
　　　　　苏　烽　国家法官学院科研部编辑

《中国法院年度案例》编辑人员（按姓氏笔画）
边疆戈　朱建伟　刘　畅　关　毅　苏　烽
杨小利　罗胜华　赵丽敏　袁登明　唐世银
曹士兵　曹海荣　梁　欣　程　瑛　谭　红

本书编审人员　程　瑛

中国法院

2019年度案例

国家法官学院案例开发研究中心◎编

道路交通纠纷

中国法制出版社
CHINA LEGAL PUBLISHING HOUSE

《中国法院年度案例》通讯编辑名单

序

法律的生命在于实施，而法律实施的核心在于法律的统一适用。《中国法院年度案例》丛书出版的价值追求，即公开精品案例，研究案例所体现的裁判方法和理念，提炼裁判规则，为司法统一贡献力量。

《中国法院年度案例》丛书，是国家法官学院于2012年开始编辑出版的一套大型案例丛书，之后每年年初定期出版，由国家法官学院案例开发研究中心具体承担编辑工作。此前，该中心坚持20余年连续不辍编辑出版了《中国审判案例要览》丛书近90卷，分中文版和英文版在海内外发行，颇有口碑，享有赞誉。现在编辑出版的《中国法院年度案例》丛书，旨在探索编辑案例的新方法、新模式，以弥补当前各种案例书的不足。该丛书2012～2018年已连续出版7套，一直受到读者的广泛好评，并迅速售罄。为更加全面地反映我国司法审判的发展进程，顺应审判实践发展的需要，响应读者需求，2014年度新增3个分册：金融纠纷、行政纠纷、刑事案例，2015年度将刑事案例调整为刑法总则案例、刑法分则案例2册，2016年度新增知识产权纠纷分册，2017年度新增执行案例分册，2018年将刑事案例扩充为4个分册。现国家法官学院案例开发研究中心及时编撰推出《中国法院2019年度案例》系列丛书，共23册。

总的说来，当前市面上的案例丛书百花齐放，既有判决书网，可以查询各地、各类的裁判文书，又有各种专门领域的案例汇编书籍，以及各种案例指导、案例参考等读物，十分活跃，也各具特色。而《中国法院年度案例》丛书则试图把案例书籍变得“好读有用”，故在编辑中坚持以下方法：一是高度提炼案例内容，控制案例篇幅，每个案例基本在3000字以内；二是突出争议焦点，剔除无效信息，尽可能在有限的篇幅内为读者提供有效、有益的信息；三是注重对案件裁判文书的再加工，大多数案例由案件的主审法官撰写“法官后语”，高度提炼、总结案例的指导价值。

同时，《中国法院年度案例》丛书还有以下特色：一是信息量大。国家法官学院案例开发研究中心每年从全国各地法院收集到的上一年度审结的典型案例超过10000件，使该丛书有广泛的选编基础，可提供给读者新近发生的全国各地的代表性案例。二是方便检索。为节约读者选取案例的时间，丛书分卷细化，每卷下还将案例主要根据案由分类编排，每个案例用一句话概括裁判规则、裁判思路或焦点问题作为主标题，让读者一目了然，迅速找到需求目标。

中国法制出版社始终全力支持《中国法院年度案例》的出版，给了作者和编辑们巨大的鼓励。2018年新推出数据库增值服务，2019年继续提供数据库增值服务并充实完善数据内容。购买本书，扫描前勒口二维码，即可在本年度免费查阅使用上一年度案例数据库。我们在此谨表谢忱，并希望通过共同努力，逐步完善，做得更好，真正探索出一条编辑案例书籍、挖掘案例价值的新路，更好地服务于学习、研究法律的读者，服务于社会，服务于国家的法治建设。

本丛书既可作为法官、检察官、律师等司法实务工作人员的办案参考和司法人员培训推荐教程，也是社会大众学法用法的极佳指导，亦是教学科研机构案例研究的精品素材。当然，案例作者和编辑在编写过程中也不能一步到位实现最初的编写愿望，可能会存在各种不足，甚至错误，欢迎读者批评指正，我们愿听取建议，并不断改进。

曹士兵

目　录

Contents

一、交通事故中的主体问题

二、交通事故损害赔偿

三、交通事故损害赔偿程序

四、交通事故保险理赔

一、交通事故中的主体问题

1

代驾司机交通肇事后如何理赔

——杨某诉高某等机动车交通事故责任案

【案件基本信息】

1. 裁判书字号

辽宁省沈阳市沈河区人民法院（2017）辽0103民初第3353号民事判决书

2. 案由：机动车交通事故责任纠纷

3. 当事人

原告：杨某

被告：高某、王某、北京亿心宜行汽车技术开发服务有限公司沈阳分公司、中国人民财产保险股份有限公司沈阳市分公司

【基本案情】

2017年1月16日23时35分，在沈河区天后宫路与令闻街交会处，被告王某驾驶辽A92×××号车辆与原告杨某驾驶的辽AER×××号出租车发生交通事故，造成辽AER×××号车辆损坏。沈阳市公安局交通警察支队北站大队认定，被告王某负事故全部责任。

辽AER×××号出租车车主系沈阳深港鹏城汽车发展有限公司，由原告杨某承租该车辆进行运营。辽A92×××号车辆车主为被告高某。被告王某系北京亿心宜行汽车技术开发服务有限公司沈阳分公司代驾司机，王某与北京亿心宜行汽车技术

开发服务有限公司沈阳分公司为合作关系，北京亿心宜行汽车技术开发服务有限公司沈阳分公司对每单业务收取20%的信息服务费。被告高某所有的辽A92×××号车辆在被告中国人民财产保险股份有限公司沈阳市分公司处投保了交强险、机动车损失保险含不计免赔、盗抢险、第三者责任保险50万元不计免赔，事故发生在保险期间内，被告中国人民财产保险股份有限公司沈阳市分公司未进行赔付。

沈阳出租汽车暨客车租赁行业协会证明出租车经营业户平均每日收入为270元，白班司机平均每日收入130元，夜班司机平均每日收入为130元。辽AER×××号出租车事故后在沈阳市天宁汽车维修服务中心进行维修，维修期为2017年1月16日至2017年3月5日。

【案件焦点】

车主高某、代驾司机王某、代驾公司北京亿心宜行汽车技术开发服务有限公司沈阳分公司及保险公司中国人民财产保险股份有限公司沈阳市分公司应如何进行赔付。

【法院裁判要旨】

公民的合法权益受法律保护，行为人因过错侵害他人民事权益，应当承担侵权责任。本次交通事故中，被告王某驾驶的辽A92×××号车辆与原告杨某驾驶的辽AER×××号车辆相撞，造成原告车辆受损，原告在此次交通事故中无责，在车辆修理期间无法经营，故被告应当赔偿原告停运损失。一、保险公司应否赔付。出租车停运损失属于间接性财产损失，但该损失的产生属于必然发生。因保险合同中无着重明确写明出租车营运损失不予赔付，也未与投保人就该类赔偿进行约定，不应对保险条款中的免责部分作扩大解释。因此，保险公司认为属于免责条款不予赔付，证据不足，本院不予采纳。二、代驾司机及代驾公司应否赔付。王某系北京亿心宜行汽车技术开发服务有限公司沈阳分公司代驾司机，北京亿心宜行汽车技术开发服务有限公司沈阳分公司对每单业务享有20%的信息服务费，且代驾司机均穿着北京亿心宜行汽车技术开发服务有限公司沈阳分公司的统一代驾标识对外服务。王某与北京亿心宜行汽车技术开发服务有限公司沈阳分公司就事故损害责任之约定属二人内部约定，二者对本案原告均负有赔偿责任，应承担连带赔偿责任。三、关于损失的具体数额。原告杨某主张停运时间为49天，但结合事故情况及维修服务中心的结算单，修车时间49天过长。虽原告主张车辆是由保险公司全权负责维修，但原告对自己车辆的维修亦应承担监督、督促的责任。结合辽AER×××号车辆的维修项目，本院酌情认定，合理的维修时间为25天，超出时间不予支持。因此，被告王某及被告北京亿心宜行汽车技术开发服务有限公司沈阳分公司应当就剩余停运损失费4750元（270元/天×25天－2000元）承担连带赔偿责任。

辽宁省沈阳市沈河区人民法院依照《中华人民共和国侵权责任法》第四十八条、《中华人民共和国道路交通安全法》第七十六条、《中华人民共和国保险法》第六十五条规定，作出如下判决：

一、被告中国人民财产保险股份有限公司沈阳市分公司于本判决发生法律效力后十五日内赔偿原告杨某停运损失2000元；

二、被告王某于本判决发生法律效力后十五日内赔偿原告杨某停运损失4750元；

三、被告北京亿心宜行汽车技术开发服务有限公司沈阳分公司对本判决第二项与被告王某承担连带赔偿责任；

四、驳回原告杨某的其他诉讼请求。

【法官后语】

本案与普通交通肇事案件的不同在于代驾司机的参与导致赔偿责任人主体的变化。根据《中华人民共和国侵权责任法》第四十八条及《中华人民共和国道路交通安全法》第七十六条之规定，机动车之间发生交通事故的，由有过错的一方承担赔偿责任。

具体到本案中，代驾司机、代驾公司及保险公司之间对赔偿意见存在分歧，均认为最终的赔偿主体不在己方。本案除侵权法律关系外，还存在另外的合同关系。一个是车主与代驾公司之间的代驾合同关系，另一个是代驾司机与代驾公司之间的服务合同关系。其中代驾司机与代驾公司之间非劳动关系及履行职务的行为，而是代驾司机以代驾公司的名义对外服务。因此，于原告及车主而言，二者之间的约定属于内部约定，应该对事故承担连带赔偿责任。一方赔偿后可基于双方的合同约定，另行确定赔偿比例。

代驾、网约车、共享单车等一系列新型交通方式在生活中越来越普及，也因此引发了一系列的新型法律问题。在订立新型服务合同的过程中，双方应充分协商，权责明晰，减少法律纠纷的产生。

编写人：辽宁省沈阳市沈河区人民法院　王颖

2

公交司机在非公交站点停车，乘客被撞责任谁来担

——戴某国诉怀安县轩通公交运输有限公司、中国人民财产保险股份有限公司怀安支公司机动车交通事故责任案

【案件基本信息】

1. 裁判书字号

河北省张家口市怀安县人民法院（2017）冀0728民初第226号民事判决书

2. 案由：机动车交通事故责任纠纷

3. 当事人

原告：戴某国

被告：怀安县轩通公交运输有限公司（以下简称怀安公交公司）、中国人民财产保险股份有限公司怀安支公司（以下简称怀安保险公司）

【基本案情】

2016年1月14日中午，原告从怀安县柴沟堡镇文苑小区公交站点乘坐张某军驾驶的冀G84×××一路公交车前往柴沟堡镇司令部大院。因公交车未在公交站点停车，却在非公交站点停车，原告跟随其他乘客一并下车，原告刚一下车，就被一电动车从背后撞倒，致原告受伤住院。原告诉称该事故完全是由公交车司机未在公交站点停车下客引起，故请求被告依法承担赔偿责任。

【案件焦点】

被告是否应该承担赔偿责任以及承担责任的比例。

【法院裁判要旨】

河北省张家口市怀安县人民法院经审理认为：怀安公交公司司机张某军驾驶一路公交车在公交站点以外的路段停车上下乘客，以致原告刚下车即被一辆电动车碰撞。这一违规行为是造成本次事故的根本原因，张某军应对事故的发生负全部责任。原告及电动车驾驶员无过错，不应承担事故责任。在事故中不承担责任的非机动车驾驶人自行离开现场，不能因此而让其承担逃逸的全部责任。对于被告保险公司让电动车驾驶人承担逃逸全部责任的辩称，本院不予采信。张某军在事故发生时是在履行职务行为，给原告造成的损失应由被告怀安公交公司承担。因怀安公交公司在被告怀安保险公司投有第三者强险及商业险。因此，原告损失116778.32元应由怀安保险公司赔偿。原告受伤后曾到怀安公交公司要求赔偿，且怀安县交警大队在2016年8月4日才做出事故认定书，因此原告向被告主张赔偿并未过诉讼时效。

河北省张家口市怀安县人民法院依照《中华人民共和国侵权责任法》第十六条、第二十二条、第三十四条，《中华人民共和国道路交通安全法》第七十六条，《中华人民共和国保险法》第六十四条之规定，作出如下判决：

一、被告怀安保险公司在本判决生效后十日内在第三者强险及商业险范围内赔偿原告戴某国医疗费等损失116778.32元；

二、驳回原告的其他诉讼请求。

【法官后语】

本案的争议焦点主要是被告怀安公交公司是否应该承担原告受伤的赔偿责任及承担责任比例。

根据《中华人民共和国道路交通安全法实施条例》第六十三条规定，机动车在道路上临时停车，应当遵守下列规定：（一）在设有禁停标志、标线的路段，在机动车道与非机动车道、人行道之间有隔离设施的路段以及人行横道、施工地段，不得停车；（二）交叉路口、铁路道口、急转弯、宽度不足4米的窄路、桥梁、陡坡、隧道以及距离上述地点50米以内的路段，不得停车；（三）公共汽车站、急救站、加油站、消防栓或者消防队（站）门前以及距离上述地点30米以内的路段，除使用上述设施的以外，不得停车；（四）车辆停稳前不得开车门和上下人员，开关车门不得妨碍其他车辆和行人通行；（五）路边停车应当紧靠道路右侧，机动车驾驶人不得离车，上下人员或者装卸物品后，立即驶离；（六）城市公共汽车不得在站点以外的路段停车上下乘客。

对于本案，原告戴某国乘坐了被告怀安公交公司运营的公交车，司机张某军驾驶一路公交车在公交站点以外的路段停车上下乘客，以致原告刚下车即被一辆电动车碰撞。这一违规行为是造成本次事故的根本原因，故张某军应对事故的发生负全部责任。电动车驾驶员属于正常行驶，故原告及电动车驾驶员无过错，不应承担事故责任。综上，在事故中不承担责任的非机动车驾驶人自行离开现场，不能因此而让其承担逃逸的全部责任。

根据《中华人民共和国侵权责任法》的规定，用人单位的工作人员因执行工作任务造成他人损害的，由用人单位承担侵权责任。张某军系怀安公交公司员工，因执行工作任务造成戴某国损害，故对于戴某国的合理经济损失，应由怀安公交公司承担侵权责任。

根据《机动车交通事故责任强制保险条例》规定，被保险机动车发生道路交通事故造成本车人员、被保险人以外的受害人人身伤亡、财产损失的，由保险公司依法在机动车交通事故责任强制保险责任限额范围内予以赔偿。本案原告戴某国属于本车人员、被保险人以外的受害人，且被告怀安公交公司为冀G84×××车在被告怀安保险公司投有交强险及第三者商业险等险种，三者商业险保额为50万元。事故发生时处于保险期内，三者商业险不计免赔。所以被告恒安保险公司应当在承保的交强险及第三者商业险限额范围内承担原告戴某国的赔偿责任，依法有据。

对于本案发生这样的交通事故，怀安公交公司公交车司机张某军在非停靠站停车，这一违规行为是造成本次事故的根本原因。在生活中，作为乘客的我们也会经常遇到这种情况，在这个时候，我们也会在非停靠站随着人流选择下车。在这里笔者提醒广大乘客，在遇到这种情况时，一定要先观察下车地点周围的安全情况再下车，这也是对自己、对家人负责。

编写人：河北省张家口市怀安县人民法院　王泽丽

3

机动车交通事故责任纠纷中报废车辆发生事故后的责任承担

——潘某伟诉司徒某等机动车交通事故责任案

【案件基本信息】

1. 裁判书字号

江苏省无锡市中级人民法院（2016）苏02民终第4421号民事判决书

2. 案由：机动车交通事故责任纠纷

3. 当事人

原告（被上诉人）：潘某伟

被告（被上诉人）：司徒某、蒋某君、徐某超

被告（上诉人）：陈某、顾某强

【基本案情】

2013年11月20日，潘某伟驾驶苏BT6×××二轮摩托车，沿104国道由西向东行驶至1264.8公里处，与停放在桥面上的徐某超驾驶的悬挂津A67×××（实际登记号牌为苏BJ2×××）的轿车相撞，造成潘某伟受伤和两车损坏的交通事故。交警部门认定潘某伟、徐某超负事故同等责任。事故发生时苏BJ2×××轿车登记车主为司徒某。2016年4月12日，潘某伟诉至法院，请求判令赔偿其各项损失共计169526.57元。2015年10月28日潘某伟经司法鉴定所进行法医学鉴定，因交通事故导致的伤情构成十级伤残。苏BJ2×××轿车初次登记日期为1995年2月24日，检验合格至2012年2月，交强险终止日期为2011年12月21日。2013年3月13日，司徒某将该车转让给蒋某君，2013年6月23日，蒋某君将该车转让给陈某。2013年12月23日，宜兴市公安局交通警察大队车辆管理所出具的车辆检验意

见书载明：苏BJ2×××号轿车静态检验该车后保险杠撞击损坏，左侧尾灯撞击损坏；动态检验该车因车辆无法启动，无法进行动态检验。检验结论是苏BJ2×××号轿车无法检验。审理中，宜兴市人民法院根据潘某伟的申请，依法向交警部门调取了交警部门在事故发生后向徐某超、陈某、顾某强所作的询问笔录，各方对苏BJ2×××号轿车的实际使用人是谁陈述不一致。顾某强、徐某超均陈述是顾某强指示徐某超去接人，陈某、蒋某君、顾某强、徐某超均未陈述是陈某指示徐某超去接人。二审中，法院调取交警部门对陈某的询问笔录。陈某在向交警部门所作的陈述中明确认可其向蒋某君购买涉案车辆，支付购车款，自己是涉案车辆的所有人。后陈某又改口称车辆未交付，自己也未付款。

【案件焦点】

1. 本案中顾某强是否应承担赔偿责任；2. 肇事车辆转让的前后手之间是否承担赔偿责任。

【法院裁判要旨】

江苏省宜兴市人民法院经审理认为：从关于苏BJ2×××号轿车在本案所涉事故发生时的实际使用人，因顾某强、徐某超在交警部门询问时均陈述是顾某强指示徐某超去接人，陈某、蒋某君、顾某强、徐某超均未陈述是陈某指示徐某超去接人，现蒋某君、顾某强主张是陈某指示徐某超去接人，对此，陈某不予认可，蒋某君、顾某强也未提供证据证明，同时，潘某伟对蒋某君、顾某强的主张也未予认可。综上，本院确认顾某强为苏BJ2×××号轿车的实际使用人，徐某超系帮工，徐某超驾驶苏BJ2×××号轿车致潘某伟损害，其赔偿责任应由顾某强承担。苏BJ2×××号轿车发生交通事故时未投保交强险，投保义务人陈某和侵权人顾某强应先在交强险责任限额范围内承担连带责任。苏BJ2×××号轿车检验合格至2012年2月，事故发生时已过检验期限，陈某应知晓该车存在重大安全隐患，其还将该车借于顾某强使用，陈某对该起事故的发生存有过错，负有相应的赔偿责任。依法禁止行驶的机动车被多次转让，并发生交通事故造成损害的，由所有转让人和受让人承担连带责任。苏BJ2×××轿车检验合格至2012年2月，按照《中华人民共和国道路交通安全法实施条例》第十六条规定，该类汽车应每6个月检验1次，故该车应认定为禁止行驶的机动车，司徒某、蒋某君应和陈某承担连带责任。潘某伟在本案中的损失共计 167026.57 元。由陈某、顾某强在交强险医疗项范围内承担 10000 元，伤残项范围内承担 110000 元，并承担连带责任。超出部分 47026.57 元，潘某伟应自负其中的 50%，顾某强、陈某各承担 11757 元，司徒某、蒋某君对陈某超出交强险部分即 11757 元承担连带责任。判决：

一、顾某强、陈某于本判决发生法律效力之日起十日内赔偿潘某伟 120000 元，并承担连带责任；

二、顾某强于本判决发生法律效力之日起十日内赔偿潘某伟 11757 元；

三、陈某于本判决发生法律效力之日起十日内赔偿潘某伟 11757 元，司徒某、蒋某君承担连带责任；

四、驳回潘某伟的其他诉讼请求。

陈某、顾某强不服，提出上诉。二审法院经审理判决：

驳回上诉，维持原判。

【法官后语】

本案中存在两个关键点：一是事故责任与赔偿责任；二是赔偿责任中的连带责任问题。

一、事故责任与赔偿责任

机动车交通事故责任中，事故责任与赔偿责任是有不同含义的。所谓事故责任，指的是交通事故中责任方对交通事故的发生及后果的产生所承担的过错，主要通过交警部门出具的事故认定书等确定。赔偿责任，则指的是依据损伤责任和事故责任以及法律规定来确定各方应承担的具体赔偿责任。本案中，交警部门作出的事故认定书直接确定了原告潘某伟与被告徐某超负事故的同等责任。经过事实的审理查明，徐某超是另一被告顾某强的帮工，接受顾某强的指示开车去办事，顾某强是肇事轿车的实际使用人，根据《最高人民法院关于审理人身损害赔偿案件适用法律若干问题的解释》第十三条的规定，故本案的赔偿责任应由顾某强承担。

二、赔偿责任中的连带责任

在本案的赔偿责任中也包含着两个连带责任：第一个连带责任是：因车辆未投保交强险，投保义务人与侵权人承担连带责任。由于交强险具有公益性，其立法的目的是弥补受害人的损失，故在交强险范围内不考虑双方事故责任、过错承担及其他参与度影响。本案中肇事车辆未能投保交强险，根据《最高人民法院关于审理道路交通事故损害赔偿案件适用法律若干问题的解释》第十九条规定，未依法投保交强险的机动车发生交通事故造成损害，由投保义务人在交强险责任限额范围内予以赔偿。投保义务人和侵权人不是同一人的，由投保义务人和侵权人在交强险责任限额范围内承担连带责任。本案中的投保义务人为车辆最后转手的所有人陈某，侵权人为顾某强，故陈某与顾某强在交强险责任限额范围内承担连带责任。第二个连带责任是：报废车辆的所有转让人与受让人承担连带责任。《最高人民法院关于审理道路交通事故损害赔偿案件适用法律若干问题的解释》第六条规定，拼装车、已达到报废标准的机动车或者依法禁止行驶的其他机动车被多次转让，并发生交通事故造成损害的，当事人请求由所有转让人和受让人承担连带责任的，人民法院应予支持。根据《中华人民共和国道路交通安全法》《中华人民共和国道路交通安全法实施条例》的规定，已属于无故不参加年检或年检不合格的车辆，也属于广义上的禁止行驶的机动车。此种情形下，转让人应举证证明该未年检的机动车在转让时不存在不符合国家机动车安全技术标准的情形，否则就应与受让人一起承担连带责任。本案中的肇事轿车在超过检验合格期后的所有转让行为的前手，均应当承担连带责任。

编写人：江苏省宜兴市人民法院　钱晨　郑清

4

交通事故中二次事故责任比例如何认定

——吕某强诉吕某伟等机动车交通事故责任案

【案件基本信息】

1. 裁判书字号

江苏省溧阳市人民法院（2017）苏0481民初第2253号民事判决书

2. 案由：机动车交通事故责任纠纷

3. 当事人

原告：吕某强

被告：吕某伟、六安市稳顺汽车运输服务有限公司（以下简称六安公司）、英大泰和财产保险股份有限公司六安中心支公司（以下简称英大泰和公司）、张某、中国人寿财产保险股份有限公司芜湖市中心支公司机动车（以下简称人寿公司）

【基本案情】

2016年9月23日5时20分左右，原告驾驶皖S57×××重型仓栅式货车（空车，整备质量11605kg）撞到前方停靠在道路上被告吕某伟驾驶的皖N92×××重型半挂牵引车、皖NK×××挂重型普通半挂车尾部发生事故，后被告张某驾驶皖BR2×××小型普通客车撞到皖S57×××重型仓栅式货车尾部，事故造成吕某强受伤。原告庭审中陈述，第一次事故发生时就没有意识了，第二次事故不知道。本次事故经溧阳市公安局交通警察大队认定在第一次事故中，吕某强承担主要责任，吕某伟承担次要责任，在第二次事故中，张某承担全部责任，吕某强和吕某伟不承担责任。吕某伟驾驶的皖N92×××重型半挂牵引车在英大泰和公司投保了交强险和商业三者险（责任限额50万元，且不计免赔），事故发生在保险期内；皖NK×××挂重型普通半挂车在英大泰和公司投保了商业三者险（责任限额30万元，且不计免赔），事故发生在保险期限内。张某驾驶皖BR2×××小型普通客车（整备质量1180kg）在人寿公司投保了交强险和商业三者险（责任限额50万元，且不计免赔），事故发生在保险期间内。原告受伤后，双方就医疗费等未达成一致意见，遂起诉至法院。

【案件焦点】

1. 原告受伤是否与二次事故有关；2. 事故赔偿责任比例如何划定。

【法院裁判要旨】

事故责任与赔偿责任虽然有时相同，但属于两个概念，只有事故责任与损害结果具有因果关系时才会转换成赔偿责任，否则不承担赔偿责任。由此可见，被告人寿公司是否承担保险责任，关键看第二次事故与原告受伤是否存在着因果关系。本院认为两者存在因果关系，理由如下：一是从交警部门事故认定书“事故共造成原告一人受伤”的表述来看，原告受伤是针对二次事故而言的；二是被告张某所驾驶车辆自身质量虽然远小于原告所驾驶车辆，但毕竟是在行驶中所发生的碰撞，具有一定的撞击力，且是在原告受伤而较脆弱的状况下发生，从一般理性人的角度看，第二次事故与原告受伤之间具有因果关系。本案根据交警部门对二次事故责任的认定，一般情况来讲，被告吕某伟应承担15%的赔偿责任，被告张某承担50%的赔偿责任，原告应自行承担35%的责任。但综合事故现场情况，特别是被告人寿公司所抗辩的情况，虽然不能否定与第二次事故无因果关系，但导致原告受伤的原因力与第二次事故责任确实不相匹配，应作适当调整。宜调整为被告张某承担全部事故30%的赔偿责任，被告吕某伟承担70%中的30%，即21%的赔偿责任，原告承担70%中的70%，即49%的赔偿责任。原告在本次交通事故中损失依法认定如下：医药费58645.11元、住院伙食补助费1600元（50元/天×32天）、营养费600元（10元/天×60天）、护理费5700元（95元/天×60天）、残疾赔偿金80304元、被抚养人生活费22468.05元（26433元×17年×10%÷2）、误工费15394.75元（61579元÷12×3）、精神抚慰赔偿金3250元、鉴定费2520元、交通费1000元，合计191481.91元。扣除10%医保外用药5864.51元，由原告承担49%即2873.61元（5864.51×49%），被告张某承担30%即1759.35元（5864.51×30%），被告吕某伟承担21%即1231.55元（5864.51×21%），因被告吕某伟系驾驶员，其赔偿责任由被告六安公司承担。其余损失由被告英大泰和公司、人寿公司在交强险医疗费用赔偿限额内各承担10000元，在交强险死亡伤残赔偿限额内各承担65318.4元［（191481.91－58645.11－600－1600）÷2］。超出交强险及医保外用药部分34980.6元（58645.11＋600＋1600－20000－5864.51元），由被告英大泰和公司在商业险范围内按责承担21%即7345.93元（34980.6×21%），被告人寿公司在商业险范围内承担30%即10494.18元（34980.6×30%），原告承担49%即17140.49元（34980.6×49%）。

综上所述，江苏省溧阳市人民法院依照《中华人民共和国侵权责任法》第六条、第十二条、第十六条、第二十二条、第三十四条，《中华人民共和国道路交通安全法》第七十六条第一款，《最高人民法院关于审理人身损害赔偿案件适用法律若干问题的解释》第十七条、第十八条、第十九条、第二十条、第二十一条、第二十二条、第二十三条、第二十四条、第二十五条，《最高人民法院关于审理道路交通事故损害赔偿案件适用法律若干问题的解释》第十六条，《中华人民共和国民事诉讼法》第一百四十四条之规定，判决如下：

一、被告英大泰和财产保险股份有限公司六安中心支公司应于本判决生效之日起五日内向原告吕某强赔付各项损失合计 82664.33 元（10000 + 65318.4 + 7345.93）；

二、被告中国人寿财产保险股份有限公司芜湖市中心支公司应于本判决生效之日起五日内向原告吕某强赔付各项损失合计 85812.58 元（10000 + 65318.4 + 10494.18）；

三、被告六安市稳顺汽车运输服务有限公司应于本判决生效之日起五日内向原告吕某强赔付 1231.55 元；

四、被告张某应于本判决生效之日起五日内向原告吕某强赔付 1759.35 元；

五、驳回原告吕某强的其他诉讼请求。

【法官后语】

一直以来，机动车交通事故责任纠纷案件在基层法院收案数量中所占比例越来越高，这类案件虽然案情较为简单，但在责任划分、赔偿项目等诸多方面存在难点问题，尤其是涉及交通事故“二次事故”中赔偿责任比例划分时，存在一些共性难题，亟待探讨。本文所推案例的价值在于解决了实践中比较难处理的“二次事故”责任认定、赔偿责任比例的划分及调整问题。对于上述问题，本案按照以下思路进行了处理，可值得借鉴：

首先，“二次事故”责任如何认定问题。本案中交通管理部门对二次事故分别作了责任认定，这就需要法官在二次事故中对各自的最终责任作出认定。本案中根据交通管理部门出具的交通事故认定书认为，第一次事故中，原告承担主要责任，被告吕某伟承担次要责任；第二次事故中，被告张某承担全部责任，原告不承担责任。每次事故责任的分母基数为 100，那么二次事故责任的分母基数就是 200，如果分子基数确定了，事故责任比例也就自然清楚了，各责任人在每次事故中责任比例之和即为二次事故责任的分子基数。按照上述计算，应认定被告吕某伟负 15%（30 ÷ 200）的事故责任，被告张某负 50%（100 ÷ 200）的事故责任，原告负 35%（70 ÷ 200）的事故责任。

其次，事故责任如何转换成赔偿责任问题。交通事故中交通管理部门出具的道路交通事故认定书认定的仅仅是事故责任，从本质上来讲属于处理交通事故的证据，是对责任方行为的评价，但赔偿责任构成中责任行为仅是侵权构成四要件其中之部分，关键还要看与损害结果是否具有因果关系，如果具有因果关系时才会转换成赔偿责任，反之则不能转换，也就是不承担赔偿责任。但事故责任可转换时，也并不是简单地等比例进行转换，而是要具体情况具体对待，如各责任方是机动车方还是非机动车、行人方，还涉及主体的转换。除此之外，特殊情况下还要分析导致损害结果的原因力大小是否与之匹配，如果不匹配则还要进行调整。本案中被告张某在二次事故中责任虽然最大，但对于原告受伤的损害后果与之显然严重不相匹配，故本案最终确定赔偿责任比例时予以了较大的调整，二次事故被告张某责任认定为50%，但赔偿责任认定为30%。

编写人：江苏省溧阳市人民法院　陈柏青　杨文豪

5

连环转让车辆未过户情形下的原车主责任认定

——陈某梅、胡某诉丁某成等机动车交通事故责任案

【案件基本信息】

1. 裁判书字号

江苏省徐州市鼓楼区人民法院（2016）苏0302民初第539号民事判决书

2. 案由：机动车交通事故责任纠纷

3. 当事人

原告：陈某梅、胡某

被告：丁某成、裴某心、吴某立

【基本案情】

2015年4月4日晚18时，丁某成驾驶一普通二轮摩托车，沿复兴北路由北向南行驶至王场新村东门，因操作不当，车辆失控倒地向前滑行至人行横道线内时与

胡某忠由西向东步行通过人行横道时发生交通事故，致胡某忠受伤，被送往徐州市第三人民医院进行治疗，后因抢救无效于4月9日死亡，其间共支出医疗费58795.89元。徐州市公安局交通警察支队鼓楼大队作出交通事故认定书认定：丁某成负此事故的全部责任，胡某忠无责任。2015年11月27日，徐州市鼓楼区人民检察院就本次事故以徐鼓检诉刑诉（2015）第246号起诉书指控被告人丁某成犯交通肇事罪，向本院提起公诉。本院作出（2015）鼓刑初字第297号刑事判决书，判决：被告人丁某成犯交通肇事罪，判处有期徒刑二年。

涉案车辆在事故发生时登记在裴某心名下，该车辆保险终止日期为2013年11月11日，检验有效期止于2013年12月31日。2013年3月21日，吴某立从裴某心处购买涉案车辆，双方签订协议一份，协议签订后裴某心即将涉案车辆交付给吴某立，但双方未就涉案车辆办理过户手续。后吴某立将涉案车辆转售于丁某成，双方未签订买卖协议，亦未对涉案车辆进行过户。事故发生导致胡某忠死亡后，胡某忠之妻陈某梅、胡某忠之子胡某诉至法院，请求法院判令丁某成、裴某心、吴某立连带赔偿医疗费、丧葬费、死亡赔偿金、精神抚慰金合计669402.64元。

【案件焦点】

江苏省裴某心、吴某立是否应当就原告主张的各项损失承担连带赔偿责任。

【法院裁判要旨】

徐州市鼓楼区人民法院经审理认为：公民享有生命健康权，故意或过失侵害公民身体造成伤害的，应当赔偿。丁某成驾驶涉案车辆致胡某忠受伤后死亡，交通事故认定书认定丁某成承担全部责任，丁某成应就胡某忠的死亡承担赔偿责任。

关于裴某心、吴某立是否应当就原告主张的各项损失承担连带赔偿责任的问题。法律规定拼装车、已达到报废标准的机动车或者依法禁止行驶的其他机动车被多次转让，并发生交通事故造成损害，当事人请求由所有的转让人和受让人承担连带责任的，人民法院应予支持。就本案而言，原告未能提供证据证明涉案车辆属于法律规定的拼装车、已达到报废标准的机动车或者依法禁止行驶的其他机动车。涉案车辆保险终止日期为2013年11月11日，裴某心已于2013年3月21日将涉案车辆转让并交付给吴某立。原告主张吴某立转卖给丁某成的车辆系依法禁止行驶的机动车，但原告未向本院提交证据证明吴某立系于2013年11月11日后将涉案车辆转让并交付给丁某成，故原告应当承担不利后果。

同时，法律规定当事人间已经以买卖等方式转让并交付机动车但未办理所有权转移登记，发生交通事故后属于该机动车一方责任的，由保险公司在机动车强制保险范围内予以赔偿，不足部分，由受让人承担。裴某心将涉案车辆转让并交付给吴某立，吴某立又将其转售并交付于丁某成，虽未办理所有权转移登记，但裴某心、吴某立已不是机动车的实际占有人，已丧失对机动车的管理、支配和防范事故发生的能力。因此，裴某心、吴某立不应与丁某成承担连带责任。

综上，江苏省徐州市鼓楼区人民法院依照《中华人民共和国侵权责任法》第二十六条、第二十八条、第四十八条、第五十条，《中华人民共和国道路交通安全法》第七十六条，《最高人民法院关于审理交通事故损害赔偿案件适用法律若干问题的解释》第四条、第十六条之规定，判决如下：

一、被告丁某成于本判决生效后十日内一次性赔偿原告陈某梅、胡某医疗费54795.89元、丧葬费30891.5元、死亡赔偿金529715.25元，共计615402.64元；

二、驳回原告其他诉讼请求。

【法官后语】

《中华人民共和国侵权责任法》第五十条规定，当事人之间已经以买卖等方式转让交付机动车但未办理所有权转移登记，发生交通事故后属于该机动车一方责任的，由保险公司在机动车强制保险责任限额范围内予以赔偿，不足部分，由受让人承担赔偿责任。实践中，在当事人之间已经以买卖等方式转让并交付机动车，所有权发生转移时，因节省费用、以物抵债等多种原因可能出现买受人或受赠人未办理机动车所有权转移登记的情形，结果导致实践中，机动车名义所有人与实际所有人不一致的情况大量存在。此时一旦机动车发生交通事故造成他人损害，应由何人承担责任，有不同观点。一种观点认为，既然机动车的管理、支配以及收益的权利均不归于原所有人，因此原所有人对于机动车发生交通事故不具有防范与控制的能力，要求其承担责任不合理，交通事故赔偿责任主体只能是机动车的实际所有人；另一种观点认为，机动车所有人在其对机动车所有权发生变动之时，应当与新的所有人办理转移登记，而这是法律所要求的，机动车原所有人违反这一规定，当然要承担相应的风险。《最高人民法院关于连环购车未办理过户手续原车主是否对机动车发生交通事故致人损害承担责任的复函》采纳了第一种观点，即因车辆已经交付，原车主既不能支配该车的营运，也不能从该车的营运中获得利益，故原车主不应对机动车发生交通事故致人损害承担责任。所以本案中，丁某成作为机动车的实际所有人即受让人，应承担赔偿责任，而裴某心、吴某立已不是机动车的实际占有人，既不能支配该车的营运，也不能从该车的营运中获得利益，对此次事故不负连带责任。

但原车主并非当然的免责，根据《最高人民法院关于审理道路交通事故损害赔偿案件适用法律若干问题的解释》第六条之规定，拼装车、已达报废标准的机动车或者依法禁止行驶的其他机动车被多次转让，并发生交通事故造成损害，当事人请求由所有的转让人和受让人承担连带责任的，人民法院应予支持。本案中，原告未能提供证据证明涉案车辆系拼装车、已达报废标准的机动车或者依法禁止行驶的其他机动车，故原告请求被告裴某心、吴某立承担连带赔偿责任的主张法院不予支持。

编写人：江苏省徐州市鼓楼区人民法院　朱森森　王涵

6

冒用他人驾照发生交通事故该如何承担责任

——中国太平洋财产保险股份有限公司钦州中心支公司诉唐某武等交通事故责任案

【案件基本信息】

1. 裁判书字号

广东省广州市白云区人民法院（2017）粤0111民初第13672号民事判决书

2. 案由：机动车交通事故责任纠纷

3. 当事人

原告：中国太平洋财产保险股份有限公司钦州中心支公司

被告：何某胜、唐某武、中国平安财产保险股份有限公司东莞分公司

【基本案情】

2016年6月2日11时5分，在广州绕城高速西行10.6公里（属白云区管辖），被告何某胜驾驶粤BZ1×××号中型普通客车与李某明驾驶的桂N78×××号小型普通客车及袁某军驾驶的粤SF3×××号小型普通客车发生碰撞，造成三车损坏，粤BZ1×××号中型普通客车车上两人受伤的交通事故。事故经广州市公安局交通警察支队高速公路二大队作出《道路交通事故认定书（简易程序）》，认定被告何某胜负事故全部责任，案外人李某明、袁某军无责。

粤BZ1×××号中型普通客车的登记车主为唐某武，该车在被告中国平安财产保险股份有限公司东莞分公司处投保了机动车交强险，财产损失赔偿限额为2000元。桂N78×××号小型普通客车的登记车主为陶某羽，原告承保桂N78×××号小型普通客车的交强险及商业险，涉案事故发生在保险期限内。

事故发生后，陶某羽委托东莞市广协鉴定评估有限公司对桂N78×××号小型普通客车的损失进行评估，结论为车辆换件项目价值38128元，车辆修理项目价值为13420元，上述修理费合计51548元。陶某羽为此应支付2360元评估费。之后，陶某羽对桂N78×××号车修理完毕，并取得维修费发票51548元。2017年1月5日，陶某羽作为权利转让人向原告出具机动车辆索赔权转让书，记载立书人已收到原告赔款21000元，同意将已取得赔款部分向责任对方追偿的权利转让给原告，并授权原告得以立书人名义或原告公司名义向责任方何某胜、唐某武追偿。2017年3月15日，原告通过中国太平洋财产保险股份有限公司向陶某羽转账21000元。

庭审中，本院当庭拨打被告何某胜提供的电话1366022××××、1392660××××，电话拨通后显示为被告何某胜当庭携带的手机。本院又当庭拨打交通事故认定书中记载的“何某胜”电话1350220××××，接通后通话记录为：“审：事故发生时唐某武的车辆是由何人驾驶？1350220××××：是由我唐某武本人驾驶，是我捡了何某胜的驾驶证。事发时着急送伤者就诊，故将何某胜的驾驶证信息给了交警，后也未在交警处更正。”

本院于2017年12月25日向广州市公安局交通警察支队高速公路二大队发函询问涉案事故发生时，粤BZ1×××号中型普通客车的驾驶人实际为何人。广州市公安局交通警察支队高速公路二大队于2018年1月8日向本院复函，记载该队派员到东莞对事故其中一方当事人袁某军制作了辨认笔录，确认涉案事故发生时粤BZ1×××号中型普通客车的驾驶人为唐某武。

诉讼中，原告确认放弃向另一辆无责车粤SF3×××号小型普通客车交强险的保险公司主张赔偿，该车无责任财产损失的赔偿限额为100元。被告中国平安财产保险股份有限公司东莞分公司向本院提交中国平安财产保险股份有限公司机动车辆保险定损报告，拟证实粤SF3×××号车定损金额为2000元。

另查，2017年10月31日，陶某羽向本院起诉何某胜、唐某武、中国平安财产保险股份有限公司东莞分公司，即本案三被告，要求三被告赔偿车辆维修费差额、车辆贬值损失及评估费共计50751元，案号为（2017）粤0111民初第13966号。该案已于2018年1月23日作出民事判决书，认定因粤SF3×××号小型普通客车已向被告中国平安财产保险股份有限公司东莞分公司主张权利，故根据陶某羽与粤SF3×××号小型普通客车的维修费比例，分配陶某羽获得粤BZ1×××号中型普通客车交强险财产损失赔偿限额中的1925元，并判决中国平安财产保险股份有限公司东莞分公司向陶某羽赔偿1925元，唐某武向陶某羽赔偿30883元。

【案件焦点】

冒用他人驾照发生交通事故该如何承担责任。

【法院裁判要旨】

广东省广州市白云区人民法院经审理认为：本院向广州市公安局交通警察支队高速公路二大队发出协助调查函，要求其协助调查确认涉案事故发生时实际驾驶人。后该队调查后回复称，车辆实际驾驶人为被告唐某武。被告唐某武经本院传票传唤无正当理由未出席庭审，庭审中经本院当庭致电被告唐某武确认，被告唐某武捡了被告何某胜的驾驶证并使用。被告何某胜亦提供其工作单位提供的事发时不在场证明一份。

据此，本院确认交通事故发生时，车辆实际驾驶人为被告唐某武。

本案为保险代位求偿权纠纷。《中华人民共和国保险法》第六十条第一款规定：

"因第三者对保险标的的损害而造成保险事故的，保险人自向被保险人赔偿保险金之日起，在赔偿金额范围内代位行使被保险人对第三者请求赔偿的权利。"陶某羽所有的桂N78×××号小型普通客车因肇事司机及车主唐某武造成了损害，原告根据陶某羽投保的商业险赔偿了桂N78×××号车的损失共计21000元，原告依法可在赔偿金额范围内代位行使陶某羽对被告请求赔偿的权利。现（2017）粤0111民初13966号案已将粤BZ1×××号中型普通客车交强险财产损失赔偿限额分配给陶某羽本人及粤SF3×××号小型普通客车，故原告的损失应由肇事司机及车主唐某武承担，现原告要求唐某武赔偿损失21000元及利息的诉请合理合法，本院予以支持。何某胜对本次事故的发生没有过错，无须承担赔偿责任。

广东省广州市白云区人民法院依照《中华人民共和国保险法》第六十条，《最高人民法院关于适用〈中华人民共和国保险法〉若干问题的解释（二）》第十六条，《中华人民共和国侵权责任法》第十九条，《中华人民共和国民事诉讼法》第六十四条第一款、第一百四十四条的规定，判决如下：

一、于本判决生效之日起五日内，被告唐某武向原告中国太平洋财产保险股份有限公司钦州中心支公司赔偿21000元及利息（利息以21000元为本金，按照中国人民银行同期贷款利率，自2017年10月18日起计算至实际付清之日止）；

二、驳回原告中国太平洋财产保险股份有限公司钦州中心支公司的其他诉讼请求。

【法官后语】

本案交通事故发生时，车辆实际驾驶人为被告唐某武。故原告的损失应由肇事司机及车主唐某武承担，何某胜对本次事故的发生没有过错，无须承担赔偿责任。

本案中，经过查明的事实确认交通肇事实际侵权人为唐某武，且何某胜并无出借驾驶证，也没有与唐某武故意串通的故意，唐某武实际是为了逃避交通事故违法处罚的责任，冒用何某胜驾驶证，故唐某武理应独自承担相应法律后果。关于冒用他人驾驶证的问题，在本案中虽然不构成刑事犯罪，但是现实中交警也可以分情况来处理：（1）使用其他车辆的机动车登记证书、号牌、行驶证、检验合格标志、保险标志的，由公安机关交通管理部门予以收缴，扣留该机动车，处2000元以上5000元以下罚款；（2）伪造、变造或者使用伪造、变造的机动车登记证书、号牌、行驶证、驾驶证的，由公安机关交通管理部门予以收缴，扣留该机动车，处十五日以下拘留，并处2000元以上5000元以下罚款；构成犯罪的，依法追究刑事责任；(3) 如果还有其他违法行为的，如冒用他人驾驶证是为了获得保险赔偿，情节严重的，那么就可能涉嫌保险诈骗了。

另外，一旦发现自己驾驶证被他人盗用，出现扣分等异常情况，应及时向交警部门反映，在被扣分辖区交警部门申请行政复议。驾驶证丢失后也应该持有效的身份证明、机动车驾驶证遗失的书面声明和相关材料去机动车驾驶证核发地车辆管理所申请补发。本案中何某胜的驾驶证被冒用如果出现严重后果，如受到多次被扣分等行政处罚，其可以向交通部门复议的同时，通过起诉的方式向冒用人追究侵权的民事责任。

编写人：广东省广州市白云区人民法院　林艾婧　彭霞

7

套牌拼装车辆的责任认定

——莫某诉庚某等机动车交通事故责任案

【案件基本信息】

1. 裁判书字号

广东省广州市白云区人民法院（2016）粤0111民初第2624号民事判决书

2. 案由：机动车交通事故责任纠纷

3. 当事人

原告：莫某

被告：庚某、广州市某回收有限公司、高某

第三人：广州市道路交通事故社会救助基金管理中心

【基本案情】

2015年8月，高某驾驶悬挂粤AP5×××号牌（车架号码GDK6480×95527293×）

的小型普通客车在广州市广从四路行驶时碰撞莫某驾驶的三轮摩托车，造成莫某受伤。事后高某弃车逃逸，经公安机关查实认定高某承担事故全部责任。之后，莫某起诉驾驶人高某、车架号码GDK6480×95527293×的粤AE9×××号小客车车主庚某以及广州市某回收有限公司，认为高某驾驶悬挂粤AP5×××号牌的报废车辆且对事故负有全部责任；庚某未依法将该报废车辆交至广州市某回收有限公司报废，而是拼装并伪造车牌卖出；广州市某回收有限公司没有履行相关职责和手续为庚某的报废车辆办理注销手续，导致报废车辆多次转卖发生本次交通事故，要求三被告共同承担赔偿责任。法院开庭审理查明：1. 结合道路交通事故认定书补充说明和已经生效的刑事裁判文书，证实高某在事发当日驾驶悬挂粤AP5×××号号牌（车架号码GDK6480×95527293×）的小客车碰撞莫某驾驶的无号牌正三轮摩托车。2. 综合庚某和案外人在公安机关所作的证言、高某关于车辆来源的答辩意见、肇事小客车的实际状况以及粤AE9×××号小客车的报废资料等证据分析，认定庚某于2014年8月左右将其所有的粤AE9×××号小客车车架号码GDK6480×95527293×切割到自己购买的一辆二手车辆上，并悬挂了粤AP5×××号号牌，之后庚某将该悬挂粤AP5×××号牌（车架号码GDK6480×95527293×）的套牌拼装小客车交由其堂弟出售，以10000元价格转让给肇事司机高某，高某驾驶该套牌拼装小客车与莫某发生交通事故；2015年2月，庚某将车架被更换后的粤AE9×××号小客车交由一朋友拖到广州市某回收有限公司作报废处理，向广州市某回收有限公司出具证明表示粤AE9×××号小客车因长期使用致使车架号码严重锈蚀无法辨认，最终庚某报废该车并获得补贴。

【案件焦点】

三被告对于肇事套牌拼装车辆造成案涉交通事故的责任承担问题。

【法院裁判要旨】

广东省广州市白云区人民法院经审理认为：交警部门作出的道路交通事故认定书只是认定肇事当事人事故责任的证据之一，但并非认定双方民事责任的唯一依据。高某无证驾驶拼装及使用伪造号牌的机动车在道路上行驶时未按照操作规范安全驾驶，且发生事故后弃车逃逸，其过错行为是造成本次事故的主要原因；另外，莫某无证驾驶无牌机动车上道路行驶，莫某对事故的发生亦存在一定过错，是导致本次事故发生的次要原因，依法可减轻侵权人高某的责任。庚某违反法律规定私自套牌拼装车辆并将该车转让给他人，套牌拼装车辆发生交通事故造成莫某受伤，转让人庚某对受让人高某所负责任应承担连带赔偿责任。本次发生交通肇事的是悬挂粤 AP5 ×××号牌（车架号码 GDK6480 ×95527293 ×）的套牌拼装小客车，并非另一辆经由广州市某回收有限公司报废的粤 AE9 ×××号小客车，而且悬挂粤 AP5 ×××号牌小客车被拼装上车架号码 GDK6480 ×95527293 ×的车架时间发生在庚某将粤 AE9 ×××号小客车交予办理报废手续之前，悬挂粤 AP5 ×××号牌（车架号码 GDK6480 ×95527293 ×）的肇事小客车的拼装、转让等行为均与广州市某回收有限公司无关，因此，广州市某回收有限公司对本次事故没有过错，其报废粤 AE9 ×××号小客车的行为与本次交通事故的发生不存在因果关系，无须承担赔偿责任。

广东省广州市白云区人民法院依照《中华人民共和国民法通则》第一百零六条、第一百一十九条，《中华人民共和国侵权责任法》第十六条、第二十六条、第四十八条、第五十一条、第五十三条，《中华人民共和国道路交通安全法》第七十六条等规定，判决如下：

一、在本判决生效之日起三日内，高某赔偿莫某 369763. 90 元；

二、在本判决生效之日起三日内，高某赔偿广州市道路交通事故社会救助基金管理中心 86415. 14 元；

三、庚某对上述判决第一、二项承担连带赔偿责任；

四、驳回莫某的其他诉讼请求；

五、驳回广州市道路交通事故社会救助基金管理中心的其他诉讼请求。

【法官后语】

本案处理重点在于三被告对案涉交通事故是否需要承担侵权责任。一般侵权责任的构成要件包括：侵权行为、主观过错、损害事实、侵权行为与损害事实之间存在因果关系。欠缺任何一个构成要件，都不可能构成一般侵权责任。

具体到本案，高某当日驾驶肇事套牌拼装车辆碰撞莫某后弃车逃逸，其过错行为是造成本次事故的主要原因，侵权行为与莫某受伤的损害事实之间存在因果关系，理应承担侵权赔偿责任。另外，莫某自身存在过错，依法可减轻侵权人的责任。因此，综合高某和莫某的过错程度、原因力大小等考虑，判决高某对本次事故承担80%的责任、莫某对事故承担20%的责任。

庚某私自套牌拼装车辆并将该车转让给他人，导致套牌拼装车辆发生交通事故造成莫某受伤，符合侵权责任的四个要件，庚某与高某构成共同侵权，法院根据《中华人民共和国侵权责任法》第五十一条"以买卖等方式转让拼装或者已达到报废标准的机动车，发生交通事故造成损害的，由转让人和受让人承担连带责任"的规定，判决转让人庚某应对受让人高某所负责任承担连带赔偿责任。

关于广州市某回收有限公司的责任，法院经查实肇事小客车的拼装、转让等行为均与该公司无关，鉴于其行为与本次交通事故之间不存在因果关系，不符合侵权行为的构成要件，因此最终法院判决该公司无须承担责任。值得注意的是，虽然广州市某回收有限公司在本案中无须承担赔偿责任，但该公司未能严格按照查验规程办理报废车辆的查验、登记手续，审核确认报废车辆的唯一性再予以报废，极易造成因报废手续随意致使报废车辆不报废、报废零件再次进入市场二次流通危害公众等安全隐患，法院在判决书中明确指出该公司的不当行为并予以严肃批评，要求其今后应尽职尽责地承担起社会责任，进一步规范报废车辆的查验报废流程并严格履行，杜绝一切因违规拆车、非法拼装车、非法出售报废整车和"五大总成"等行为危害社会公共安全的可能性。该民事判决通过深入浅出的辨法析理，判决后各方当事人均服判息诉，体现了司法公信力，彰显了司法审判的权威，积极发挥了法律的指引、评价、教育和强制功能。

编写人：广东省广州市白云区人民法院　罗晓华

8

提供驾驶劳务的出租中职务行为的认定

——郑某铭诉苏某等机动车交通事故责任案

【案件基本信息】

1. 裁判书字号

北京市第三中级人民法院（2017）京03民终第4015号民事判决书

2. 案由：机动车交通事故责任纠纷

3. 当事人

原告（被上诉人）：郑某铭

被告（上诉人）：苏某（SU RICHARD YU）、北京外交人员服务局运道汽车服务中心（以下简称运道服务中心）

被告（被上诉人）：孙某睿、乔某、朱某芳、诺基亚通信系统技术（北京）有限公司（以下简称诺基亚公司）、北京文者汇中劳务管理顾问服务有限责任公司（以下简称文者汇中公司）

【基本案情】

2015年9月21日6时35分许，孙某星驾驶车号为京EY0×××小轿车与郑某铭驾驶的中型普通客车发生交通事故，造成郑某铭受伤、孙某星死亡，两车损坏。因无法查清全部事故事实，交通队未进行责任划分。经查，孙某星所驾车辆未投保交强险。

孙某星与文者汇中公司签订有劳动合同，并派遣到运道服务中心。运道服务中心与诺基亚公司之间存在服务协议，运道服务中心向诺基亚公司提供车辆租赁和司机服务（包括非指定司机和指定司机），租期为2014年3月1日至2017年2月28日，租用车辆为京P9C×××，指定司机为孙某星，用车人为诺基亚公司高管张某。事发前一日，孙某星受指示第二天早上送张某开会，事发当天孙某星在由其住所去张某住所途中驾车发生交通事故。车号京EY0×××小轿车注册所有人为北京健森生物医学工程研究所，张某丈夫苏某因与该研究所合作项目取得对该机动车的占有、支配或收益，在该研究所被吊销后，苏某仍然对该机动车进行占有，并将该车交由孙某星使用。

郑某铭起诉要求被告方赔偿各项损失共计人民币972054.67元并负担诉讼费。孙某星之近亲属乔某、孙某睿、朱某芳认为孙某星履行职务行为，应当由单位承担赔偿责任。文者汇中公司认为，孙某星并非履行职务，该公司亦无过错，不同意承担赔偿责任。

运道服务中心认为，诺基亚公司将孙某星劳动关系以劳务派遣的形式挂靠在运道服务中心，孙某星驾驶未投保交强险的他人车辆发生交通事故，不是执行租车合同和劳动合同中的工作任务，不构成职务行为。

诺基亚公司认为，孙某星驾驶其借用的车辆上班途中发生交通事故，不构成职务行为；诺基亚公司与运道服务中心是车辆租赁及司机服务的合同关系，孙某星为诺基亚公司提供司机服务，是运道服务中心履行合同义务的具体体现，故孙某星与诺基亚公司之间不存在劳动、劳务派遣或雇佣关系，即便孙某星属于履行职务行为过程中发生的交通事故，也是履行运道服务中心的工作任务。

【案件焦点】

孙某星是否属于执行工作任务及为谁执行工作。

【法院裁判要旨】

北京市顺义区人民法院经审理认为：首先，诺基亚公司与运道服务中心之间为车辆租赁和提供司机服务的合同关系，孙某星系文者汇中公司司机，派驻运道服务中心并为诺基亚公司提供指定司机服务，因此运道服务中心为接受派遣的用工单位，文者汇中公司为劳务派遣单位。诺基亚公司为接受车辆租赁和司机服务的合同相对方，孙某星接受指示提供司机服务是履行双方合同内容的具体表现，诺基亚公司不是孙某星的雇佣单位。其次，虽然事发时孙某星尚未开始驾驶运道服务中心提供的租赁车辆，但其已经处于为提供司机服务做准备工作阶段，故孙某星作为提供指定司机服务的司机，在接到指示并赶往接送途中发生事故造成他人损害属于执行职务时造成他人损害。综上，事发时孙某星属于履行职务，运道服务中心作为用工单位应承担赔偿责任。文者汇中公司作为劳务派遣单位在本案中无过错，不应承担赔偿责任。苏某作为车辆管理人负有投保交强险的义务，其未依法投保交强险根据相关法律规定应当与侵权人在交强险责任限额范围内承担连带责任。

北京市顺义区人民法院依照《中华人民共和国侵权责任法》第六条、第十六条、第二十二条、第三十四条、第四十八条，《中华人民共和国道路交通安全法》第七十六条，《最高人民法院关于审理道路交通事故损害赔偿案件适用法律若干问题的解释》第十五条、第十九条，作出如下判决：

一、运道服务中心、苏某（SU RICHARD YU）在相当于交强险范围内连带赔偿郑某铭医疗费用赔偿金10000元、死亡伤残赔偿金110000元、财产损失赔偿金2000元，以上共计122000元，于本判决生效之日起七日内执行；

二、运道服务中心赔偿郑某铭各项损失共计 353129.2 元，于本判决生效之日起七日内执行；

三、驳回郑某铭的其他诉讼请求。

苏某及运道服务中心不服一审判决，提出上诉。北京市第三中级人民法院经审理认为：诺基亚公司为接受车辆租赁和司机服务的合同相对方，不是孙某星的雇佣单位。虽然孙某星事发时尚未开始驾驶运道服务中心提供的租赁车辆，但其是为了提供特约司机服务而前往工作地点，且其工作方式也是根据诺基亚公司高管张某的指示地点完成接送工作，其前往工作地点的行为亦应当视为履行职务的行为，运道服务中心作为接受劳务派遣的用工单位应当对孙某星执行职务时造成的他人损害承担赔偿责任。苏某系涉案车辆的实际所有人及控制人，是投保义务人，其未依法投保交强险根据相关法律规定应当与侵权人在交强险责任限额范围内承担连带责任。

北京市第三中级人民法院依照《中华人民共和国民事诉讼法》第一百七十条第一款第（一）项之规定，作出如下判决：

驳回上诉，维持原判。

【法官后语】

在现代社会，用工关系是社会生活中的重要关系，因而用工责任也是广泛存在的责任形态。《中华人民共和国侵权责任法》关于用工责任，区分为单位用工和个人用工。在单位用工中，判定被用工者行为是否属于执行职务一直以来是审判实践的难点。

本案涉及的是车辆租赁中司机职务行为的判定问题。现实中，汽车租赁在从事租车经营活动时，往往也会存在提供驾驶劳务的服务项目。出租人不仅出租机动车，也提供驾驶劳务。在提供驾驶劳务的情况下，机动车管理人和使用人在实质中并未发生分离，司机的使用行为都在机动车管理人的意志范围之内，所以机动车管理人仍然控制着机动车的使用权，机动车的运行支配地位和运行利益仍然属于机动车管理人，机动车管理人应当作为责任主体。本案中，诺基亚公司与运道服务中心之间为车辆租赁和提供司机服务的合同关系，孙某星系文者汇中公司司机，派驻运道服务中心并为诺基亚公司提供指定司机服务。此时，机动车使用人或控制权人仍为运道服务中心，而不是租赁关系的相对方诺基亚公司，更不是“顾客”即该公司高管张某。

对于这种提供司机服务的出租情况，司机提供服务时无须坐班，无固定办公场所，出行时间、地点的安排通常是由顾客决定的，这种随时、便捷、灵活的服务方式，给司法实践中认定何时属于履行职务带来挑战。正如本案中，孙某星是属于上班途中发生的交通事故，还是属于上班过程中发生的交通事故，当事人看法不一。笔者认为：首先，孙某星为完成开车接人的工作任务，必须从住处到高管所住之处，该行为与其工作任务密切相关，是孙某星为完成工作任务客观上必须进行的行为，不属于超出其工作职责范围的其他不相关的个人行为；其次，孙某星是在事发前一日接受高管指派接送任务后，从自己住处前往高管住处途中发生的交通事故，孙某星的工作场所并不仅仅限于公司所配车辆这一狭小空间，而是包括工作时间内来往多个工作场所之间的合理区域，故孙某星在工作时间、工作场所致他人损害，属于因执行工作任务造成他人损害，运道服务中心作为用工单位应当承担侵权责任。

此外，随着“互联网+”概念的深化，网络平台运营模式的大量涌现。网络平台的人事管理若即若离，从业者报酬的获取方式灵活多样，从业者劳动的业务范畴含混不清。这种新型用工形态的特殊性，对法官如何判断职务行为、认定用工责任提出挑战，导致司法实践出现困惑，冲突裁判时有发生。笔者认为，侵权法上的用工关系不能简单等同于劳动法上的劳动关系。侵权法上的用工关系的认定要考虑到受害人的保护，尽可能地对其进行扩大解释。只要当事人之间形成了事实上的提供劳务的关系，性质上又不属于承揽，不是独立地以自己的名义对外行为，都可以认定构成用工关系。对用工关系的判断，考虑被用工者的行为是否体现了用工者的意志和利益也是较为重要的。针对网络平台用工自由有余而安全不足的现状，司法裁判规则应引导实现网络平台用工向安全状态回稳，注重自由与安全价值之间的平衡。

编写人：北京市顺义区人民法院　李永芝

9

牲口跑上公路后的事故责任

——熊某将诉张某创等机动车交通事故责任案

【案件基本信息】

1. 裁判书字号

广东省罗定市人民法院（2017）粤 5381 民初第 1404 号民事判决书

2. 案由：机动车交通事故责任纠纷

3. 当事人

原告：熊某将

被告：张某创、茂名市交通建设投资集团有限公司信宜运输分公司、中国太平洋财产保险股份有限公司茂名中心支公司

【基本案情】

2015 年 7 月 27 日 0 时 20 分，被告张某创驾驶粤 KX ×××× 号大型普通客车，由罗定市罗城街道往信宜市方向行驶，行至罗定市 S352 线泗纶镇高朗路段时，与原告熊某将所属的三匹骡子发生碰撞，造成车辆受损、三匹骡子死亡的交通事故。罗定市公安局交通警察大队经现场勘查及调查，于 2015 年 8 月 30 日作出（2015）第 C00151 号《道路交通事故证明》，无法查证交通事故全部事实。

粤 KX ×××× 号大客车为被告运输公司所有，被告张某创是司机，有驾驶证、从业资格证，粤 KX ×××× 号大客车运营资质合法，该车在被告保险公司处投保了交强险和商业险（150 万元、含不计免赔），事故发生在保险责任期间之内。根据罗定市公安局交通警察大队经调查所作的《道路交通事故证明》，在事故发生时，原告熊某将占有并支配该三匹骡子，事后也无其他人主张该三匹骡子的权利，根据动产适用“占有即所有”原则，故本院确认原告熊某将为三匹骡子的所有人。事故发生后，受原告委托，罗定市悦辉价格评估有限公司对三匹骡子的损失进行了鉴

定，于2015年7月30日作出（2015）07048号车物损失价格鉴定结论书，鉴定该三匹骡子的损失共66000元，被告运输公司垫付了骡子评估费3300元。

【案件焦点】

牲口与机动车相撞的事故责任分配。

【法院裁判要旨】

广东省罗定市人民法院经审理认为：本案属机动车交通事故责任纠纷。因本案事故经罗定市公安局交通警察大队对事故现场进行勘查及调查，确认了原告的三匹骡子与被告张某创驾驶的大客车相撞的事实，但无法查证本案事故的全部事实，而双方亦未能提供足以认定本案事故责任的证据。骡子不是《中华人民共和国道路交通安全法》的责任主体，交警部门没有明确作出责任认定，故本院依据民法的相关原则，根据双方是否存在过错划分责任分配比例。结合原告对其三匹骡子上路未按照《中华人民共和国侵权责任法》第七十八条、第七十九条规定尽到足够的安全管理的注意义务，被告张某创未能按照《中华人民共和国道路交通安全法》第四十二条的规定尽到安全驾驶的注意义务，夜间减速行驶及遇骡子避让，对于事故的发生双方过错程度相当，本院酌定由原告熊某将和被告张某创承担本案事故的同等民事责任。对于超出交强险赔偿限额部分，由被告张某创承担50%的事故损失赔偿责任，原告熊某将自行承担50%的事故损失。

根据《最高人民法院关于审理道路交通事故损害赔偿案件适用法律若干问题的解释》的规定，原告损失计算如下：三匹骡子损失费66000元、评估费3300元，共计69300元。被告保险公司依法应在交强险财产损失赔偿限额2000元内先予赔付。对于超出交强险限额部分67300元（69300元－2000元），由被告保险公司在商业险赔偿限额内承担赔偿50%责任即33650元。鉴于被告运输公司已垫付了骡子评估费3300元，由被告保险公司支付30350元（33650元－3300元）给原告。对于被告运输公司先行垫付的评估费3300元，由其与被告保险公司另寻途径解决。鉴于交强险和商业险足以赔偿原告的损失，无须被告张某创和被告运输公司赔偿。依照《中华人民共和国侵权责任法》第六条、第十九条，《中华人民共和国道路交通安全法》第四十二条、第七十八条、第七十九条，《最高人民法院关于审理道路交通事故损害赔偿案件适用法律若干问题的解释》第十六条的规定，判决如下：

一、由被告中国太平洋财产保险股份有限公司茂名中心支公司于本判决发生法律效力之日起七日内在交强险责任限额范围内赔偿2000元给原告熊某将；

二、由被告中国太平洋财产保险股份有限公司茂名中心支公司于本判决发生法律效力之日起七日内在商业险责任限额范围内赔偿30350元给原告熊某将；

一审宣判后，原、被告双方均没有上诉，本判决已发生法律效力。

【法官后语】

牲口跑到公路上发生的交通事故过程，往往难以认定。牲口不属于道路安全法中列举的责任主体，交警部门往往也不进行事故的责任认定，仅出具一份《道路交通事故证明》，这给案件的裁判增加了一定的难度。对于其他无法认定事故责任的情况，《广东省高级人民法院、广东省公安厅关于〈道路交通安全法〉施行后处理道路交通事故案件若干问题的意见》第二十条曾作如下规定："根据当事人提供的证据难以认定交通事故责任或当事人的过错的，人民法院可按如下规则确定当事人的民事责任：（1）机动车与机动车发生交通事故的，由事故各方承担同等民事责任；（2）机动车与非机动车驾驶人、行人发生交通事故的，由机动车方承担全部民事责任；（3）非机动车之间、非机动车与行人之间发生交通事故的，由事故各方承担同等民事责任。"鉴于本案属于机动车与牲口相撞的交通事故，并不适用于上述的分责条款，上述条款仅作参考作用。对于动物上路致发生交通事故的案件，日常并不少见，交通规则对此作出区分高速路与低速路的不同意见。一般认为在低速路上应减速停车让行，高速路上应果断采取损失小的避让措施。而在责任分配的法律适用上，《中华人民共和国侵权责任法》第七十八条、第七十九条针对饲养动物的损害责任作了相关规定，牲口饲养人或者管理人违反管理规定，未对牲口采取安全措施造成他人损害，承担管理不善的过错责任，故本案以此推定牲口的饲养人需要承担相应的损害后果责任；而作为机动车驾驶人，负有安全注意义务，其在非高速路上遇到三头骡子那么大的牲口，应该有提前的预判，其未能保持安全的行驶速度，导致事故发生，也存在过错。本案结合基本案情、事故发生背景和双方的过错程度进行责任划分，处理恰当，当事人服判息诉。

编写人：广东省罗定市人民法院　陈肖容　黎平

二、交通事故损害赔偿

10

“碰撞”是否构成认定交通事故的必要条件

——陈某诉张某初、长安责任保险股份有限公司厦门分公司机动车交通事故责任案

【案件基本信息】

1. 裁判书字号

福建省厦门市中级人民法院（2017）闽02民终第503号民事判决书

2. 案由：机动车交通事故责任纠纷

3. 当事人

原告（被上诉人）：陈某

被告（上诉人）：张某初

被告（被上诉人）：长安责任保险股份有限公司厦门分公司（以下简称长安保险厦门分公司）

【基本案情】

2016年1月24日13时30分，被告张某初驾驶闽D3H×××号轻型自卸货车沿同集路由北往南方向在西侧辅道左起第二道上行驶，至厦门市集美区同集路与孙坂路交叉路口超越前方同方向同车道由陈某驾驶的无牌电动自行车后右拐弯时，影响到陈某的无牌电动自行车的行驶，致无牌电动自行车摔倒，造成车损及陈某受伤的损害后果。该事故经厦门市公安局交通警察支队集美大队认定，被告

张某初负事故全部责任，原告陈某不负事故责任。经张某初申请，2016 年 7 月 22 日厦门市集美区人民法院委托福建义成司法鉴定所对陈某的伤残等级、出院后护理期限、误工期及后续取内固定费用进行重新鉴定。2016 年 8 月 22 日福建义成司法鉴定所出具鉴定意见书，鉴定意见为：被鉴定人陈某构成道路交通事故九级伤残。张某初驾驶的车辆在被告长安保险厦门分公司处只投保了交强险，并未投保商业三者险。

【案件焦点】

1. 无碰撞是否构成认定交通事故的必要条件；2. 无完税证明的误工收入可否得到法院支持。

【法院裁判要旨】

福建省厦门市集美区人民法院经审理认为：1. 被告张某初虽未与原告陈某发生直接碰撞，但因其超车右拐弯时影响原告陈某驾驶电动自行车，故被告张某初应就本次事故负全部责任。厦门市交通警察支队集美交警大队出具的认定书，事实清楚，程序合法，法院予以采信。2. 原告陈某提交证据四组，形成一组证据链，互相印证了原告在事故发生前一年，原告陈某所在的公司通过财务主管李某新向陈某发放工资，事故发生前一年陈某月平均工资为 8080 元，事故发生后至 2016 年 6 月 5 日原告所在单位未给陈某发放工资的事实，且被告未提出相反证据予以反驳，故法院予以采信。对被告主张的原告公司发放工资是否符合公司运营规范或者原告误工损失是否合法不属于本案审理范围。

福建省厦门市集美区人民法院依照《中华人民共和国侵权责任法》第六条第一款等，判决如下：

一、被告长安保险厦门分公司应于本判决生效之日起十日内在交强险赔偿限额范围内赔偿原告陈某各项经济损失共计 120000 元；

二、被告张某初应于本判决生效之日起十日内赔偿原告陈某经济损失 280500 元；

三、驳回原告陈某的其他诉讼请求。

一审宣判后，被告张某初不服，上诉到厦门市中级人民法院。

上诉人张某初持原审意见提起上诉。厦门市中级人民法院经审理认为：一、关于陈某合理损失的认定。1. 残疾赔偿金。张某初当庭表示撤回对一审判决按城镇标准认定残疾赔偿金错误的主张，系其对自身诉讼权利的主张，本院予以照准。张某初撤回该主张的行为应视为其认可一审判决对残疾赔偿金的认定，故本院对一审判决认定的残疾赔偿金予以确认。2. 营养费。张某初认为陈某没有医嘱证明，营养费不应予以支持。本院认为，营养费的确定除参照医疗机构的意见外，还应当根据受害人伤残情况确定。本案医嘱虽无加强营养的建议，但根据陈某系左胫骨平台粉碎性骨折，已构成九级伤残的伤情，一审判决酌情确认其营养费按照其医疗费的10%计算为6262.16元并无不当，张某初主张没有医嘱不应支持营养费的依据不足，本院不予支持。3. 误工费。陈某提供的证据已经证实其事故发生前一年的月平均工资为8080元，而根据鉴定意见陈某的误工期为150天，故一审判决认定陈某误工费为40399元依据充分，张某初虽对该认定持有异议，但未能提供证据予以反驳，故对张某初的该主张，本院不予支持。4. 被扶养人生活费。《最高人民法院关于审理人身损害赔偿案件适用法律若干问题的解释》第二十八条第一款规定，被扶养人生活费根据扶养人丧失劳动能力程度，按照受诉法院所在地上一年度城镇居民人均消费性支出和农村居民人均年生活消费支出标准计算。一审判决根据厦门市的标准认定被扶养人生活费正确，张某初主张不应按厦门市标准认定的理由不能成立，本院不予支持。5. 一审判决对陈某其他损失的认定，各方当事人均无异议，本院予以确认。二、关于赔偿责任承担。《道路交通事故认定书》系交警部门依据职权对交通事故作出的责任认定，现已生效，且张某初未能提供充分证据证明该《道路交通事故认定书》认定的事实存在错误，故其仅凭对该《道路交通事故认定书》持有异议而主张该《道路交通事故认定书》不能作为本案认定依据的理由不能成立，本院亦不予采信。根据《道路交通事故认定书》的认定，张某初应负案涉交通事故的全部责任，陈某不负案涉交通事故的责任，故一审判决张某初承担赔偿责任的依据充分，本院予以维持。张某初主张其只需承担50%赔偿责任缺乏事实依据，本院不予支持。综上，张某初的上诉理由不能成立，其上诉请求应予驳回。原审判决认定事实清楚，判决正确，应当维持。据此，根据《中华人民共和国民事诉讼法》第七十条第一款第（一）项之规定，判决如下：

驳回上诉，维持原判。

【法官后语】

一、"碰撞"是否是构成认定交通事故的必要条件

根据《中华人民共和国道路交通安全法》第一百一十九条第（五）项规定，交通事故是指车辆在道路上因过错或者意外造成的人身伤亡或者财产损失的事件。可见，是否发生碰撞并非交通事故发生的必要条件。值得探讨的是，被告张某初应就本起事故承担主要责任还是全部责任？笔者认为应综合事发当时原、被告之间是否保持必要安全距离来界定。根据《中华人民共和国道路交通安全法》第四十三条第一款规定：同车道行驶的机动车，后车应当与前车保持足以采取紧急制动措施的安全距离。事故认定书中并无对被告是否保持安全距离而右拐弯进行描述和测算，笔者认为，在原、被告双方对责任划分争议很大的情况下，法院应依职权对事发现场进行勘验和鉴定，以证实原告是否可以完全合理避让被告右拐弯。

二、受害人有固定收入的，误工费按照实际减少的收入计算

本案另一争议焦点在于，原告陈某主张的在事故发生前一年的固定收入并无完税证明，首先，其每月工资系所在单位通过财务人员个人账户发放工资；其次，医保缴交证明上所记载的月工资与实际工资明显不符，故被告认为由原告公司财务个人账户向原告发放工资不符合公司运营规范，不予认可。根据《最高人民法院关于审理人身损害赔偿案件适用法律若干问题的解释》第二十条规定："误工费根据受害人的误工时间和收入状况确定。误工时间根据受害人接受治疗的医疗机构出具的证明确定……受害人有固定收入的，误工费按照实际减少的收入计算……"原告陈某举证证明事故发生前一年的固定收入，且在事故发生之日起并无工资收入，有完整的证据链加以证明，事实清楚，故一审法院予以认定。

我国目前职工工资的发放在很大程度上存在不规范，一些公司考虑到国家税收政策，采取以个人名义发放工资的形式来避税、逃税，一审法院最终支持了原告以上述形式发放工资的误工收入，看似保护了"非法所得"，实则是司法审判权监督制约机制的具体体现。一审法院明确在判决书中表明，对被告主张的原告公司发放工资是否符合公司运营规范或者原告误工损失是否合法不属于本案审理范围，恰恰体现了法官依法独立行使审判权，这是审判公正的前提。

编写人：福建省厦门市集美区人民法院　刘冰莹

11

超出交强险赔偿范围的赔偿责任应当参照“损伤参与度”

——左某泉诉刘某新等机动车交通事故责任案

【案件基本信息】

1. 裁判书字号

江西省抚州市中级人民法院（2017）赣 10 民再第 12 号民事判决书

2. 案由：机动车交通事故责任纠纷

3. 当事人

原告（被上诉人）：左某泉

被告（上诉人）：中国人民财产保险股份有限公司南昌市西湖支公司（以下简称人保南昌西湖支公司）

被告：刘某新、万某歪、南昌赣建汽车物流有限公司（以下简称赣建物流公司）

【基本案情】

2012 年 11 月 10 日 10 时，刘某新驾驶赣 A52 ××× 重型厢式货车行驶在东乡县强发修理厂内，因赣 A52 ××× 货车后桥移位变形，导致其行驶过程中与站在修理厂内的行人左某泉以及停放在修理厂内的赣 FV1 ××× 小型轿车、粤 BL9 ××× 小型轿车发生碰撞，造成左某泉受伤、两辆小型轿车损坏。2012 年 12 月 10 日，东乡县公安局交通警察大队作出道路交通事故认定书，认定刘某新负事故的全部责任。还认定事实：（1）肇事车辆赣 A52 ××× 货车的登记车主为赣建物流公司，实际车主为万某歪。刘某新与万某歪系合伙关系。事故发生时驾驶员具备合法的驾驶资质，车辆具备合法的行驶资质。该车挂靠于赣建物流公司。肇事车辆赣 A52 ××× 货车在人保南昌西湖支公司投保了机动车交通事故责任强制保险和 20 万元的第三者责任保险，并购买了不计免赔率。事故发生时，该车处于保险期间内。(2) 事故发生后，左某泉被送往东乡县人民医院住院治疗，花费住院费用 7847 元，门诊费用 2715 元。(3) 左某泉为非农业户口，事故发生时在东乡县强发修理厂工作。左某泉的被扶养人有其父亲，出生于 1932 年 2 月 15 日；母亲，出生于 1940 年 1 月 2 日。左某泉父母共生育了包括左某泉在内的六个小孩，左某泉父母为农业户口。(4) 2013 年 5 月 13 日，江西群星司法鉴定中心临床医学部作出法医临床学鉴定意见书，左某泉为腰椎伤残九级。左某泉支付鉴定费用 1660 元。人保南昌西湖支公司对左某泉的伤残等级提出异议，并向本院申请对左某泉的伤残等级重新鉴定和外伤参与度进行鉴定，2014 年 3 月 25 日，江西神州司法鉴定中心作出司法鉴定意见书，左某泉的伤残等级为九级，外伤参与度为 25%。(5) 刘某新在事故发生后，先行给付了左某泉 6504 元。左某泉诉请被告赔偿其各项经济损失。

【案件焦点】

人保南昌西湖支公司的赔偿责任是否要参照“损伤参与度”25% 进行计算。

【法院裁判要旨】

江西省抚州市东乡区人民法院经审理认为，依据《中华人民共和国侵权责任法》第二十六条及《中华人民共和国道路交通安全法》第七十六条第一款第（二）项，交通事故中的损失赔偿是否要扣减应当根据受害人对损失的发生或扩大是否存在过错。本案中，左某泉个人体质状况虽存在外伤参与度 25%，但这不是侵权责任法等法律规定的过错，交通事故中左某泉不负事故责任，不存在过错，故左某泉不负相应责任，其外伤参与度 25% 不应计算。左某泉因交通事故造成的损失赔偿计算共计 128930 元，人保南昌西湖支公司在交强险医疗费 10000 元限额内赔偿左某泉医疗费、住院伙食补助费、营养费（总计 13662 元），尚有不足部分 3662 元，由人保南昌西湖支公司根据合同约定在商业三者险限额内赔付。人保南昌西湖支公司在交强险伤残赔偿金 110000 元限额内赔偿左某泉的误工费、护理费、鉴定费等（共计 115268 元），尚有不足部分 5268 元，由人保南昌西湖支公司根据合同约定在商业三者险限额内赔付。

据此，江西省抚州市东乡区人民法院作出如下判决：

一、人保南昌西湖支公司在交强险限额范围内赔偿左某泉 120000 元，于本判决生效后十日内付清；

二、人保南昌西湖支公司在商业险限额内赔偿左某泉8930元（3662元+5268元），于本判决生效后十日内付清（左某泉在获得保险公司赔偿后十日内应返还刘某新6504元）；

三、驳回左某泉的其他诉讼请求。

人保南昌西湖支公司不服，提出上诉。抚州市中级人民法院经审理认为，外伤参与度不是侵权责任法规定的民事法律关系意义上的过错，不属于可以减轻侵权人责任的法定情形。交通事故发生在保险期间，保险公司在交强险赔偿限额范围内，直接对受害人承担绝对赔偿责任，不能参照外伤参与度以减轻或免除保险赔偿责任；交强险赔偿限额范围外的，保险公司承担的赔偿责任应当根据商业第三者责任保险合同的约定，合同未约定的“损伤参与度”不属于责任减轻、免除范围。一审法院再审判决人保南昌西湖支公司应当先在交强险赔偿范围内赔偿左某泉因交通事故造成的损失，不足部分根据保险合同的约定在商业第三者责任保险限额范围内赔偿，适用法律并无不当。故依照《中华人民共和国民事诉讼法》第一百七十条第一款第（一）项之规定，判决：

驳回上诉，维持原判。

【法官后语】

2014年1月26日，最高人民法院发布的指导案例24号（荣宝英诉王阳、永诚财产保险股份有限公司江阴支公司机动车交通事故责任纠纷案）已经明确了对于受害人符合法律规定的赔偿项目和标准的损失，均属交强险的赔偿范围，参照损伤参与度确定损害赔偿责任和交强险责任均没有法律依据，但该指导案例没有涉及超出交强险赔偿范围的赔偿责任是否应当参照损伤参与度。

随着经济的快速发展，人均收入水平迅速提高，同时由于物价水平的上升，当前越来越多的人身伤害案件赔偿金额超过了交强险的赔偿范围。交通事故赔偿案件中损伤参与度鉴定申请也日益增多，鉴定结论更是明确地给出了被害人自身体质与伤情的因果参与度百分数占比。对超出交强险赔偿范围的赔偿责任划分是否应当参照损伤参与度进行的思考，对司法实践有重要意义。

第一，损伤参与度是指在有外伤、疾病（包括老化和体质差异）等因素共同作用于人体，在人身伤亡、后遗症的发生上所起作用的比例关系，其本质是损伤占疾病发生的比例。众多交通事故中，受害人的损伤后果经鉴定，是由侵权人和受害人自身的腰椎病、颈椎病、骨质疏松等疾病以及交通事故这两种“原因力”混合形成。依据《最高人民法院关于审理人身损害赔偿案件适用法律若干问题的解释》第三条第二款“二人以上没有共同故意或者共同过失，但其分别实施的数个行为间接结合发生同一损害后果的，应当根据过失大小或原因力比例各自承担相应的赔偿责任”的规定，超出交强险赔偿范围的赔偿责任，不同于具有社会保障性功能的交强险所应涵盖的赔偿范围，区别于侵权责任法及道路交通安全法所规定的受害人对损失发生或扩大存在的过错，其应当考虑的是无共同故意或过失的各行为的过失大小、原因力比例，参照损伤参与度进行赔偿。

第二，保险合同是被保险人与保险公司自愿订立的，合同双方就赔偿范围和数额等均有约定，保险公司应当根据商业保险合同的约定承担相应的赔偿责任，合同未约定的“损伤参与度”自然不属于责任减轻、免除范围。本案一审法院再审判决人保南昌西湖支公司应当先在交强险赔偿范围内赔偿左某泉因交通事故造成的损失，不足部分根据保险合同的约定在商业第三者责任保险限额范围内赔偿，是对合同双方意思自治的遵从。

编写人：江西省抚州市中级人民法院　揭婷

12

超过法定退休年龄的人员因交通事故造成人身损害的，其主张误工费应如何认定

——刘某臣诉刘某、中国人民财产保险股份有限公司淄博市分公司机动车交通事故责任案

【案件基本信息】

1. 裁判书字号

山东省淄博市中级人民法院（2016）鲁03民终第3255号民事判决书

2. 案由：机动车交通事故责任纠纷

3. 当事人

原告（被上诉人）：刘某臣

被告：刘某

被告（上诉人）：中国人民财产保险股份有限公司淄博市分公司（以下简称人保财险）

【基本案情】

2015年7月2日19时20分，刘某驾驶鲁C68×××号小型轿车顺淄博市张店区北京路由北向南行驶，行至华福大道路口向东左转弯时，与顺北京路由南向北行驶的刘某臣无证驾驶的鲁C6P×××号二轮摩托车相撞，车辆受损，刘某臣、刘某受伤，造成交通事故。2015年7月21日，淄博市公安局交通警察支队张店大队作出《道路交通事故认定书》，认定刘某承担事故的全部责任。刘某臣起诉要求被告赔偿损失22482.62元。人保财险主张误工费同意按照月工资3500元计算。

【案件焦点】

超过法定退休年龄的人员因交通事故造成人身损害的，其主张的误工费损失应如何认定。

【法院裁判要旨】

山东省淄博市张店区人民法院经审理认为：刘某臣主张医疗费8341.62元、住院伙食补助费570元（按照每天30元计算19天）、护理费1520元（按照护工标准每天80元计算19天）、误工费10980元（按照日工资每天122元计算90天）、车辆损失508元、鉴定费300元、清障费30元、复印费33元、交通费200元，以上共计22482.62元。刘某对刘某臣主张的上述费用无异议；人保财险则认为医疗费应当扣除10%的非医保用药，误工费同意按照月工资3500元计算，交通费认可190元。据此，一审判决：

一、人保财险在交强险限额内赔偿刘某臣医疗费5000元、护理费1520元、误工费10500元、交通费200元、车辆损失508元；

二、人保财险在商业险限额内赔偿刘某臣医疗费3341.62元、住院伙食补助费

570 元；

三、刘某赔偿鉴定费 300 元、清障费 30 元、复印费 33 元；

四、驳回刘某臣的其他诉讼请求。

人保财险不服一审判决提起上诉称，刘某臣在本次事故发生时为六十五周岁，已达到法定退休年龄，其不应承担误工费。山东省淄博市中级人民法院经审理认为：关于应否支持刘某臣误工费的问题，涉案机动交通事故发生时，刘某臣虽已年满六十五周岁，但其在一审中提交的淄博市淄川锋泰琉璃瓦厂出具的证明及工资发放表等证据，足以证实刘某臣存在误工损失的事实，且人保财险在一审中亦同意按 3500 元/月标准向刘某臣支付误工费，故人保财险关于其不应支付刘某臣误工费的上诉理由不能成立，依法不予支持。据此，二审判决：

驳回上诉，维持原判。

【法官后语】

本案主要涉及的问题在于，超过法定退休年龄的人员因交通事故造成人身损害的，其主张误工费应如何认定。

误工费属于受害人如未遭受人身侵害而本应获得却因侵权人的侵害行为无法得到或者无法完满得到的利益。在学理上亦可归为消极损失或者逸失利益。[①] 在机动车交通事故责任纠纷案件中，经常会出现交通事故受害人系已超过法定退休年龄人员而主张误工费的情况。对此，保险公司或侵权人则经常抗辩因受害人已超过法定退休年龄，属于无劳动能力人员，不能再从事正常的工作，且有的受害人还按月领取养老金或主要依靠子女赡养，故其不存在误工费的损失。当然本案中保险公司一方即人保财险在一审中已经同意按照月工资 3500 元计算误工费，其在此情况下又上诉主张不应承担误工费显然有违民事诉讼中的“禁反言”规则，依法不应支持。但不应忽视的是，本案中交通事故的受害人刘某臣在事故发生时已经六十五周岁，明显已经超过法定退休年龄，对其这种超过法定退休年龄的人员因交通事故造成人身损害的，其主张的误工费损失应当如何认定的问题，确实需要在司法实践中予以明确。而本案中一审、二审法院对于这一问题也作出了较为明确的认定，即认定受

① 最高人民法院民事审判第一庭编：《最高人民法院人身损害赔偿司法解释的理解与适用》，人民法院出版社 2004 年版，第 288 页。

害人刘某臣虽已年满六十五周岁，但其提供的淄博市淄川锋泰琉璃瓦厂出具的证明及工资发放表等证据，足以证实其存在误工损失的事实，并据此对其主张的误工费予以支持。笔者认为这一认定是正确的。对此，我们可从以下几个方面进行理解和把握：

第一，误工费在法律的认定上并不受年龄的限制。《中华人民共和国民法通则》第一百一十九条规定："侵害公民身体造成伤害的，应当赔偿医疗费、因误工减少的收入、残废者生活补助费等费用……"《最高人民法院关于审理人身损害赔偿案件适用法律若干问题的解释》（以下简称《解释》）第十七条第一款明确规定："受害人遭受人身损害，因就医治疗支出的各项费用以及因误工减少的收入，包括医疗费、误工费、护理费、交通费、住宿费、住院伙食补助费、必要的营养费，赔偿义务人应当予以赔偿。"从上述规定来看，均未对受害者获得误工费赔偿的年龄作出限制性规定，也未排除已超过退休年龄的公民主张误工费的权利。也就是说，只要受害人受害前有劳动能力并从事有偿劳动，其因遭受损害而误工并减少了收入，就有权要求致害人赔偿误工费，而不论受害人是否超过退休年龄。

第二，误工费在赔偿的计算上也与年龄无关。《解释》第二十条规定："误工费根据受害人的误工时间和收入状况确定。误工时间根据受害人接受治疗的医疗机构出具的证明确定。受害人因伤致残持续误工的，误工时间可计算至定残日前一天。受害人有固定收入的，误工费按照实际减少的收入计算。受害人无固定收入的，按照其最近三年的平均收入计算；受害人不能举证证明其最近三年的平均收入状况的，可以参照受诉法院所在地相同或者相近行业上一年度职工的平均工资计算。"由此可见，误工费在计算上是从受害人实际遭受误工并由此造成收入损失的角度进行设计的，与年龄并无直接关联。误工费的计算和赔偿应以受害人受害前是否从事有偿劳动、是否实际误工和是否造成损失减少为依据，而非以其年龄来判定。

第三，法定退休年龄不能作为劳动能力丧失的依据。法定退休年龄是国家为维护职工合法权益和劳动权利而作出的规定，是国家对职工的一种待遇。我国在劳动法领域也同时规定，达到退休年龄后继续从事劳动的，按照劳务关系处理。从现实情况来看，现阶段我国的社会保障体系尚未健全，广大农民没有退休待遇，达到法定退休年龄后在务农的同时进行务工的现象仍大量存在，在城镇也有大量退休人员被返聘或者另行从事一定工作。所以说大多数超过法定退休年龄的人仍有一定的劳动能力。因此片面地以法定退休年龄作为劳动能力丧失的依据，既无明确的法律规定，也与现阶段我国的实际用工状况不符。

第四，退休后按月领取退休金及接受子女赡养费并不影响误工费的存在。由于人均寿命的延长和生活水平的不断提高，超过退休年龄的人员在退休后另行从事社会有偿劳动的现象越来越多，而这无疑会带来养老金待遇和子女给付的赡养费以外的劳动收入。若其由于交通事故致伤并住院治疗和休息，并因此不能从事受伤前的有偿劳动，其所从事劳动所带来的收入势必会减少。而这种劳动收入本身与因缴纳社会养老保险或购买商业养老保险后所能领取的养老金及子女给付的赡养费并无关联，这种劳动收入的减少并不能通过得到养老金和赡养费所弥补，而是通过侵权方的赔偿才能得以弥补。所以说不能因为受害人退休后能领取养老金和接受子女赡养费就否认其误工费损失的存在。

编写人：山东省淄博市中级人民法院　荣明潇
山东省淄博市张店区人民法院　刘晓辉

13

对公安部《人身损害误工期、护理期、营养期评定规范》（GA/T1193－2014）的正确适用

——刘某瑞诉亚太财产保险有限公司淄博中心支公司、刘某机动车交通事故责任案

【案件基本信息】

1. 裁判书字号

山东省淄博市中级人民法院（2017）鲁03民终第639号民事判决书

2. 案由：机动车交通事故责任纠纷

3. 当事人

原告（上诉人）：刘某瑞

被告（被上诉人）：亚太财产保险有限公司淄博中心支公司（以下简称亚太财险）

被告：刘某

【基本案情】

2016年7月11日8时10分左右，刘某驾驶鲁CAB×××号汽车停于公路西侧，开车门时将刘某瑞驾驶的二轮电动车剐倒，刘某瑞受伤，两车受损，造成伤人的道路交通事故。2016年7月25日，交警部门出具道路交通事故认定书认定刘某负事故的全部责任，刘某瑞不承担事故责任。刘某瑞受伤后在淄博市淄川区医院（以下简称淄川区医院）就诊，花费医疗费480.1元。刘某瑞在淄川服装城西关一街19995号经营淄川服装城欧尚洗化用品经营部，主要从事批发零售业。刘某系肇事车辆鲁CAB×××号汽车的车主及驾驶人。该肇事车辆在亚太财险投保交强险一份，事故发生在保险期限内。刘某瑞起诉要求被告赔偿医疗费等各项损失18104元。

【案件焦点】

交通事故造成跖骨骨折情形下误工时间应如何正确认定。

【法院裁判要旨】

山东省淄博市淄川区人民法院经审理认为：刘某瑞主张的赔偿费用依照相关规定和标准计算，具体为：1. 医疗费480.1元；2. 住院伙食补助费，刘某瑞在淄川区医院住院7天，按30元/天计算，计210元；3. 误工费，参照《人身损害误工期、护理期、营养期评定规范》的相关规定，结合刘某瑞的伤情，刘某瑞的误工时间为70天，刘某瑞从事批发零售业，参照2015年批发零售业163元计算，计款11410元；4. 护理费，刘某瑞住院期间7天由其配偶曹某丁一人护理，应按照护工标准80元/天，计款560元；5. 交通费，结合刘某瑞住院、就诊及出院情况，酌情认定100元；6. 清障费30元。以上各项损失共计12790.1元。对交警部门出具的道路交通事故书，各方均无异议，依法予以采纳。结合双方的过错，确定刘某对刘某瑞的损失承担全部赔偿责任。根据《中华人民共和国道路交通安全法》第七十六条和《机动车交通事故责任强制保险条例》第二十一条第一款的规定，亚太财险应当在机动车第三者责任强制保险责任限额范围内赔偿刘某瑞医疗费、住院伙食补助费、误工费、护理费、交通费12760.1元。超出机动车第三者责任强制保险责任限额范围的清障费30元，由刘某承担。据此，一审判决：

一、亚太财险在机动车第三者责任强制保险责任限额范围内赔偿刘某瑞医疗费、住院伙食补助费、误工费、护理费、交通费12760.1元；

二、刘某赔偿刘某瑞超出机动车第三者强制保险责任限额范围的清障费30元；

三、驳回刘某瑞的其他诉讼请求。

刘某瑞提起上诉称其受伤后在医院住院治疗7天，医疗机构出具证明建议休息时间为92天，其误工时间应为99天；另外根据公安部相关标准，其伤情的误工时间应为90~120天，一审法院认定为70天无事实和法律依据，请求依法改判其误工费为16137元。二审经审理查明，受害人刘某瑞在因本案交通事故受伤后到淄川区医院住院治疗。淄川区医院关于刘某瑞的住院病历明确记载：该院对刘某瑞的主要诊断为左足第五跖骨骨折；刘某瑞入院时间为2016年7月11日10时，出院时间为2016年7月18日10时，实际住院时间为7天。淄川区医院在刘某瑞出院当天即2016年7月18日出具出院证明书，其中的需休假天数及其他建议部分记载为："建议休息一个月，门诊复查，不适随诊。"之后淄川区医院分别于2016年8月18日、2016年8月25日、2016年9月9日、2016年9月24日和2016年10月9日连续5次为刘某瑞出具病假证明，上述病假证明均载明刘某瑞经诊断为左足第五跖骨骨折，淄川区医院分别建议休息7天、15天、15天、15天和10天。

山东省淄博市中级人民法院经审理认为：受害人刘某瑞在因交通事故受伤后到淄川区医院住院治疗，该院诊断刘某瑞为左足第五跖骨骨折，并在刘某瑞出院后根据其伤情连续为其出具了相应的病假证明。根据住院病历和病假证明，刘某瑞的误工时间为99天。另外中华人民共和国公安部于2014年11月26日发布实施的《人身损害误工期、护理期、营养期评定规范》（GA/T1193－2014）第10.2.18项（跖、趾骨及其他跗骨骨折）规定，跖骨骨折在非手术治疗情形下的误工期为90~120日。因此，根据刘某瑞因本案交通事故所造成的伤情，结合医疗机构出具的证明，参照《人身损害误工期、护理期、营养期评定规范》（GA/T1193－2014）的相关规定，本案中对于刘某瑞主张的误工时间99天应当予以确认。一审法院确定刘某瑞的误工时间为70天不当。故刘某瑞的误工费参照2015年度批发零售业职工平均工资标准163元/天计算99天应为16137元。关于一审判决认定的其他费用及相应承担，各方均未提起上诉，本院依法予以确认。据此，本案中亚太财险应在机动车第三者责任强制保险责任限额范围内赔偿刘某瑞医疗费480.1元、住院伙食补助费210元、误工费16137元、护理费560元、交通费100元，共计17487.1元；刘某应赔偿刘某瑞超出机动车第三者强制保险责任限额范围的清障费30元。据此二审判决：

一、维持一审判决第二项；

二、撤销一审判决第一、三项；

三、亚太财险在机动车第三者责任强制保险责任限额范围内赔偿上诉人刘某瑞医疗费、住院伙食补助费、误工费、护理费、交通费共计17487.1元；

四、驳回刘某瑞的其他诉讼请求。

【法官后语】

本案主要涉及交通事故造成跖骨骨折情形下误工时间的正确认定问题。因该问题而引申出的一个重要问题则是对于公安部《人身损害误工期、护理期、营养期评定规范》（GA/T1193－2014）的正确适用问题。

在交通事故损害赔偿案件中，误工费是较为常见的一个赔偿项目。根据《最高人民法院关于审理人身损害赔偿案件适用法律若干问题的解释》（以下简称《解释》）第二十条的规定："误工费根据受害人的误工时间和收入状况确定。误工时间根据受害人接受治疗的医疗机构出具的证明确定。受害人因伤致残持续误工的，误工时间可计算至定残日前一天。受害人有固定收入的，误工费按照实际减少的收入计算。受害人无固定收入的，按照其最近三年的平均收入计算；受害人不能举证证明其最近三年的平均收入状况的，可以参照受诉法院所在地相同或者相近行业上一年度职工的平均工资计算。"从上述规定不难看出，误工费的认定主要包括两个方面的问题：一是确定误工时间，二是确定受害人收入状况。受害人收入状况根据《解释》第二十条的规定并不难确定。不过关于误工时间则应区分对待。其中住院期间属于误工时间当无争议，出院后的误工时间一般根据受害人接受治疗的医疗机构出具的证明确定。但实践中确实存在这样的情况，那就是医疗机构不出具证明但根据伤情确实需要休息，或者是根据伤情，医疗机构出具证明的休息时间明显偏长，因此误工时间应当根据受害人的实际损害程度、恢复状况、治疗医院出具的证明或者法医鉴定等予以综合认定。关于这种综合认定，人民法院在实践中通常都会参照中华人民共和国公安部于2014年11月26日发布实施的《人身损害误工期、护理期、营养期评定规范》（GA/T1193－2014）来进行认定，毕竟《人身损害误工期、护理期、营养期评定规范》（GA/T1193－2014）是目前最为权威的评定人身损害误工期、护理期、营养期的国家级参考标准。但是实践中应当注意的一点是，在适用该标准时应当根据中华人民共和国公安部发布的正式版本为准，而不能以网络上的一些简化版为准，否则极易出现适用错误。本案即如此。本案中受害人刘某瑞的伤情为骨折，其主张其受伤后在医院住院治疗7天，医疗机构出具证明建议休息时间为92天，其误工时间应为99天。两审法院对于受害人刘某瑞的误工时间都参考了《人身损害误工期、护理期、营养期评定规范》（GA/T1193－2014），但是一审法院参考的版本系不完全的网络版本，其10.2骨折部分仅到第10.2.17项即结束，因此一审法院就参考了10.3关节脱位部分中的10.3.4项，即其他关节脱位部分的f）跖趾/趾间关节脱位中的误工期为60～90日，最后确定刘某瑞误工时间为70天。而二审法院参考了《人身损害误工期、护理期、营养期评定规范》（GA/T1193－2014）的正式版本，该版本中10.2骨折部分有第10.2.18项，该项即为跖、趾骨及其他跗骨骨折，该项中的a）非手术治疗情形下的误工期为90～120日；医疗机构为刘某瑞出具的住院病历和病假证明显示刘某瑞的误工时间为99天，该误工期间也在《人身损害误工期、护理期、营养期评定规范》（GA/T1193－2014）第10.2.18项所确定的非手术治疗情形下的误工期90～120日之内，因此，二审对于刘某瑞主张的误工时间99天依法予以确认无疑是正确的。

编写人：山东省淄博市中级人民法院　荣明潇

山东省淄博市张店区人民法院　刘晓辉

14

两车相撞事故中一方逃逸未能找到且交警部门也未作出事故认定情形下的赔偿责任认定

——李某晴诉高某、高某浩机动车交通事故责任案

【案件基本信息】

1. 裁判书字号

山东省淄博市中级人民法院（2017）鲁03民终第3509号民事判决书

2. 案由：机动车交通事故责任纠纷

3. 当事人

原告（上诉人）：李某晴

被告（被上诉人）：高某、高某浩

【基本案情】

高某驾驶（李某晴乘坐）无号牌二轮摩托车与一辆小型普通客车相撞，造成交通事故，致高某、李某晴受伤。事故发生后，小型普通客车逃逸。交警出具《道路交通事故部门认定书》载明事故正在侦破中，高某、李某晴医疗费用自行承担。后又出具事故证明，记载了事故发生的过程，未作出事故责任认定。李某晴住院治疗共花费医疗费93374.55元。治疗期间由其父李某东护理，李某东系出租汽车驾驶员。高某浩与高某系父子关系，事故发生时高某未满十八周岁，高某浩为高某垫支各项费用18936.49元。李某晴起诉要求高某、高某浩赔偿各项经济损失61299.57元。高某、高某浩辩称，事故后客车逃逸，根据相关规定发生事故后当事人逃逸的，逃逸的当事人应当承担全部责任，李某晴因交通事故产生的所有损失应该由该车辆赔偿，且认定书也写明高某与李某晴的医疗费应该自行承担。

【案件焦点】

高某、高某浩的赔偿责任应如何认定。

【法院裁判要旨】

山东省淄博高新技术产业开发区人民法院经审理认为：本案系高某驾驶的二轮摩托车与小型普通客车相撞引发，因小型普通客车逃逸，交警部门未认定二人的事故责任，但根据事故认定书的记载及高某在庭审中的陈述证实事故发生时，高某系无证驾驶无号牌二轮摩托车上路，根据《中华人民共和国道路交通安全法实施条例》（以下简称《道交法实施条例》）第九十二条第一款的规定，发生交通事故后当事人逃逸的，逃逸的当事人承担全部责任。但是，有证据证明对方当事人也有过错的，可以减轻责任。高某无证驾驶无号牌二轮摩托车上路系明显过错行为，而李某晴在乘车前已知晓高某系无证驾驶无号牌二轮摩托车，其仍然乘车的行为系对自身安全的疏忽，具有一定过错。据此可减轻高某的责任，结合双方行为的过错程度及行为对损害结果的原因力大小，依法认定高某承担责任的比例为30%。事故发生时，高某系未成年人，其监护人高某浩放任其在深夜无证驾驶无号牌二轮摩托车外出，未尽到监护责任，应由其承担侵权责任。因本次事故中另一机动车逃逸，无法确定该车辆投保情况，可待其归案，认定事故责任及投保情况后，再行对本判决确定的赔偿数额予以调整。李某晴的各项经济损失经确认共计99371.65元，由高某浩按30%的比例赔偿李某晴29811.5元，因其已为李某晴垫支18936.49元，尚应赔偿李某晴10875.01元。

据此，山东省淄博高新技术产业开发区人民法院依照《中华人民共和国侵权责任法》第六条第一款、第十五条第一款第（六）项、第十六条、第三十二条及《中华人民共和国民事诉讼法》第六十四条之规定，判决如下：

一、被告高某浩于本判决生效之日起十日内赔偿原告李某晴经济损失10875.01元；

二、驳回原告李某晴要求被告高某承担民事赔偿责任的诉讼请求及其他诉讼请求。

李某晴不服一审判决提起上诉主张高某浩、高某一方应承担80%的赔偿责任比例。山东省淄博市中级人民法院经审理认为：未取得驾驶证的高某驾驶无号牌二轮摩托车与肇事后逃逸的普通客车相撞，高某与逃逸的普通客车驾驶人各自的侵权行为造成李某晴受伤，高某与逃逸的普通客车驾驶人均为侵权人。但因普通客车肇事逃逸，而高某亦不能证明肇事双方在事故发生中的过错程度，故对于李某晴的损害，高某与逃逸普通客车的赔偿义务人应当承担连带赔偿责任。《道交法实施条例》第九十二条是关于车辆肇事逃逸后行政责任认定的规定，并不当然适用于民事赔偿的责任认定，而民事赔偿应当通过对事故的原因力进行分析进而确定赔偿责任，故一审判决据此认定的赔偿责任比例不当，予以纠正。李某晴与高某系同学，其明知高某未取得驾驶证并且驾驶无牌照的摩托车而乘坐，其自身存在过错，根据其过错程度及事故发生的原因力分析，李某晴主张自负20%的民事责任，予以采信。另外法律规定承担连带责任的，被侵权人有权请求部分或者全部连带责任人承担赔偿责任。因高某与逃逸普通客车的赔偿义务人承担连带赔偿责任，李某晴要求高某一方承担赔偿责任，予以支持。高某一方承担责任后，对于超过应当负担责任的部分，可向逃逸普通客车的赔偿义务人依法追偿。故高某一方应赔偿李某晴各项损失60560.83元（99371.65元×80%－已为李某晴垫支18936.49元）。

综上所述，李某晴的上诉理由成立，予以支持。依照《中华人民共和国侵权责任法》第十三条，《中华人民共和国民事诉讼法》第一百七十条第一款第（二）项规定，判决如下：

一、撤销山东省淄博市高新区人民法院（2015）新民初字第856号民事判决；

二、高某于本判决生效之日起十日内赔偿李某晴医疗费、住院伙食补助费、护理费、交通费60560.83元；

三、驳回李某晴的其他诉讼请求。

【法官后语】

本案主要涉及的是两车相撞事故中一方逃逸未能找到且交警部门也未作出事故认定情形下的赔偿责任认定问题。结合本案具体而言，就是两车相撞发生交通事故造成第三人损害，事故一方车辆逃逸无法找到，交警部门也未作出事故认定，此时事故另一方应如何承担事故的赔偿责任。

实践中多车相撞发生交通事故从而造成车辆以外的人员损害的情况多有发生，而交警部门也一般能够根据事故的成因确定事故各方的责任，司法审判也依据交警部门的事故认定书确定事故各方的责任并明确各方的赔偿责任比例和数额。但像本案这样，在事故一方肇事逃逸未能找到而交警部门也未能作出事故责任认定的情况下，事故另一方应如何赔偿，第三人应如何救济，确实是摆在审判实务中的一个现实问题。本案一审认为，根据《道交法实施条例》第九十二条第一款的规定，发生交通事故后当事人逃逸的，逃逸的当事人承担全部责任。但是，有证据证明对方当事人也有过错的，可以减轻责任。高某无证驾驶无号牌二轮摩托车上路系明显过错行为，而李某晴在乘车前已知晓高某系无证驾驶无号牌二轮摩托车，其仍然乘车的行为系对自身安全的疏忽，具有一定过错，据此可减轻高某的责任，结合双方行为的过错程度及行为对损害结果的原因力大小，依法认定高某承担责任的比例为30%。从一审的上述理由来看，其是认为普通客车一方逃逸应承担全部责任，但高某和李某晴均有过错，结合高某和李某晴双方行为的过错程度及行为对损害结果的原因力大小而认定高某承担30%的赔偿责任比例。但从《道交法实施条例》第九十二条的规定来看，有证据证明对方当事人也有过错时也只是减轻逃逸一方当事人即普通客车一方的责任，而不是减轻未逃逸一方的高某的责任；而且亦如二审认为所言，《道交法实施条例》第九十二条是关于车辆肇事逃逸后行政责任认定的规定，并不当然适用于民事赔偿的责任认定。所以说一审对于高某一方责任的认定在适用法律上确有不当，其据此认定高某一方承担30%的赔偿责任比例也难以让人信服。本案二审则认为高某与逃逸普通客车的赔偿义务人对李某晴的损害依法应承担连带赔偿责任，而法律规定承担连带责任的情形下被侵权人有权请求部分或者全部连带责任人承担赔偿责任，因此李某晴要求高某一方承担赔偿责任应予支持；高某一方承担责任后，对于超过应当负担责任的部分，可以向逃逸普通客车的赔偿义务人依法追偿。另外根据李某晴的过错程度及事故发生的原因力分析，李某晴主张自负20%的民事责任应予采信。故二审最终认定高某一方按80%的赔偿责任比例向李某晴进行赔偿。

应当说本案二审的认定为如何正确处理该类案件提供了很好的思路。因为在像本案这样的多车相撞事故中，受害人的损害实际是多车共同侵权造成的。本案中李某晴的损害就是高某驾驶二轮摩托车与小型普通客车相撞造成。换句话说，李某晴因本案事故受到的损害系高某一方和小型普通客车一方这两方的共同侵权所致。而根据《中华人民共和国侵权责任法》第八条的规定，二人以上共同实施侵权行为，造成他人损害的，应当承担连带责任。故高某一方与逃逸普通客车的赔偿义务人对李某晴的损害依法应承担连带赔偿责任。而《中华人民共和国侵权责任法》第十三条也明确规定，法律规定承担连带责任的，被侵权人有权请求部分或者全部连带责任人承担责任。据此，李某晴有权单独要求高某一方或逃逸普通客车的赔偿义务人承担责任，也有权要求二者共同承担责任。因此，在普通客车逃逸无法找到的情况下，李某晴单独起诉高某一方承担赔偿责任符合法律规定。另外《中华人民共和国侵权责任法》第十四条亦规定，连带责任人根据各自责任大小确定相应的赔偿数额；难以确定责任大小的，平均承担赔偿责任。支付超出自己赔偿数额的连带责任人，有权向其他连带责任人追偿。因此，高某一方在承担赔偿责任后，对于超过其应当负担责任的部分，其依法可以向逃逸普通客车的赔偿义务人追偿。所以说在多车相撞事故中一方逃逸未能找到且交警部门也未作出事故认定情形下，受害人可以基于共同侵权承担连带责任的法律规定要求逃逸方之外的其他责任方承担赔偿责任，从而使自身合法权利得到维护；承担了赔偿责任的事故责任方可在找到逃逸方后依法向逃逸方进行追偿，从而实现各方的利益平衡。

编写人：山东省淄博市中级人民法院　荣明潇　郭鹏

15

多辆机动车发生交通事故均未投保交强险能否判令交强险范围内承担连带赔偿责任

——罗某民诉成某平、边某云机动车交通事故责任案

【案件基本信息】

1. 裁判书字号

湖南省衡东县人民法院（2017）湘0424民初第2098号民事判决书

2. 案由：机动车交通事故责任纠纷

3. 当事人

原告：罗某民

被告：成某平、边某云

【基本案情】

2017年6月23日5时10分许，被告成某平未取得机动车驾驶证驾驶无牌正三轮载货摩托车自衡山县往衡东县新塘镇方向行驶，行经省道314线新塘镇东健路味美思路段，遇被告边某云持C1型机动车驾驶证驾驶湘D39×××小型普通客车搭乘原告罗某民从衡山县往衡东县新塘镇方向行驶，因湘D39×××小型普通客车发生故障，被告边某云将车停在道路右侧位置（未开启危险报警灯及设置警告标志），让原告推车。被告成某平驾车与相对方向来车会车时因相对车辆灯光照射引起视觉障碍，无法正确判断前方情况下盲目通行，造成三轮摩托车车头与行人罗某民和湘D39×××小型普通客车左后角在道路右侧路边位置相撞，致原告罗某民受伤、两车受损的交通事故。该事故经衡东县公安局交警大队事故认定，被告成某平负事故主要责任，被告边某云负事故次要责任，原告罗某民无责任。另查明，无牌正三轮载货摩托车及湘D39×××小型普通客车均未投保交强险及商业险。原告以前坐过被告边某云的车辆进菜，每次支付车费5元或10元。

【案件焦点】

多辆机动车发生交通事故均未投保交强险能否判令交强险内承担连带赔偿责任。

【法院裁判要旨】

湖南省衡东县人民法院经审理认为：根据道路交通事故认定书，被告成某平负事故主要责任，被告边某云负事故次要责任，原告罗某民无责任。另无牌正三轮载货摩托车及湘D39×××小型普通客车均未投保交强险及商业险。根据法律及司法解释，投保交强险是机动车所有人或管理人的法定义务。出于对受害人的保护，上述司法解释规定了在交强险范围内，已承保交强险的保险公司对未投保的投保义务人在交强险范围内有代付义务；未投保交强险的投保义务人和侵权人承担连带责任。具体本案而言，原告罗某民的损失中，医疗费部分超出了各机动车交强险限额（10000 + 10000 = 20000元）之和，死亡伤残赔偿部分未超过单一交强险限额（110000元），对外而言，原告可以就交强险伤残赔偿限额内的58768元向任意一个投保义务人即任一被告主张权利，即两被告在该范围内应对原告承担连带赔偿责任。就交强险伤残赔偿范围内部份额而言，两被告应平均分担，即各分担29384元，被告对原告就此份额多承担部分，可向另一被告行使追偿权。对交强险之外两被告应承担的部分，即94924.97 - 10000 - 29384 - 10000 - 29384 = 16156.97元，因两被告不符合共同侵权的法律特征，要求两被告同样也承担连带责任于法无据，应按其过错比例承担相应的赔偿责任。根据道路交通事故责任认定，被告成某平、边某云分别负事故主、次责任，故在交强险外，被告成某平应承担70%即11309.88元，被告边某云应承担30%即4847.09元。被告边某云辩称自己属好意搭乘不符合本案事实，本院不予支持。退一步讲，即使属好意搭乘，也应承担一般侵权责任。根据前述分析，由于被告成某平、边某云均未投保交强险，故应由两被告分别在应投保交强险范围内承担39384元，并对对方在交强险伤残赔偿限额29384元范围内承担连带赔偿责任（即一方帮另一方先行赔付的限额为29384元，先行赔付方可行使追偿权）。对于超出交强险外的损失16156.97元，根据其责任大小，应由被告成某平、边某云分别承担11309.88元及4847.09元。依照《中华人民共和国侵权责任法》第十六条、第四十八条，《中华人民共和国道路交通安全法》第七十六条，《最高人民法院关于审理人身损害赔偿案件适用法律若干问题的解释》第十七条、第十八条、第十九条、第二十一条、第二十二条、第二十三条、第二十四条、第二十五条，《最高人民法院关于审理道路交通事故损害赔偿案件适用法律若干问题的解释》第十六条、第十九条、第二十一条，《中华人民共和国民事诉讼法》第一百四十四条之规定，判决如下：

一、被告成某平赔偿原告罗某民损失50693.88元；

二、被告边某云赔偿原告罗某民损失44231.09元；

三、被告成某平、边某云在对方的交强险伤残赔偿限额29384元范围内承担连带赔偿责任；

四、驳回原告罗某民的其他诉讼请求。

【法官后语】

本案处理重点是对交强险的理解。

一、交强险的性质、功能和特征

交强险全称是机动车交通事故责任强制保险，其主要是用于维护交通事故中受害者一方的权益，以满足保护交通事故受害人的基本需求。交强险是我国首个由国家法律规定实行的强制保险制度，属于强制性责任保险，其实质是一种具有公益性与法定性的商事保险。交强险设立的初衷就是保障生命。

交强险具有以下特征：第一，突出了社会公益目的。第二，具有法定性和强制性。交强险是由国家通过基本法的形式设立的，具有法定性。第三，是为第三人设置权利的一种制度。建立交强险法律关系的保险合同突破了合同相对性的原则，是为第三人设置权利的一种合同。交强险框架下的第三人在受到事故伤害后可以直接向保险人请求赔偿，《中华人民共和国道路交通安全法》第七十六条对此作出了明确规定："机动车发生交通事故造成人身伤亡、财产损失的，由保险公司在机动车第三者责任强制保险责任限额范围内予以赔偿；不足的部分，按照下列规定承担赔偿责任……"而建立商业三者险保险合同关系的保险合同应严格遵守合同相对性的原则，合同外的第三人不能直接向保险人请求赔偿。第四，保障范围明显扩大。一是采取了严格责任的赔付原则（"无过错责任"原则），即只要发生交通事故，无论机动车方是否存在事故责任，无论事故责任大小，承保公司均需对受害人的损失承担赔偿责任；二是未设定任何的免赔额或免赔率；三是除法律规定外，承保公司几乎无任何其他除外责任。而商业三者险赔偿范围方面则是采取过错责任原则。

二、多辆机动车发生交通事故且均未投保交强险的情况下，对外、对内责任的法律适用问题

《机动车交通事故责任强制保险条例》第二条第一款规定：在中华人民共和国境内道路上行驶的机动车的所有人或者管理人，应当依照《中华人民共和国道路交通安全法》的规定投保机动车交通事故责任强制保险。《最高人民法院关于审理道路交通事故损害赔偿案件适用法律若干问题的解释》第十九条规定："未依法投保交强险的机动车发生交通事故造成损害，当事人请求投保义务人在交强险责任限额范围内予以赔偿的，人民法院应予支持。投保义务人和侵权人不是同一人，当事人

请求投保义务人和侵权人在交强险责任限额范围内承担连带责任的，人民法院应予支持。”第二十一条规定：“多辆机动车发生交通事故造成第三人损害，损失超出各机动车交强险责任限额之和的，由各保险公司在各自责任限额范围内承担赔偿责任；损失未超出各机动车交强险责任限额之和，当事人请求由各保险公司按照其责任限额与责任限额之和的比例承担赔偿责任的，人民法院应予支持。依法分别投保交强险的牵引车和挂车连接使用时发生交通事故造成第三人损害，当事人请求由各保险公司在各自的责任限额范围内平均赔偿的，人民法院应予支持。多辆机动车发生交通事故造成第三人损害，其中部分机动车未投保交强险，当事人请求先由已承保交强险的保险公司在责任限额范围内予以赔偿的，人民法院应予支持。保险公司就超出其应承担的部分向未投保交强险的投保义务人或者侵权人行使追偿权的，人民法院应予支持。”

根据上述司法解释的规定，对于多辆机动车发生交通事故造成第三人损害，损失未超出各机动车交强险责任限额之和，当事人请求由各保险公司按照其责任限额与责任限额之和的比例承担赔偿责任的，人民法院应予支持，也即就本案两被告在交强险内部份额而言，应同等即平均承担责任。对于受害人即原告而言，司法解释对应投保交强险部分未投保的，规定了应予支持受害人请求先由已承保交强险的保险公司在责任限额范围内予以赔偿，然后再由其行使追偿权，即在责任限额内的连带责任，但并未规定均未投保交强险时，投保义务人（及侵权人）之间是否可参照上述规定处理。本案判定两被告在交强险限额内连带向原告（受害人）承担赔偿责任，表面上是对司法解释的突破，实质上从法理、交强险性质、特征来看，司法解释精神上是一致的。交强险突出了对受害人的基本保障，多车发生交通事故且均未投保交强险的情况下，受害人可以要求任一或多个侵权人（投保义务人）在交强险限额内承担全部责任，对于多承担部分的侵权人对未承担的侵权人享有追偿权，其实质就是在交强险限额内的连带责任。本案判决突出了交强险对受害人的基本保护，同时也兼顾了公平正义。

编写人：湖南省衡东县人民法院　许文韬

16

受害人因拆除内固定进行第二次手术造成的误工损失应予支持

——廖某萍诉安邦财产保险股份有限公司广东分公司机动车交通事故责任案

【案件基本信息】

1. 裁判书字号

广东省云浮市中级人民法院（2017）粤53民终第44号民事判决书

2. 案由：机动车交通事故责任纠纷

3. 当事人

原告（上诉人）：廖某萍

被告（被上诉人）：安邦财产保险股份有限公司广东分公司（以下简称安邦广东分公司）

【基本案情】

2016年3月9日19时40分，李某杰驾驶粤W/CM×××号二轮摩托车载着原告廖某萍，行驶途经新兴县车岗镇车岗派出所路段处，与被告谢某洪驾驶的粤W/×××××号轻型厢式货车发生碰撞，造成了两车损坏、李某杰与廖某萍受伤的道路交通事故。事故发生后，李某杰、谢某洪均没有及时报警与保护事故现场。原告受伤后，于2016年3月9日至2016年3月22日在新兴县人民医院住院治疗，被诊断为：左侧锁骨骨折、胸8椎体爆裂压缩性骨折，住院共13天，其间留陪护一人；2016年4月10日至2016年4月21日在佛山市中医院住院治疗，被诊断为：左锁骨中段陈旧性粉碎性骨折、胸8椎体陈旧爆裂骨折、胸5胸6椎体陈旧压缩性骨折，住院共12天，其间留陪护一人。之后，原告父亲廖某华于2016年3月11日到新兴县公安局交警大队报警处理。新兴县公安局交警大队经现场勘查与调查取证，因道路交通事故成因无法查清，根据《道路交通事故处理程序规定》第五十条规定，定性为责任无法认定，并于2016年5月6日出具了事故证明书，建议各方到人民法院提起民事诉讼。肇事车辆粤W/××××× 号轻型厢式货车在安邦广东分公司处投保了交强险，事故发生在保险期内。2016年9月1日，广东中天司法鉴定所评定原告为九级伤残。2017年1月13日，原告廖某萍第一次诉至本院。本院于同年5月28日作出（2017）粤5321民初73号民事判决书，判决安邦广东分公司在交强险责任限额内赔偿84956.6元（其中残疾赔偿金53441.6元）给原告廖某萍，并驳回原告廖某萍的其他诉讼请求。判决作出后，被告安邦广东分公司已经付清上述款项给原告。2017年7月26日至2017年7月31日，原告到佛山市中医院住院进行二次手术治疗，拆除左锁骨骨折术后固定存留，住院5天。住院证明书载明：建议出院后休息三个月，住院期间留陪护人一名。住院期间，护理人员租用陪护床费用40元。原告认为其因进行二次手术造成损失，特诉至法院，请求：1. 判令被告安邦广东分公司在交强险限额内赔偿保险金9567.20元给原告廖某萍；2. 本案受理费由被告承担。

【案件焦点】

廖某萍在拆除内固定后误工费计算问题。

【法院裁判要旨】

广东省新兴县人民法院经审理认为：本案为机动车交通事故责任纠纷。本案主要争议焦点是被告是否应支付原告第二次手术治疗后的误工费。根据《最高人民法院关于审理人身损害赔偿案件适用法律若干问题的解释》第二十条第二款“误工时间根据受害人接受治疗的医疗机构出具的证明确定。受害人因伤致残持续误工的，误工时间可以计算至定残日前一天”的规定，因为广东中天司法鉴定所已经于2016年9月1日作出司法鉴定书，原告廖某萍被评为九级伤残，误工时间应计算至定残日前一天即2016年8月31日，原告并已获得残疾赔偿金的赔偿，而原告第二次入院手术住院的时间为2017年7月26日，所以原告的请求于法无据，本院不予支持。关于原告请求护理费500元和护理人员租用陪护床费用40元，其请求有相关证据予以证实，理据充分，且被告无异议，本院予以支持。关于交通费500元的请求，虽无相关票据予以证实，但原告因二次手术治疗确需一定的交通费用，故本院酌情支持交通费300元，超出部分不予支持。因护理费和交通费属于交强险死亡伤残项下的赔偿项目，根据《中华人民共和国道路交通安全法》第七十六条第一款“机动车发生交通事故造成人身伤亡、财产损失的，由保险公司在机动车第三者责任强制保险责任限额范围内予以赔偿；不足的部分，按照下列规定承担赔偿责任：（一）机动车之间发生交通事故的，由有过错的一方承担赔偿责任；双方都有过错的，按照各自过错的比例分担责任……”的规定，被告安邦广东分公司作为粤W/×××××号轻型厢式货车的交强险保险人，在死亡伤残责任限额内再赔偿840元给原告廖某萍。

广东省新兴县人民法院依据《中华人民共和国道路交通安全法》第七十六条第一款，《中华人民共和国侵权责任法》第十六条、第四十八条，《最高人民法院关于审理人身损害赔偿案件适用法律若干问题的解释》第十七条第一款、第二十一条第一款和第二款、第二十二条，《中华人民共和国民事诉讼法》第六十四条第一款的规定，作出如下判决：

一、被告安邦财产保险股份有限公司广东分公司应于本判决发生法律效力之日起七日内在交强险责任限额内赔偿840元给原告廖某萍；

二、驳回原告廖某萍的其他诉讼请求。

廖某萍不服一审判决，提出上诉。广东省云浮市中级人民法院经审理认为：本案是机动车交通事故责任纠纷。《中华人民共和国民事诉讼法》第一百六十八条规定：“第二审人民法院应当对上诉请求的有关事实和适用法律进行审查。”综合各方当事人的意见，本案二审争议的主要焦点是：上诉人廖某萍在拆除内固定后误工费计算问题。

廖某萍因2016年3月9日的交通事故造成左侧锁骨骨折、胸8椎体爆裂压缩性骨折，后行左锁骨骨折内固定术。2017年7月26日至7月31日，廖某萍到佛山市中医院住院治疗，行左锁骨骨折术后切开内固定取出术，出院医嘱为：1. 出院带药；每周定期门诊复查，不适随诊。定期换药，适时拆线，伤肢暂禁负重强力活动，具体时间需复诊拍片后由复诊医师决定；指导功能锻炼。2. 建议出院后休息3个月。3. 住院期间留陪护人1名。对于廖某萍拆除内固定前的各项赔偿费用，新兴县人民法院（2017）粤5321民初73号案已作处理，由安邦广东分公司在交强险责任限额内赔偿84956.6元给廖某萍，该案对于廖某萍请求的后续治疗费没有支持，但释明可待实际发生后再另行起诉。《最高人民法院关于审理人身损害赔偿案件适用法律若干问题的解释》第二十五条关于残疾赔偿金的规定，明确残疾赔偿金是对受害人廖某萍劳动能力丧失部分的经济补偿。廖某萍因交通事故造成九级伤残，但并不表示廖某萍完全没有劳动能力，即不阻碍廖某萍从事其他力所能及的活动所取得的收入，故已计算的残疾赔偿金并不因此而取代误工费。原审判决以廖某萍已获得残疾赔偿金赔偿而对拆除内固定所产生的误工费不予支持错误，应予以纠正。

根据廖某萍提供的现有证据反映，廖某萍拆除内固定实际住院治疗5天，医嘱出院后休息3个月，故实际误工时间为95天。本案一审辩论终结时间为2017年9月27日，故按照《广东省2017年度人身损害赔偿计算标准》农林牧渔业35995元/年计算，误工费应为9499元。另外，廖某萍因住院而产生的护理费500元、租用陪护床费用40元、交通费300元，合计总损失为10339元。但廖某萍上诉请求赔偿的数额为9567.2元，属于其对自身权利的处理，本院予以准许。因此，安邦广东分公司已赔偿84956.6元给廖某萍，并未超出交强险赔偿限额，故还应赔偿9567.2元给廖某萍。

广东省云浮市中级人民法院依照《中华人民共和国民事诉讼法》第一百七十条第一款第（二）项之规定，作出如下判决：

一、撤销新兴县人民法院（2017）粤5321民初1301号民事判决；

二、被上诉人安邦财产保险股份有限公司广东分公司应于本判决发生法律效力之日起七日内在交强险责任限额内赔偿9567.2元给上诉人廖某萍。

【法官后语】

二审与一审的分歧是在于对原告廖某萍的误工费已计付至定残前一日及残疾赔偿金已赔偿，但后续治疗费未赔偿情况下，是否可以请求支付后续拆除内固定手术治疗的误工费的不同理解上。对这个问题，首先界定两个状况：一是对于后续拆除内固定手术治疗的误工费是否继续支付目前没有明确的法律条文规定，《最高人民法院关于审理人身损害赔偿案件适用法律若干问题的解释》第二十条第二款规定："误工时间根据受害人接受治疗的医疗机构出具的证明确定。受害人因伤致残持续误工的，误工时间可以计算至定残日前一天。”二是残疾赔偿金与误工费是不同性质的损失，之间不存在交叉、重叠。残疾赔偿金所要填补的损失是劳动能力下降导致收入减少的差额部分，而误工费是填补因伤不能工作期间造成的经济损失，残疾赔偿金损失是长期性的损失，误工费损失是短期、阶段性的损失。根据《最高人民法院关于审理人身损害赔偿案件适用法律若干问题的解释》第二十五条关于残疾赔偿金的规定，残疾赔偿金主要是对受害人劳动能力丧失的救济，是对受害人劳动能力丧失部分的经济补偿。受害人因交通事故造成伤残，但并不表示其完全没有劳动能力，不阻碍其从事其他力所能及的活动所取得的收入，故不能因其获得残疾赔偿金而取代因拆除内固定进行第二次手术造成的误工损失。

编写人：广东省新兴县人民法院　陈丽丽

17

高三学生的补习费、复读费是否属于交通事故所造成的间接损失

——何某诉张某1、某财产保险股份有限公司支公司机动车交通事故责任案

【案件基本信息】

1. 裁判书字号

北京市第三中级人民法院（2017）京03民终第5262号民事判决书

2. 案由：机动车交通事故责任纠纷

3. 当事人

原告（被上诉人）：何某

被告（上诉人）：张某1

被告（被上诉人）：某财产保险股份有限公司支公司

【基本案情】

2016年4月14日6时20分，何某（非农业户口）骑自行车由西向东行驶至平谷区某路某桥南侧时与张某1自南向北驾驶的×××小客车发生刮碰，何某受伤，两车受损。事发后，何某先后前往河北省某医院及北京市某区中医医院就诊，于2016年4月14日至2016年4月30日在北京市某区中医医院住院治疗16天。后于2016年6月27日至2016年7月6日在北京市某区中医医院住院治疗9天。事故经北京市公安局平谷分局交通支队认定何某与张某1负同等责任。事发时，何某系高三学生，正处于准备高考的关键时期，交通事故的发生影响到原告正常上学，出院后找辅导机构补课费80200元、重读费34000元。经查，张某1驾驶的涉案小客车系登记在其子张某2名下，该车曾由案外人薛某某在某财产保险股份有限公司支公司处投保了机动车交强险及商业三者险20万元及不计免赔，保险期间自2015年9月3日0时起至2016年9月2日24时止，后薛某某将车卖给张某2并于2016年3月14日在人保三河支公司处办理了变更过户登记，事故发生在保险期间内。经北京某司法鉴定所鉴定，何某构成十级伤残，建议护理期60日、营养期90日。何某在河北省某市医院就诊期间，张某1垫付医疗费308元。

【案件焦点】

1. 何某的补课费、复读费是否属于因交通事故导致的间接损失；2. 因事故造成的间接损失保险公司应当对“已尽提示说明义务”进行举证，对保险公司免责的部分，侵权人应当承担合理的损失赔偿责任。

【法院裁判要旨】

北京市平谷区人民法院经审理认为：机动车与非机动车驾驶人、行人之间发生交通事故，有证据证明非机动车驾驶人、行人有过错的，根据过错程度适当减轻机动车一方的赔偿责任。本案中，张某1驾驶的小客车与何某的自行车发生交通事故，系机动车与非机动车之间发生交通事故，公安交通管理部门认定张某1与何某负同等责任，该责任认定并无不当，本院予以确认。因非机动车驾驶人一方存在过错，结合本案情况，本院酌情认定超出交强险赔偿范围的损失，由非机动车驾驶人一方承担40%的损失，由机动车驾驶人一方承担60%的损失。张某1驾驶的车牌号×××小客车在某财产保险股份有限公司支公司投保了机动车交强险及商业三者险20万元（含不计免赔），事故发生在保险责任期间，因此，对原告所受损失，某财产保险股份有限公司支公司应先在涉案车辆所投保保险责任范围内承担赔偿责任，不足的部分由张某1承担。原告的医疗费根据现有票据予以核实为41401.08元（含被告张某1垫付的308元）；原告主张的住院伙食补助费2500元适当；原告主张的营养费过高，根据其病情情况及实际需要酌情调整为2700元；原告主张的护理费标准过高、护理期限过长，且未提供充分有效的证据证明护理人员的收入情况，结合鉴定意见及当地护理人员一般费用标准酌情认定为6600元；原告主张的残疾辅助器、残疾赔偿金于法有据，本院予以认可；原告主张的交通费过高，结合原告就医距离、就医次数、交通条件等综合认定为1500元；原告主张的精神抚慰金过高，本院结合原告伤情情况酌情调整为5000元；原告主张的财产损失，其未提供自行车修理发票，缺乏充分有效的证据证明，但考虑到自行车确有损失且被告人保三河支公司认可赔偿400元，本院对此不持异议；原告主张的补课费，因涉案交通事故造成原告受伤，事发时原告系高三学生，正处于准备高考的关键时期，交通事故引起的人身伤害势必会影响原告正常上学，故补课费系因交通事故引起的合理损失，但原告主张的补课费标准过高、时间过长，本院根据当地一般补课费用标准及补课时间酌情确定为30000元。保险标的转让的，保险标的的受让人承继被保险人的权利和义务，涉案保单免责条款的声明显示有投保人薛某某的签字且张某1亦未对其提出异议，本院认定某财产保险股份有限公司支公司已经尽到了免责条款的提示义务，因补课费系间接损失，补课费用应由张某1个人依责承担；原告主张的重读费并无依据，本院不予支持；原告主张的二次手术费因尚未发生，可待实际发生后另行主张，本院在此不作处理。

北京市平谷区人民法院依照《中华人民共和国侵权责任法》第六条、第十六条，《中华人民共和国道路交通安全法》第七十六条，《最高人民法院关于审理道路交通事故损害赔偿案件适用法律若干问题的解释》第十六条，《最高人民法院关于审理人身损害赔偿案件适用法律若干问题的解释》第十七条、第十八条、第十九条、第二十一条、第二十二条、第二十三条、第二十四条、第二十五条、第二十六条，《中华人民共和国保险法》第四十九条之规定，判决如下：

一、某财产保险股份有限公司支公司于本判决生效后七日内赔偿原告何某医疗费、住院伙食补助费、营养费、护理费、交通费、残疾辅助器具费、残疾赔偿金、精神抚慰金、财产损失共计 147951.45 元（其中含被告张某 1 已经垫付的 308 元，由被告某财产保险股份有限公司支公司直接支付给被告张某 1）；

二、被告张某 1 于本判决生效后七日内赔偿原告何某补课费 18000 元；

三、驳回原告何某的其他诉讼请求。

张某 1 不服原审判决，提起上诉。北京市第三中级人民法院经审理认为：本案争议焦点系何某主张的补课费损失应否得到支持。依据《中华人民共和国侵权责任法》第二十条规定：侵害他人人身权益造成财产损失的，按照被侵权人因此受到的损失赔偿……由于侵权行为具有复杂性和多样性的特点，法律和司法解释不可能穷尽列举损失的全部种类，对于某一具体损失应否获得赔偿需要法官根据案件的具体情形结合社会生活经验予以判断。如果权利人主张的损失确属合理，而该损失又确与侵权行为存在因果关系，权利人的该项主张就应当受到侵权责任法的保护。

本案中何某作为高三的学生，在高考冲刺的关键阶段因车祸造成身体骨断筋伤、气滞血瘀的严重后果。本院注意到何某出院时离高考不足 40 天，而从生活经验考虑，仅仅十余天的住院期显然不足以使何某骨断筋伤的身体完全恢复，会对正常上学产生一定的影响，且何某已经落下了数周的课程，在此情形下，何某根据自身特点采用补习班补课的方式进行高考前的最后一搏具有一定的合理性，该项费用应当认定属于上述法条中由于侵害人身权益造成财产损失的情形，一审法院予以酌情支持部分费用符合法律的规定，应当予以维持。

何某一方已经就补课费损失提交了合同、发票、证明等证据，张某 1 虽上诉认为补课费不存在，但未提交证据证明其主张，应当承担举证不能的不利后果，本院对其上诉理由不予支持。

张某 1 的上诉请求均不能成立，应予驳回；一审判决认定事实清楚，适用法律正确，应予维持。依照《中华人民共和国民事诉讼法》第一百七十条第一款第（一）项规定，判决如下：

驳回上诉，维持原判。

【法官后语】

该案系一起机动车交通事故责任纠纷案件，属于典型的侵权赔偿案件系列，在该系列案件处理过程中，法院一般会支持合理的误工费。本案中，事发时何某系高三学生，在高考冲刺的关键阶段因车祸受伤，在此情形下，伤者根据自身情况进行了考前培训班的学习，以及高考之后重读，就此发生的费用的损失是否属于合理损失，具体损失额度的确定以及该损失应该由谁承担都是本案的关键所在。

1. 该案是机动车与非机动车发生碰撞侵权责任纠纷

（1）补课费用、重读费用是否为合理损失

发生交通事故造成人身损害的案件，通常的合理损失包括医疗费、误工费、护理费、交通费、住宿费、住院伙食补助费、必要的营养费等；受害人因伤致残的还应有残疾赔偿金、残疾辅助器具费、被扶养人生活费、护理费、后续治疗费等。

该案审理过程中就伤者的医疗费、住院伙食补助费、护理费、交通费、营养费、伤残赔偿金、残疾辅助器具费等双方争议不大，基本达成共识。何某是正在读高三的在校学生，事故发生在高考前两个月。虽不存在误工费损失，但是事故发生时何某正处于准备高考的关键时期，事故的发生造成其受伤的事实势必影响了其正常的上课和备考。补课费损失与交通事故的发生存在因果关系，因此，何某的补课费应属于因交通事故引起的必要合理损失。但是其主张的重读费，依据一般生活经验难以认定为因交通事故所造成的必要损失，该主张法院未予支持。

（2）补课费用损失额的确定

该案中何某主张的补课费提交了其在北京某教育科技有限公司进行一对一辅导的补课合同以及共计80200元的补课费发票，但是就其主张的补课费用标准过高，具体损失数额根据当地一般补课费用标准和补课时间，酌情确定为30000元。

2. 保险公司对承保车辆致损后的赔偿责任的承担

保险公司对因事故造成的间接损失，能够证明“尽到提示说明义务”的可以免赔。该案中张某1驾驶的涉案小客车系登记在其子张某2名下，该车曾由案外人薛某某在某财产保险股份有限公司支公司处投保了机动车交强险及商业三者险20万元及不计免赔，保险期间自2015年9月3日0时起至2016年9月2日24时止，后薛某某将车卖给张某2并于2016年3月14日在人保三河支公司处办理了变更过户登记，事故发生在保险期间内。保险标的转让的，保险标的的受让人承继被保险人的权利和义务，涉案保单免责条款的声明显示有投保人薛某某的签字且张某1亦未对其提出异议，故认定某财产保险股份有限公司支公司已经尽到了免责条款的提示义务，因补课费系间接损失，补课费用应由张某1个人依责承担。

综上，该案的主体之特殊导致在案件审理过程当中出现了通常侵权责任案件中所不常遇到的补课费的诉求。但是在中国社会的大环境下，高考对于学生的影响意义之重大不言而喻，因为交通事故的发生造成的对伤者课程的耽误，影响到了高考的正常复习，伤者在提起侵权赔偿之诉时有理由对于补课费用的损失提出赔偿请求，法院考虑到现实情况予以支持，这是保障民权之所在。

编写人：北京市平谷区人民法院　田小森

18

户籍改革地区居民的残疾赔偿金、死亡赔偿金标准以是否脱离农业作为主要依据

——杜某田诉中国人民财产保险股份有限公司北京市崇文支公司等机动车交通事故责任案

【案件基本信息】

1. 裁判书字号

北京市丰台区人民法院（2016）京0106民初第2369号民事判决书

2. 案由：机动车交通事故责任纠纷

3. 当事人

原告：杜某田

被告：苏某岭、谭某翠、中国人民财产保险股份有限公司北京市崇文支公司（以下简称人保崇文公司）

【基本案情】

2016年7月15日23时许，在北京市丰台区左堤路农场路H20008号灯杆处，苏某岭驾驶京N9T×××号小型轿车由南向北行驶，适有杜某田驾驶无号牌的电动自行车由北向南行驶，小型轿车的左前部与电动自行车的左侧接触，造成两车损

坏，杜某田受伤，苏某岭驾车逃逸。苏某岭负全部责任且存在发生交通事故后逃逸的违法行为。事故发生后，杜某田被送往北京市红十字会急诊抢救中心住院治疗，住院共计40天，被诊断为：左足开放伤口伴皮肤缺损等伤情。2016年11月29日，北京中衡司法鉴定所出具鉴定意见：鉴定人杜某田所受损伤后果符合十级伤残（赔偿指数10%）。杜某田的户籍性质为居民户口，其户籍地已经取消了城镇户口与农村户口的区别。杜某田之父杜某中（1953年3月2日出生）、之母乔某兰（1953年7月23日出生），二人育有子女三人，二人体弱多病，生活勉强自理，二人无其他经济来源。杜某田有子女二人，分别为杜某1（2002年2月4日出生）、杜某2（2003年6月9日出生）。涉案车辆在人保崇文公司投保交强险及额度为300000元的商业三者险，事故发生在保险期限内。

【案件焦点】

杜某田户籍地已户籍改革，取消农业与非农业户口的划分标准，应如何确定残疾赔偿金计算标准。

【法院裁判要旨】

北京市丰台区人民法院经审理认为：苏某岭与杜某田发生交通事故，致使杜某田受伤，电动自行车受损。交管部门认定苏某岭负全部责任。涉案车辆在人保崇文公司投保交强险、商业三者险，人保崇文公司未能提交证据证明其已经对本案涉及的商业三者险的免责条款履行了提示义务，故人保崇文公司应在保险限额内承担赔偿责任。超过保险范围的由苏某岭承担。谭某翠作为车辆所有人，同意承担补充责任，本院不持异议。本院考虑杜某田户籍地的户籍改革情况及其在京居住和工作的情况，认定其已经脱离了农业生产，可以认定其经常居住地及收入来源地均为城镇，按照城镇标准计算残疾赔偿金。

关于医疗费、住院伙食补助费、营养费、鉴定费、残疾辅助器具费的主张，证据充分，于法有据，本院对于其中合理部分予以支持；关于护理费，护理时间由本院根据杜某田伤情酌情为住院期间及出院后一个月，其中苏某岭支付的部分予以扣除，剩余部分中，实际支付的以票据为准，其余部分杜某田主张计算标准证据不足，本院酌情对此酌定为100元/日；关于误工费，误工时间由本院根据杜某田伤情及相关标准酌定为住院期间及出院后2个月，具体数额由本院根据证据确定为

14958.06元；关于被扶养人生活费，证据充分，本院予以确认，但被扶养人有数人的，年赔偿总额累计不超过上一年度城镇居民人均消费性支出额，故本院对于合理的被扶养人生活费数额确定为49732.8元并依法计入残疾赔偿金；交通费由本院根据杜某田就医情况及次数酌情确定为700元；杜某田关于财产损失的主张，其中电动自行车的损失证据充分，本院予以支持，事故认定书中并未有其他财产损失的记录，杜某田的其他财产损失主张，缺乏与事故的关联性，本院不予支持；杜某田确因此次交通事故构成残疾，其关于精神损害抚慰金的主张本院予以支持，具体数额由本院根据其伤情酌情确定为5000元；杜某田关于二次手术费的主张可待费用实际产生后另行主张。

北京市丰台区人民法院依照《中华人民共和国侵权责任法》第十六条、第十九条，《中华人民共和国道路交通安全法》第七十六条，《中华人民共和国保险法》第六十五条之规定，判决如下：

一、被告人保崇文公司于本判决生效后七日内在交强险限额内赔偿原告杜某田医疗费3228.33元、住院伙食补助费4000元、营养费1000元；

二、被告人保崇文公司于本判决生效后七日内在交强险限额内赔偿原告杜某田交通费700元、残疾辅助器具费2400元、护理费4050元、误工费14958.06元、精神损害抚慰金5000元、残疾赔偿金82891.94元；

三、被告人保崇文公司于本判决生效后七日内在交强险限额内赔偿原告杜某田财产损失800元；

四、被告人保崇文公司于本判决生效后七日内在商业三者险限额内赔偿原告杜某田残疾赔偿金81390.86元；

五、被告苏某岭于本判决生效后七日内赔偿原告杜某田鉴定费2562.5元，被告谭某翠承担补充责任；

六、驳回原告杜某田的其他诉讼请求。

【法官后语】

国务院于2014年发布《关于进一步推进户籍改革的意见》，提出取消农业户口与非农业户口性质划分，统一登记为居民户口。截至目前，已有30个省市取消了农业户口，统一了城乡户籍。该项改革在具有积极意义的同时，在残疾赔偿金、死亡赔偿金计算标准的采用上，给民事审判工作带来新的思考角度。

对相关赔偿标准起指导作用的为自2004年5月1日起施行的《最高人民法院关于审理人身损害赔偿案件适用法律若干问题的解释》（以下简称人身损害赔偿解释）。该司法解释规定了死亡赔偿金、残疾赔偿金的两个计算标准，即受诉法院所在地上一年度城镇居民人均可支配收入和农村居民人均纯收入。各地法院遂依据当事人的户籍性质确定死亡赔偿金、残疾赔偿金的计算标准。2006年4月3日，《最高人民法院民一庭关于经常居住地在城镇的农村居民因交通事故伤亡如何计算赔偿费用对云南省高级人民法院作出复函》（以下简称复函），不再单一地以受害人户籍作为判断标准，在确定残疾赔偿金、死亡赔偿金的计算标准时引入了经常居住地、主要收入来源地等判断因素。因此，现行司法实务中多以上述三项作为确定死亡、伤残赔偿金计算标准的主要依据。

本案中，杜某田的户籍性质为居民户口，其户籍地已经取消了城镇与农村户口的区别。就其经常居住地、主要收入来源地北京市而言，城市与农村的边界也早已模糊，尤其在户籍改革背景下，很难在户籍信息、经常居住地、主要收入来源地方面直观确定上述三项主要来源于城镇或农村。对此情况，如何确定计算标准存在不同观点：第一种观点认为应对原告提供的户籍地、经常居住地、收入来源地在户籍改革前属于城镇还是农村进行查核，并据此认定具体标准；第二种观点认为残疾赔偿金是对被侵权人未来收入损失的补偿，因此只要其主要收入来源脱离了农业生产即收入来源脱离了农村，即可按城镇标准计算残疾赔偿金。法院裁判采纳了第二种观点。理由如下：

一、死亡赔偿金、残疾赔偿金是对受害人未来经济收入损失的填补，应将主要收入来源地作为死亡赔偿金、残疾赔偿金的主要判断因素。

死亡赔偿金、残疾赔偿金填补的均为被侵权人的逸失利益，具体而言，乃是对被侵权人未来经济收入损失的补偿。而居住在何地，涉及的是被侵权人的生活成本支出问题，与死亡赔偿金、残疾赔偿金所填补的损失并非同一内容。因此，在被侵权人经常居住地和主要收入来源地不一致的情形下，应将主要收入来源地作为死亡赔偿金、残疾赔偿金的主要判断因素。

二、确定收入来源地在于确定主要收入来源途径，随着逐步取消农业户口与非农业户口性质划分，统一登记为居民户口，以收入来源途径作为主要判断依据，辅以经常居住地更具现实意义。

在先前司法实务中，对于不同收入来源地的受害人适用城镇、农村不同标准是为了在司法实务中便于区分与准确适用。但在城镇、农村划分界限日渐模糊的背景下，收入来源地难以准确反映受害人收入构成，如在本案中杜某田的户籍性质为居民户口，其户籍地已经取消了城镇户口与农村户口的区别。就其经常居住地、主要收入来源地北京市而言，城市与农村的边界也早已模糊。上文已述，户籍信息、经常居住地、主要收入来源地三项中，收入来源地为主要判断因素。判断主要收入来源地的目的在于判断收入来源与途径，因此在收入来源地难以准确反映受害人收入构成的情形下，以收入来源途径作为主要判断依据、辅以经常居住地更具现实意义。本案中杜某田收入来源途径已脱离农业生产且收入来源地在城市，因此应以参照城镇标准计算其残疾赔偿金。

编写人：北京市丰台区人民法院　王雨辰

19

交通事故中受害人的个人体质因素不影响损害赔偿责任的认定

——吴某常等诉张某六、中国人寿财产保险股份有限公司北京市分公司机动车交通事故责任案

【案件基本信息】

1. 裁判书字号

北京市丰台区人民法院（2016）京0106民初第17822号民事判决书

2. 案由：机动车交通事故责任纠纷

3. 当事人

原告：吴某常、吴某春、黄某柱

被告：张某六、中国人寿财产保险股份有限公司北京市分公司（以下简称人寿北京市分公司）

【基本案情】

2016 年 5 月 24 日 7 时 10 分，在北京市丰台区石榴园北里 10 号楼，张某六驾驶京 P35×××小客车由东向南左转与由北向南行走的杜某琴发生交通事故，造成杜某琴受伤。此次事故经北京市公安局公安交通管理局丰台交通支队方庄大队认定，张某六为全部责任，杜某琴为无责任。事故发生时，京 P35×××车辆在人寿北京市分公司投保了机动车强制保险（以下简称交强险）及额度为 100 万元的商业三者险含不计免赔，事故发生在保险期间内。事故发生后，杜某琴于首都医科大学附属北京天坛医院就诊治疗，住院 52 天，被诊断为右股骨干骨折、左股骨颈骨折人工关节置换术后、胸椎 1～2 压缩性陈旧性骨折等。2016 年 7 月 15 日，杜某琴于北京朝阳区中西医结合急诊抢救中心就诊治疗，住院 80 天，被诊断为高血压三级，很高危，脑出血后遗症等。2016 年 10 月 3 日，杜某琴死亡，死亡原因是重症肺炎。

2016 年 12 月 30 日，北京天平司法鉴定中心出具鉴定文书：1. 被鉴定人杜某琴死亡原因与本次交通事故的参与度为 1%～20%。2. 被鉴定人杜某琴住院期间所有费用合理。被鉴定人杜某琴符合在自身存在重度骨质疏松、中度贫血、低蛋白血症、高血压等多种基础疾病和老年患者本身身体免疫低下、身体器官存在正常生理性衰退的基础上，又遇交通事故致右股骨干骨折，加重或诱发其自身病情。被鉴定人右股骨干骨折后活动受限，加上自身免疫力低下，易继发肺部感染。老年患者大脑存在萎缩，交通事故后易发生迟发性脑出血，加之被鉴定人具有高血压基础疾病，故其脑出血与交通事故因果关系不能排除。

吴某常、吴某春、黄某柱作为杜某琴的子女向本院提出诉讼请求，要求两被告赔偿相应的医疗费、残疾辅助器具费、护理费、丧葬费、死亡赔偿金等费用。被告张某六、人寿北京市分公司同意按照 10% 进行赔偿，认为车祸仅导致杜某琴右股骨干骨折，剩余伤情均与本次事故无关，是由于死者个人体质原因加重了病情。

【案件焦点】

交通事故的受害人没有过错，其自身个人体质和特殊疾病是否可以减轻侵权人责任承担，影响损害赔偿责任认定。

【法院裁判要旨】

北京市丰台区人民法院经审理认为：本案交通事故发生后，杜某琴在治疗过程中，因个人体质状况导致病情恶化后，死于重症肺炎，其个人体质状况对其死亡后果的发生具有一定的影响，但这不是侵权责任法等法律规定的过错，且本次交通事故系张某六未确保安全驾驶、采取措施不当、速度过快所致，事故责任经认定后，确定杜某琴对本次事故不负责任。杜某琴对事故发生及损害后果的造成均无过错。虽然杜某琴年事已高，但其个人体质状况仅是事故造成后果的客观因素，并无法律上的因果关系。受害人杜某琴对于损害的发生或扩大没有过错，不存在减轻或免除加害人赔偿责任的法定情形，因此依法应由张某六承担事故引发的全部赔偿责任。鉴于杜某琴已经死亡，其民事权利、义务由法定继承人吴某常、吴某春、黄某柱行使。因京P35×××车辆在人寿北京市分公司投保了交强险及商业三者险，故人寿北京市分公司应在保险限额内承担保险责任，超过保险责任的部分由张某六承担。

北京市丰台区人民法院依照《中华人民共和国侵权责任法》第十六条、第二十二条、第二十四条，《中华人民共和国道路交通安全法》第二十二条第一款、第三十六条、第三十八条、第七十六条，《中华人民共和国保险法》第六十五条之规定，作出如下判决：

一、被告人寿北京市分公司于本判决生效后七日内在交强险限额内赔偿原告吴某常、吴某春、黄某柱住院伙食补助费3400元、营养费6600元；

二、被告人寿北京市分公司于本判决生效后七日内在交强险限额内赔偿原告吴某常、吴某春、黄某柱残疾辅助器具费1955.96元、护理费11300元、交通费1000元、丧葬费42516元、死亡赔偿金3228.04元、精神损害抚慰金50000元；

三、被告人寿北京市分公司于本判决生效后七日内在商业三者险限额内赔偿原告吴某常、吴某春、黄某柱医疗费94002.78元、住院伙食补助费3200元、死亡赔偿金261066.96元；

四、驳回原告吴某常、吴某春、黄某柱的其他诉讼请求。

【法官后语】

关于交通事故的责任认定，《中华人民共和国道路交通安全法》第七十六条规定："机动车发生交通事故造成人身伤亡、财产损失的，由保险公司在机动车第三者责任强制保险责任限额范围内予以赔偿；不足的部分，按照下列规定承担赔偿责任：（一）机动车之间发生交通事故的，由有过错的一方承担赔偿责任；双方都有过错的，按照各自过错的比例分担责任。（二）机动车与非机动车驾驶人、行人之间发生交通事故，非机动车驾驶人、行人没有过错的，由机动车一方承担赔偿责任；有证据证明非机动车驾驶人、行人有过错的，根据过错程度适当减轻机动车一方的赔偿责任；机动车一方没有过错的，承担不超过百分之十的赔偿责任。交通事故的损失是由非机动车驾驶人、行人故意碰撞机动车造成的，机动车一方不承担赔偿责任。”但在日常实践中，由于每个交通事故受害人的体质情况不同、实际年龄差异、旧有疾病的影响，交通事故对受害人身体造成的实际后果和影响也大相径庭。受害人旧病新伤竞合，其他因素介入等特殊情形，使得在因果关系认定和法律适用上产生争议焦点和较大分歧，从而给审判实践带来了难点和困扰。

本案中，原本只是导致受害人右股骨干骨折的一起普通交通事故，却因受害人高龄，自身存在重度骨质疏松、中度贫血、低蛋白血症、高血压等多种基础疾病和老年患者本身身体免疫低下、身体器官存在正常生理性衰退，在治疗过程中继发肺部感染，最终导致受害人因重症肺炎而死亡。本案争议的焦点在于交通事故的受害人没有过错，其自身个人体质和特殊疾病是否可以减轻侵权人责任承担，影响损害赔偿责任认定。

实践中，主要有以下两种观点：

第一种观点认为，交通事故与受害人自身体质状况的双重原因导致受害人死亡，因此，侵权人应按交通事故与受害人自身体质状况的参与度，承担赔偿责任。本案中，被告张某六、人寿北京市分公司认为应按照10%进行赔偿，车祸仅导致杜某琴右股骨干骨折，剩余伤情均与本次事故无关，而是由于死者个人体质原因加重了病情。因此，应根据鉴定结果，按照受害人杜某琴死亡原因与本次交通事故的参与度1%～20%承担赔偿责任。

第二种观点认为，交通事故的受害人没有过错，其自身体质状况对损害后果的影响不属于减轻侵权人责任的法定情形。本案裁决采第二种观点。《中华人民共和国侵权责任法》第二十六条规定：“被侵权人对损害的发生也有过错的，可以减轻侵权人的责任。”上述规定中所指的“过错”，是指不遵守交通规则等情形，很显然，本案中受害人高龄而存在的自身旧有疾病因素，并不是侵权责任法中所规定的过错情形。此次事故经北京市公安局公安交通管理局丰台交通支队方庄大队认定，张某六为全部责任，杜某琴为无责任，因此受害人杜某琴对于事故的发生无任何过错，不能减轻侵权人的赔偿责任。

侵权责任法中的因果关系，主要是行为与损害后果之间是否具有引起与被引起的关系，如损害结果的发生是由行为引起的，则认为行为与结果间存在因果关系，反之则不然。在引起侵权损害发生的多个行为和事件中，可能只有一个或者一些因素起着决定作用，而另一个或一些因素只起着加速或促进作用。本案中，受害人杜某琴对事故发生及损害后果的造成均无过错，虽然杜某琴因高龄存在个人体质方面的特殊情形，对损害后果的发生和加重具有一定的影响，但这仅是事故造成后果的客观因素，并无法律上的直接因果关系。因此，在计算赔偿责任时不应考虑事故参与度，应由侵权人承担全部的赔偿责任。这有利于责任界定和法律适用的明晰，也有利于对弱势群体合法权益的维护。

编写人：北京市丰台区人民法院　王欣

20

限制民事行为能力的未成年人驾车发生交通事故的赔偿问题

——姜某与张某等机动车交通事故责任案

【案件基本信息】

1. 裁判书字号

四川省邛崃市人民法院（2017）川0183民初第2022号民事判决书

2. 案由：机动车交通事故责任纠纷

3. 当事人

原告：姜某

被告：张某、张某华、司某华、中国人民财产保险股份有限公司邛崃支公司

【基本案情】

2017 年 1 月 27 日 20 时 40 分许，张某华、司某华之子张某（十七岁）未取得机动车驾驶证驾驶登记所有人为张某华的川 A22 ××× 号二轮摩托车搭载案外二人与同向于道路右侧行走的行人姜某、姜甲、宋某群相撞，造成姜某、姜甲、宋某群受伤。邛崃市公安局交通警察大队认定张某承担此事故全部责任。姜某受伤后住院治疗，其伤情经鉴定为两处十级伤残。中国人民财产保险股份有限公司邛崃支公司承保了川 A22 ××× 号车的交强险，本次事故发生在保险期限内。被告张某、张某华、司某华主张张某没有个人财产，应由监护人张某华、司某华承担赔偿责任，张某不承担赔偿责任。

【案件焦点】

限制民事行为能力的未成年人是否应当与其监护人共同承担侵权赔偿责任。

【法院裁判要旨】

四川省邛崃市人民法院经审理认为：根据《中华人民共和国侵权责任法》第三条“被侵权人有权请求侵权人承担侵权责任”、第三十二条“无民事行为能力人、限制民事行为能力人造成他人损害的，由监护人承担侵权责任。监护人尽到监护责任的，可以减轻其侵权责任。有财产的无民事行为能力人、限制民事行为能力人造成他人损害的，从本人财产中支付赔偿费用。不足部分，由监护人赔偿”之规定，侵权人应当承担侵权赔偿责任，监护人应当承担监护责任。被告张某、张某华、司某华陈述，张某并无财产，因此主张张某不承担本案民事赔偿责任。本院认为，《中华人民共和国侵权责任法》的立法宗旨是保护民事主体的合法权益，明确侵权责任，预防并制裁侵权行为，为保护伤者实际得到赔偿，体现公平的社会价值取向，张某应当作为赔偿主体，承担侵权责任，即使其现在没有财产，其将来也可能获得财产。因此，超出保险赔偿范围的部分应当由被告张某、张某华、司某华共同承担赔偿责任。根据《最高人民法院关于审理道路交通事故损害赔偿案件适用法律若干问题的解释》第十八条之规定，被告中国人民财产保险股份有限公司邛崃支公司承担赔偿责任后，享有追偿权。

四川省邛崃市人民法院依照上述规定及《中华人民共和国侵权责任法》第十六条，《最高人民法院关于审理人身损害赔偿案件适用法律若干问题的解释》第十九条、第二十条、第二十一条、第二十二条、第二十三条、第二十四条、第二十五条、第三十五条之规定，作出如下判决：

一、被告中国人民财产保险股份有限公司邛崃支公司于本判决发生法律效力后十日内赔偿原告姜某83221.9元；

二、被告张某、张某华、司某华于本判决发生法律效力后十日内赔偿原告姜某1458.83元；

三、驳回原告姜某的其他诉讼请求。

【法官后语】

限制民事行为能力的未成年人，年龄在八岁至十八岁，监护人为其父母。监护制度的设立目的是保护未成年人的合法权益，维护社会经济秩序和生活秩序。监护人的职责是代理被监护人实施民事法律行为，对被监护人进行保护、教育、生活照管、财产管理等行为。

在案件处理过程中，按照现有的诉讼制度难以查明被监护人具体的财产情况，结合其生活特点以及逐渐成长的客观事实，限制民事行为能力的未成人将逐步具有基本的独立生活能力和完善的认知能力。限制民事行为能力人侵权的，其与监护人共同承担赔偿责任，有利于执行程序的顺利进行，从而使被侵权人的损害实际得到赔偿，也更能体现《中华人民共和国侵权责任法》侵权人承担侵权责任的立法宗旨，同时也避免监护人利用现有执行制度故意使有履行能力的限制民事行为能力人逃避法律赔偿责任。

《中华人民共和国侵权责任法》第二条、第三条、第三十二条规定，侵害民事权益，应当依法承担侵权责任，被侵权人有权请求侵权人承担侵权责任。限制民事行为能力人造成他人损害的，由监护人承担侵权责任。监护人尽到监护责任的，可以减轻其侵权责任。有财产的限制民事行为能力人造成他人损害的，从本人财产中支付赔偿费用。不足部分，由监护人赔偿。《最高人民法院关于适用〈中华人民共和国民事诉讼法〉的解释》第六十七条规定：限制民事行为能力人造成他人损害的，限制民事行为能力人和其监护人为共同被告。

根据上述规定，限制民事行为能力人侵权的，诉讼程序中将限制民事行为能力人与其监护人列为共同被告。承办人对《中华人民共和国侵权责任法》第三十二条的理解为：在实体处理中，由监护人承担侵权责任；在执行程序中，限制民事行为能力人有财产的，从本人财产中支付赔偿费用。

随着社会经济发展，作为限制民事行为能力的未成年人可能会获得一些财产，有些未成年人还可能通过继承、赠与等获得较大份额财产，但是财产的形式不固定，常常与其监护人（特别是父母）的财产混同，并且常常由监护人掌控。

在侵权诉讼中，因财产混同等原因，法官要查清作为限制民事行为能力人的未成年人有无个人财产特别困难。而限制民事行为能力的未成年人作为青少年，其侵权时已具有基本的认知能力，即使侵权时没有财产，随着时间的推移，未成年人获得财产的能力在逐步增加，其成年后拥有个人财产是必然将发生的事实。

因此，对于限制民事行为能力未成年人侵权的，根据其财产情况，可以分为三类情况予以分析。

第一类，审理中查明限制民事行为能力未成年人具有财产，且财产足以赔偿被侵权人的损失。鉴于审执分离，为了在执行程序中顺利处理限制民事行为能力未成年人名下的财产，应判决限制民事行为能力未成年人与监护人共同承担赔偿责任。

第二类，审理中查明限制民事行为能力未成年人具有财产，但财产不足以赔偿被侵权人损失的。同第一类处理意见。

第三类，审理中不能查清限制民事行为能力未成年人是否有个人财产情况下，判决限制民事行为能力未成年人与监护人共同承担赔偿责任。此种情况并不损害侵权人或者限制民事行为能力未成年人的权益，不管监护人与限制民事行为能力未成年人是否财产混同或者是否有财产无法查清又或者未来是否取得财产，均可不用考虑。限制民事行为能力未成年人与监护人作为赔偿的整体，可以一并纳入执行中处理，而没有任何程序上的障碍。

根据上述分析，不难看出，判令限制民事行为能力未成年人与监护人共同赔偿被侵权人的损失能更好地体现公平，保护被侵权人的利益，也能充分体现《中华人民共和国侵权责任法》的立法宗旨，形成良好的社会导向。

编写人：四川省邛崃市人民法院　罗雪萍　赵桉

21

社会捐款是否可以减轻肇事者的赔偿责任

——龚某诉龙某力、渤海财产保险股份有限公司衡阳中心支公司机动车交通事故责任案

【案件基本信息】

1. 裁判书字号

湖南省祁东县人民法院（2016）湘0426民初第1170号民事判决书

2. 案由：机动车交通事故责任纠纷

3. 当事人

原告：龚某

被告：龙某力、渤海财产保险股份有限公司衡阳中心支公司（以下简称渤海财险衡阳公司）

【基本案情】

原告龚某诉称：2016年2月23日，被告龙某力持A2型驾驶证驾驶湘D6D×××轻型自卸货车行至祁东县南山路双桥路口地段时，遇相向行驶的原告丈夫周某武未取得机动车驾驶证驾驶未依法注册登记的二轮摩托车，后坐原告（怀孕）。因湘D6D×××车尾厢挡板突然打开，击中原告头部，造成原告受伤的交通事故。该起交通事故经祁东县公安局交警大队认定，被告龙某力负事故主要责任，周某武负事故次要责任，原告不负事故责任。事发后，原告被送至南华大学附属第二医院救治，胎儿亦早产，原告花费医疗费345835.68元，原告之子花费医药费11996.93元，其中被告龙某力垫付了医药费46000元，被告渤海财险衡阳公司垫付了10000元；原告还花费了住院伙食补助费8200元、交通费1500元、住宿费3300元。被告龙某力为肇事车辆在被告渤海财险衡阳公司投保了交强险和商业三者险，本案交通事故发生在保险期间内。原告请求法院判令被告渤海财险衡阳公司在交强险和商业

三者险限额内赔偿原告210000元，被告龙某力赔偿原告404340.11元并承担本案的诉讼费用；原告放弃对另一责任人周某武的赔偿请求。

被告龙某力辩称：本案事故系意外发生，被告龙某力对原告深感抱歉。但事故发生后，被告龙某力身患多种疾病，只能在力所能及范围内承担赔偿责任。被告龙某力对原告提出的住院伙食补助费、误工费、护理费、营养费、评残后的护理费、精神损害抚慰金等有异议。原告在住院治疗期间，曾通过轻松筹和湖南都市频道《寻情记》栏目筹得超过221455元捐款。原告请求赔偿的总额应扣除上述部分，再由被告渤海财险衡阳公司在交强险和商业三者险限额内赔偿，不足部分由被告龙某力和周某武按6∶4责任比例承担赔偿责任。另被告龙某力已垫付的46300元应予扣除。

被告渤海财险衡阳公司辩称：被告渤海财险衡阳公司对本案事故认定没有异议，依法承担赔偿责任。被告渤海财险衡阳公司垫付了原告的医疗费10000元，应予扣除，另扣除20%的医保外用药。被告渤海财险衡阳公司不承担诉讼费、鉴定费等相关费用。原告诉请的其他赔偿项目由法院核定。

法院经审理查明：2016年2月23日，被告龙某力持A2型机动车驾驶证驾驶湘D6D×××轻型自卸货车，从祁东县双桥镇开往祁东县原洪桥镇南山路方向，途经祁东县南山路双桥路口时，遇周某武（未取得机动车驾驶证）驾驶未依法注册登记的豪爵牌二轮摩托车，后坐原告龚某（怀孕36+2周）相向行驶。因被告龙某力未安全文明驾驶，致使湘D6D×××轻型自卸货车车厢尾门砸中原告头部，造成原告受伤的道路交通事故。经祁东县公安局交警大队认定，被告龙某力负此次事故主要责任，周某武负此次事故次要责任，原告不负事故责任。事发后，原告龚某被送至南华大学附属第二医院住院治疗164天，花费医疗费345835.68元，被诊断为：1. 急性重型内开放性颅脑损伤；2. 双肺实变，神经源性肺水肿，肺挫伤，肺部感染；3. G2P1宫内孕36+2周，LOA活胎。原告腹中胎儿在南华大学附属第二医院行剖宫产出生，名周某康，被诊断为：1. 新生儿窒息；2. 缺氧缺血性脑病并颅内出血（室管膜下出血）；3. 新生儿高胆红素血症；4. 吸入性肺炎，呼吸衰竭；5. 轻度贫血；6. 适于胎龄儿。周某康在该院住院治疗13天，花费医疗费14996.93元。被告龙某力垫付了原告的医疗费46300元，被告渤海财险衡阳公司垫付了原告的医疗费10000元。被告龙某力为肇事车辆湘D6D×××在被告渤海财险衡阳公司投保了交强险和保险限额为100000元不计免赔率的商业三责险（保险期间均自2015年10月

30日至2016年10月29日），本案交通事故发生在保险期间内。原告之伤经湖南金泰诚司法鉴定中心鉴定为四级伤残。原告另有一子名周某俊，生于2012年1月8日，系农业家庭户口。原告因本案交通事故所受的各项经济损失总计720538.41元。原告受伤之后，原告家属通过“轻松筹”和电视栏目接收社会捐款逾27万元。

【案件焦点】

1. 原告的经济损失的核定和被告渤海财险衡阳公司承担赔偿责任后的剩余损失承担；2. 原告家属通过网络和电视台向社会募集了二十余万元的捐款，这笔社会捐款能否减轻肇事者的赔偿责任。

【法院裁判要旨】

湖南省祁东县人民法院经审理认为：原告的经济损失，经核定为720538.41元。原告医疗费中的非国家基本医疗保险费用系原告为治疗本次车祸受伤实际支出的费用，并非原告人为扩大的损失，亦非原告本人所能控制，因此系合理的必要支出，被告方应予赔偿。原告家属通过相关渠道筹集的社会捐款系社会捐赠，不能减轻被告方的赔偿责任。关于被告渤海财险衡阳公司承担赔偿责任后的剩余损失的承担，根据《中华人民共和国道路交通安全法》第七十六条的规定，原告的经济损失，应由被告渤海财险衡阳公司在交强险保险限额内予以赔偿；原告的余下损失由周某武和被告龙某力按责任比例3∶7承担相应的责任，其中被告渤海财险衡阳公司按照保险合同的约定在商业三责险限额内代被告龙某力承担相应的赔偿责任；因原告放弃了对周某武的赔偿请求权，故原告的剩余损失由其自负。另，被告渤海财险衡阳公司和被告龙某力已经垫付的医药费应予核减。根据被告渤海财险衡阳公司与被告龙某力签订的保险合同中的约定，可不承担本案诉讼费。

据此，湖南省祁东县人民法院依照《中华人民共和国侵权责任法》第十六条、第二十二条、第四十八条，《中华人民共和国道路交通安全法》第七十六条第一款，《最高人民法院关于审理人身损害赔偿案件适用法律若干问题的解释》第十九条、第二十条、第二十一条、第二十二条、第二十三条、第二十四条、第二十五条、第二十八条，《中华人民共和国民事诉讼法》第十三条之规定，判决如下：

一、被告渤海财险衡阳公司在机动车交通事故责任强制保险和第三者责任险赔偿限额内赔偿原告龚某医疗费、住院伙食补助费、精神损害抚慰金等经济损失

210000 元；被告龙某力赔偿原告龚某医疗费、残疾赔偿金、交通费等经济损失 304076.89 元；原告龚某的余下损失由其自负。

二、驳回原告龚某的其他诉讼请求。

【法官后语】

本案中，原告家属通过网络和电视台向社会募集了二十余万元的捐款，这笔社会捐款能否减轻肇事者的赔偿责任，是原、被告争议的一个焦点。要确定社会捐款能否减轻肇事者的责任，首先要确定社会捐款的性质和目的，其次要确定交通事故中的赔偿义务。

1. 社会捐款的性质和目的。社会捐款是指自然人、法人或其他社会团体出于爱心，自愿无偿地向需要帮助的组织或个人捐赠钱财的行为。社会捐款行为体现了捐赠人的良好风尚，也解决了受赠人的实际困难。本案中，原告龚某在因交通事故重伤、家庭经济十分困难的情况下，其家属向社会求助募集了二十多万元的捐款，解决了原告龚某巨额医疗费用的燃眉之急，这笔捐款是社会公众对原告深陷困境的同情和帮助，不是对被告的违法行为的帮助。

2. 交通事故的赔偿义务。《中华人民共和国道路交通安全法》第七十六条规定：机动车发生交通事故造成人身伤亡、财产损失的，由保险公司在机动车第三者责任强制保险责任限额范围内予以赔偿；不足的部分，按照下列规定承担赔偿责任：(1) 机动车之间发生交通事故的，由有过错的一方承担赔偿责任；双方都有过错的，按照各自过错的比例分担责任。(2) ……本案中原告的经济损失，应由被告渤海财险衡阳公司在交强险保险限额内予以赔偿；原告的余下损失由周某武和被告龙某力按责任比例 3:7 承当相应的责任，其中被告渤海财险衡阳公司按照保险合同的约定在商业三责险限额内代被告龙某力承担相应的赔偿责任；因原告放弃了对周某武的赔偿请求权，故原告的剩余损失由其自负。

3. 赔偿责任的大小与社会捐款没有直接的因果关系。本案原告是因为交通事故导致家庭经济困难才向社会募捐，但是交通事故的发生不能必然导致捐款行为的发生，二者之间没有法律上的因果关系。虽然法院认定了原告因交通事故而遭受的损失为七十余万元，但原告的身体和精神受到的伤害是无法用金钱进行弥补的，如果原告因身体和精神受到伤害而得到的捐助用以减少肇事者的赔偿则有失公允，无法体现法律对违法者的惩治作用，也不利于社会公益行为的弘扬，所以社会捐款无论数额大小都不宜用于减轻肇事者的赔偿责任。

编写人：湖南省祁东县人民法院 旷鹃

22

二十年赔偿期满后，再次主张残疾赔偿金应否支持

——张某兴诉无锡市锡山区交通运输局、无锡市惠山区交通运输局机动车交通事故责任案

【案件基本信息】

1. 裁判书字号

江苏省无锡市锡山区人民法院（2017）苏0205民初第1123号民事判决书

2. 案由：机动车交通事故责任纠纷

3. 当事人

原告：张某兴

被告：无锡市锡山区交通运输局（以下简称锡山交通局）、无锡市惠山区交通运输局（以下简称惠山交通局）

【基本案情】

1995年8月17日晚8时许，张某兴乘坐车主系锡北运输服务部的苏BL0×××夏利出租车从无锡市区至东亭时，由于出租车驾驶员疏忽大意，出租车撞到路中央电线杆，致出租车严重损坏、张某兴受伤的交通事故。该事故经交警部门认定由出租车驾驶员负事故全部责任。张某兴受伤后即被送往医院救治，共花费医疗费33502.26元。经锡山市道路交通事故伤残评定组评定，张某兴的损伤构成一级伤残。后张某兴诉至锡山市法院，要求锡北运输服务部赔偿。锡山市法院经审理后，于1996年7月21日作出（1996）锡民初字第48号民事判决书，判令锡北运输服务部赔偿张某兴医疗费、误工费、护理费、住院伙食补助费、残疾者生活补助费、

交通费等合计 125168.62 元，赔偿张某兴财物损坏的经济损失 2040 元，扣除已赔偿数额 38642.06 元，余款 88566.56 元于判决生效后十日内履行。上述判决义务，锡北运输服务部已履行完毕。

锡北运输服务部的主管部门为实业总公司，该服务部于 1999 年 10 月 7 日转制，转制后债务等一切安置工作由实业总公司负责处理。1999 年 10 月 19 日锡北运输服务部经工商局核准注销登记。实业总公司原名为无锡县交通实业总公司，该公司出资人为锡山市交通局，于 1993 年 5 月 24 日核准登记。2004 年 11 月 9 日，无锡工商行政管理局北塘分局（以下简称北塘分局）作出行政处罚决定书，对无锡县交通事业总公司作出吊销营业执照的行政处罚，其主办单位、股东或者清算组织为债务债权的清算责任人。2001 年 2 月 16 日，锡山市交通局发布关于撤市建区机构设置和划分方案的建议，该建议中载明锡山市交通局划分为锡山、惠山两区交通局，同时该建议中将锡山市交通局的下属单位进行了划分，但未涉及实业总公司的划分。

该案审理过程中，张某兴就其护理依赖程度申请鉴定。该院依法委托无锡中诚司法鉴定所进行鉴定，该所于 2017 年 5 月 16 日作出司法鉴定意见书，认定张某兴目前需要完全护理依赖。张某兴为此花费鉴定费 1820 元。

审理中，张某兴为证明其没有劳动能力且没有经济来源，提供了户籍信息证明、违法犯罪记录证明，其中户籍证明中载明张某兴生育一女张某华，张某华于 2016 年 1 月 7 日因贩卖毒品罪被无锡市梁溪区人民法院判处有期徒刑两年三个月。张某兴另提供无锡市新吴区江溪街道曙光社区居民委员会（以下简称居委会）出具的证明 3 份，欲证明张某兴仅有居民医疗保险，属于低保户，并系该社区的帮困户。审理中，张某兴另陈述，其已达到退休年龄，目前退休金为 1400 元/月。

【案件焦点】

1. 张某兴在二十年赔偿期满后主张的护理费及残疾赔偿金是否有法律依据；2. 本案两被告是否需要承担赔偿责任及如何承担赔偿责任。

【法院裁判要旨】

江苏省无锡市锡山区人民法院经审理认为：根据《最高人民法院关于审理人身损害赔偿案件适用法律若干问题的解释》第三十二条之规定，超过确定的护理期限、辅助器具费给付年限或者残疾赔偿金给付年限，赔偿权利人向人民法院起诉请求继续给付护理费、辅助器具费或者残疾赔偿金的，人民法院应予受理。赔偿权利人确需继续护理、配制辅助器具，或者没有劳动能力和生活来源的，人民法院应当判令赔偿义务人继续给付相关费用五年至十年。本案中，张某兴因交通事故受伤已获得一次赔偿，现赔偿年限已届满，张某兴再次诉至法院要求继续给付护理费，于法有据。至于具体护理费金额，本院根据司法鉴定意见书确定的护理依赖程度，本地护工从事同等级别护理所得劳务报酬标准考虑，本院现酌定护理费标准每天120元，结合护理期10年，认定护理费为120元/天×2人×10年=876000元。至于残疾赔偿金，根据上述规定，再次给付残疾赔偿金的条件为赔偿权利人没有劳动能力和生活来源。本案中，张某兴构成一级伤残确无劳动能力，但张某兴目前有退休金等生活来源，故张某兴目前情形不符合因没有生活来源而再次给付残疾赔偿金的条件，故本院对张某兴要求给付残疾赔偿金的诉讼请求不予支持。关于争议焦点二，该院认为，原侵权赔偿义务人为锡北运输服务部，后锡北运输服务部被注销，注销时明确其债务由实业总公司承担，后实业总公司被吊销执照，并明确其企业的主办单位、股东或者清算组织为债务债权的清算责任人。而锡山市交通局为其主办单位及股东，现锡山市交通局撤市建区分立为锡山区交通局和惠山区交通局，本案中锡山区交通局和惠山区交通局均未能提供证据证明其对实业总公司进行了清算，也未能提供证据证明锡山市交通局在撤市建区时将实业总公司划分给锡山区交通局或者惠山区交通局，故现实业总公司应承担的赔偿责任应由锡山区交通局和惠山区交通局共同承担。因张某兴、锡山区交通局、惠山区交通局均认可如法院判令锡山区交通局、惠山区交通局共同承担赔偿责任，则由锡山区交通局、惠山区交通局各半承担赔偿责任，故本院确认本案中张某兴的损失由锡山区交通局赔偿438000元，由惠山区交通局赔偿438000元。依照《中华人民共和国侵权责任法》第六条、第十六条，《中华人民共和国道路交通安全法》第七十六条，《最高人民法院关于审理道路交通事故损害赔偿案件适用法律若干问题的解释》第十六条，《中华人民共和国民事诉讼法》第一百四十四条之规定，判决如下：

一、无锡市锡山区交通运输局赔偿张某兴438000元，于本判决生效后十日内履行；

二、无锡市惠山区交通运输局赔偿张某兴438000元，于本判决生效后十日内履行；

三、驳回张某兴的其他诉讼请求。

【法官后语】

《最高人民法院关于审理人身损害赔偿案件适用法律若干问题的解释》第二十五条第一款规定，残疾赔偿金根据受害人丧失劳动能力程度或者伤残等级，按照受诉法院所在地上一年度城镇居民人均可支配收入或者农村居民人均纯收入标准，自定残之日起按二十年计算。从以上规定可以看出，我国关于残疾赔偿金的立法采取的是定型化赔偿模式，即不管受害人年龄大小（年满六十周岁的除外），均按照统一的年限及相对统一的标准进行赔偿，且残疾赔偿金的给付不会因鉴定后受害人生存时间的长短而有所不同。但在实际中，确有受害人因受害时年纪小，在二十年赔偿期满后仍然生存的情形。为解决上述问题，《最高人民法院关于审理人身损害赔偿案件适用法律若干问题的解释》第三十二条指出："超过确定的护理期限、辅助器具费给付年限或者残疾赔偿金给付年限，赔偿权利人向人民法院起诉请求继续给付护理费、辅助器具费或者残疾赔偿金的，人民法院应予受理。赔偿权利人确需继续护理、配制辅助器具，或者没有劳动能力和生活来源的，人民法院应当判令赔偿义务人继续给付相关费用五至十年。"由此可知，对于超过确定的残疾赔偿金给付年限或者护理费给付年限，赔偿权利人具有再次起诉的权利，人民法院应当受理。但受理后，赔偿权利人的诉讼请求能否得到支持，则取决于赔偿权利人确需护理、没有劳动能力和生活来源。该条件与赔偿权利人主张的赔偿项目应当是一一对应的关系，即再次主张护理费的，赔偿权利人应当证明确需护理；再次主张残疾赔偿金的，赔偿权利人应当证明其没有劳动能力并且没有生活来源。并且，我们认为超出赔偿年限主张残疾赔偿金的上述两个条件应严格遵循其字面意思，不得作扩大解释，也就是说没有劳动能力应当为完全没有劳动能力，没有生活来源应当为完全没有生活来源。本案中，张某兴构成一级伤残，且伤残的部位为肢体伤残，故其确无劳动能力，但其有女儿赡养，并且有一定金额的退休工资，故不属于司法解释规定的无劳动来源的情形，基于上述情形，本院驳回了张某兴关于残疾赔偿金的诉讼请求。

编写人：江苏省无锡市锡山区人民法院　谢妍

23

交通事故责任是否等同于民事损害赔偿责任

——王某英诉蒋某其等机动车交通事故责任案

【案件基本信息】

1. 裁判书字号

江苏省无锡市中级人民法院（2017）苏02民终第3394号民事判决书

2. 案由：机动车交通事故责任纠纷

3. 当事人

原告（被上诉人）：王某英

被告（上诉人）：蒋某其

被告（被上诉人）：周某新、中国人民财产保险股份有限公司呼和浩特市分公司（以下简称保险公司）

【基本案情】

2016年11月2日14时10分许，蒋某其驾驶皖03/91×××号变型拖拉机，沿宜兴市和桥镇南新兴桥路由北往南行驶至与王新路交叉路口时，与沿王新路由西往东直行周某新醉酒驾驶的苏BZG×××号小型普通客车发生碰撞，造成双方车辆损坏及苏BZG×××号车乘员王某英受伤的交通事故。事发后，周某新安排将伤者王某英送往医院抢救，周某新未保护现场迅速报警，与蒋某其自行协商处理车辆损坏赔偿。宜兴市公安局交警大队对该事故形成原因分析为：蒋某其驾驶机动车通过没有信号灯控制，也没有交警指挥的交叉路口时，没有在路口外停车瞭望，让右方道路的来车先行，且在道路上发生事故，没有保护现场，迅速报警；周某新在道路上醉酒后驾驶机动车通过没有交通信号灯，也没有交警指挥的交叉路口，没有减速慢行，及时发现路口内情况并采取有效的避让措施，且在道路上发生事故，没有保护现场，迅速报警。据此，宜兴市公安局交警大队作出责任认定，蒋某其与周某新分别承担事故的同等责任，王某英不承担事故责任。蒋某其是皖03/91×××号车的实际车主，挂靠在怀远县隆盛汽车运输服务有限公司，蒋某其为该车在保险公司投保有交强险。周某新是苏BZG×××号车的实际车主，该车由周某新向高国新购买，双方未办理相关过户手续。事故发生后，周某新已赔偿王某英15000元。宜兴市人民法院于2017年2月14日作出（2017）苏0282刑初10号刑事判决书，认定周某新犯危险驾驶罪，判处拘役一个月，并处罚金1000元。

【案件焦点】

王某英在本案中是否存在过错责任。

【法院裁判要旨】

江苏省宜兴市人民法院经审理认为：交警部门依法出具的事故认定书具有法律效力，该事故认定书明确王某英在本次事故中没有过错，不负责任，且事故责任与行政责任、道德责任属于不同的范畴，据此，作出如下判决：

一、保险公司于本判决发生法律效力之日起十日内赔付王某英120000元；

二、蒋某其于本判决发生法律效力之日起十日内赔偿王某英56327.5元；

三、周某新于本判决发生法律效力之日起十日内赔偿王某英41327.5元；

四、驳回王某英的其他诉讼请求。

蒋某其不服该判决，以王某英自身存在过错为由，向无锡市中级人民法院提起上诉。

江苏省无锡市中级人民法院经审理认为：王某英明知周某新系醉酒者，仍自愿乘坐其驾驶的汽车，应意识到周某新可能会造成交通事故而致其受伤，但仍放任周某新酒后驾驶，具有一定过错，该院酌定王某英承担20%的责任，蒋某其、周某新各承担40%的责任，据此，作出如下判决：

一、维持宜兴市人民法院（2017）苏0282民初2238号民事判决第一项；

二、撤销宜兴市人民法院（2017）苏0282民初2238号民事判决第二项、第三项、第四项；

三、蒋某其于本判决发生法律效力之日起十日内赔偿王某英45062元；

四、周某新于本判决发生法律效力之日起十日内赔偿王某英30062元；

五、驳回王某英的其他诉讼请求。

【法官后语】

本案中，一、二审法院审理思路出现分歧，其主要原因即在于对事故责任与事故损害赔偿责任的理解不同。《最高人民法院关于审理道路交通事故损害赔偿案件适用法律若干问题的解释》第二十七条规定："公安机关交通管理部门制作的交通事故认定书，人民法院应依法审查并确认其相应的证明力，但有相反证据推翻的除外。"通过本条我们也可以看出，事故认定书是交警部门从技术角度在查明交通事故原因后，根据当事人的违章行为与交通事故之间的因果关系，以及违章行为在交通事故中的作用，进行的责任分配。交警部门的责任认定实际上是对交通事故因果关系的分析，是对造成交通事故原因的确认。事故损害赔偿责任是根据民事侵权的四个构成要件：即违法行为、损害结果、违法行为与损害结果之间的因果关系、过错程度来确认当事人的民事责任。交警部门出具的事故认定书是法院在审理交通事故类案件审查适用的重要证据，但不是法院分配民事损害赔偿责任的唯一依据。确认损害赔偿责任应当由法院在对事故认定书进行全面审查的基础上，根据查明的事实，依据各方的过错程度合理分配。就本案而言，王某英搭乘的汽车司机周某新违反法律规定醉酒驾驶，王某英明知周某新酒驾这一违法行为，非但未加以理性劝阻，反而自愿乘坐周某新驾驶的汽车，放任事故风险的发生，扩大了其在事故中的损失，具有一定的过错，二审法院最终判决王某英自行承担20%的责任，应当认定合理合法有据。

编写人：江苏省宜兴市人民法院　柳杰

24

事故成因无法查明下的责任划分

——李某兴诉张某林等机动车交通事故责任案

【案件基本信息】

1. 裁判书字号

江苏省苏州市中级人民法院（2017）苏05民终第6382号民事判决书

2. 案由：机动车交通事故责任纠纷

3. 当事人

原告（被上诉人）：李某兴

被告：张某林、戴某军

被告（上诉人）：安邦财产保险股份有限公司江苏分公司（以下简称安邦江苏分公司）

【基本案情】

2016年2月11日19时57分许，张某林驾驶苏JZ2×××中型普通客车在常熟市辛庄镇辛庄大道行驶至“吴江大润发”超市对面时，该车右侧反光镜与在机动车道内行人李某兴（事发后经常熟市第一人民医院司法鉴定所鉴定，李某兴血液中乙醇浓度为25mg/100ml）发生相撞，致李某兴受伤，车辆损坏。常熟市公安局交通巡逻警察大队经调查后认为，因事发时行人李某兴的动态这一事实我队无法查明，于2016年3月14日作出道路交通事故证明，载明已经查实的事实。

李某兴受伤后即至常熟市第一人民医院治疗，经诊断头部外伤、双侧额叶挫伤、创伤性硬膜下血肿、蛛网膜下腔出血、额骨骨折、头皮血肿、高血压，于2016年3月7日好转出院，加上复诊共花费医疗费51177.46元。戴某军通过常熟市公安局交通巡逻警察大队给付了李某兴20000元。

李某兴的精神状态经苏州市广济医院司法鉴定所鉴定，结论为：轻度精神障碍。李某兴的伤残等级及误工、营养、护理期限及人数经苏州大学司法鉴定中心鉴定后，该所于2017年1月20日出具鉴定意见书，结论为：1. 李某兴因交通事故致颅脑损伤，目前遗留轻度精神障碍，日常活动能力轻度受限评为九级伤残；余下伤情不足评残。2. 建议李某兴误工时限掌握在伤后180日；伤后90日可根据临床治疗需要予以营养支持及一人护理为宜。李某兴为此支付了鉴定费3560.52元。

李某兴户籍地为常熟市辛庄镇张港泾村（6）张港泾（南）70号，苏JZ2×××中型普通客车的登记车主为滨海亨通物流有限公司，张某林是戴某军雇佣的驾驶员，事故发生时正执行戴某军安排的事务。该车在安邦江苏分公司投保有交强险和商业三者险，商业三者险的保险责任限额为100万元，并投保了不计免赔特约条款，事故发生在保险期间内。

【案件焦点】

1. 事故成因无法完全查明，责任认定如何划分；2. 原告醉酒站立于行车道内是否是导致事故发生的主要成因。

【法院裁判要旨】

江苏省常熟市人民法院经审理认为：公民的健康权受法律保护。原告李某兴因交通事故受伤，依法有权获得赔偿。交警部门对事故现场进行调查，但事发时原告李某兴的动态无法查明，双方当事人的陈述又相互矛盾，无法认定事故责任。本案在审理中，本院仍无法查明事故的全部事实，不能认定事故责任，但事故责任不能认定并不免除民事赔偿责任。本案系机动车与行人之间发生的交通事故，应由机动车方承担赔偿责任，但原告李某兴晚上酒后站立在机动车道内，未能注意避让来往车辆，对事故的发生也有一定的过错。故对原告李某兴因交通事故造成的损失，应由被告安邦江苏分公司在交强险范围内先予赔偿。被告张某林在为被告戴某军提供劳务过程中发生事故，应由被告戴某军承担赔偿责任。关于超过交强险部分的损失，由被告戴某军按80%的比例赔偿，事故车辆亦在被告安邦江苏分公司投保了商业三者险，且投保有不计免赔条款，故被告安邦江苏分公司根据保险合同在商业第三者责任险范围内赔偿。

综上所述，对原告李某兴要求赔偿损失193593.52元的诉讼请求，本院予以支持。依照《中华人民共和国侵权责任法》第十六条、第四十八条，《中华人民共和国道路交通安全法》第七十六条第一款，《最高人民法院关于审理交通事故损害赔偿案件适用法律若干问题的解释》第十四条、第十六条第一款，《最高人民法院关于审理人身损害赔偿案件适用法律若干问题的解释》第十七条之规定，判决如下：

一、被告安邦江苏分公司赔偿原告李某兴各项损失合计人民币196963.82元；

二、驳回原告李某兴的其他诉讼请求。

原审被告安邦江苏分公司提起上诉，请求撤销认定安邦江苏分公司赔偿196963.82元的判决。江苏省苏州市中级人民法院经审理后认为安邦江苏分公司的上诉请求均不能成立，应予驳回；一审判决认定事实清楚，适用法律正确，应予维持。

【法官后语】

对于没有事故认定书的情形，应当就现场勘验笔录等相关证据审查，结合生活经验，运用逻辑推理，对事故责任进行划分。但实践如何操作，还需要结合进一步细化论证，笔者认为可以从以下几个方面展开：

第一，适用归责原则。

虽因李某兴事故动态无法查明，交通部分只出具了《道路交通事故证明》，证明事故发生的部分事实，而未对事故责任进行划分。但根据过错推定原则，法律上推定机动车方对事故负有过错责任，“举证责任倒置”，除非被告能提交证据证明原告故意“碰瓷儿”导致事故发生，否则应当对事故担责。

第二，明确责任划定。

李某兴于事故发生时酒精浓度已经达到酒驾标准，其虽只是行走而非驾车，但从经验常理推断，该行为依旧提升了事故损害发生的可能性，存在因饮酒导致对来往车辆预判不精确、躲避不及时的可能，因此对事故的发生也需要自担小部分责任，结合过错归责原则的立法精神，即同为危险源，机动车无疑大于行人的危险指数，应当加强机动车的风险规避意识和能力，赋予其更加严格的法律责任，最终综合认定原告李某兴负次要责任，被告负主要责任。

第三，细化赔偿比例。

李某兴饮酒行为导致部分责任，从利益衡量的视角来看，本案机动车投保有交强险、商业险，且有经济相对驾驶员更优越的雇主作为连带责任人承担补充责任，具有更高的经济赔偿能力，而反观原告方，李某兴作为事故受害方，其虽对事故负有部分责任，但本着保护弱势群体的法益考量，在可裁量空间内，赋予弱势方更大利益不仅有利于法益的实现，更能够兼顾法理与情理，提高裁判的可接受性。据此细化赔偿比例为戴某军在超出交强险范围外承担80%的责任，且该部分最终由保险公司承担，有效实现了自由裁量范围内的利益最大化原则。

编写人：江苏省常熟市人民法院辛庄法庭　张飞　周伟

三、交通事故损害赔偿程序

25

交通事故民事赔偿案件中对逃逸的认定

——李某越、李某弟诉鲍某巍等机动车交通事故责任案

【案件基本信息】

1. 裁判书字号

北京市第三中级人民法院（2017）京03民终第2741号民事判决书

2. 案由：机动车交通事故责任纠纷

3. 诉讼双方

原告（被上诉人）：李某越、李某弟

被告（被上诉人）：石某亚、鲍某巍、石家庄英华汽车运输有限公司（以下简称英华汽车公司）、永安财产保险股份有限公司河北分公司（以下简称永安保险公司）

被告（上诉人）：信达财产保险股份有限公司河北分公司（以下简称信达保险公司）

【基本案情】

2016年4月8日3时51分，在北京市密云区穆家峪镇荆子峪村北，鲍某巍驾驶“东风”牌重型仓栅式货车（冀AM6×××）由北向南行驶，靳某英在道路上行走，重型仓栅式货车左侧与靳某英身体接触，造成靳某英死亡。该事故经北京市公安局密云分局交通大队处理，认定鲍某巍系逃逸，应负全部责任，靳某英无责任。检察院和刑庭没有认定鲍某巍是逃逸。该事故车辆是石某亚购买英华汽车公司的，

和英华汽车公司是挂靠关系，应该承担连带责任。该车在永安保险公司投保了交强险，在信达保险公司投保了50万元不计免赔第三者责任商业险。靳某英与李某荣系夫妻关系，两人共育二子李某越、李某弟，李某荣于2016年7月12日去世。金某兰系靳某英之母，金某兰自愿放弃起诉权利。为维护原告的合法权益，李某越、李某弟特诉至法院，请求判令被告赔偿原告死亡赔偿金792885元、丧葬费42519元、精神抚慰金50000元、交通费2000元、鉴定费20元、尸体处理费2000元、存尸运尸等费用6000元、殡葬服务费1120元、其他殡葬费用60元，以上共计896604元；诉讼费由被告承担。

【案件焦点】

在机动车交通事故民事赔偿案件中，对于肇事逃逸应该如何认定。

【法院裁判要旨】

北京市密云区人民法院经审理认为：死者靳某英的母亲金某兰到庭表示自愿放弃受偿的权利，法院对此不持异议。此次交通事故造成人身伤亡及财产的损失，由永安保险公司在交强险的责任限额范围内先予赔偿；不足部分，由信达保险公司在商业三者险的责任限额范围内予以赔偿。李某越等人主张的死亡赔偿金数额过高，法院按照农民标准予以支持；李某越等人主张的丧葬费数额合理，法院予以支持；李某越等人主张的精神损害抚慰金，因鲍某巍已经受到刑事处罚，故法院不予支持；李某越等人主张的交通费数额过高，法院根据处理丧葬事宜的必要支出予以酌定；李某越等人主张的DNA和尸检的鉴定费，法院凭鉴定费票据予以支持，因信达保险公司仅提交了保险格式条款，该条款并未对鉴定费一项进行明确的约定，故对于信达保险公司不承担鉴定费的辩解，法院不予采信，李某越等人主张的鉴定费损失，由信达保险公司承担；李某越等人主张的存尸、运尸等费用、殡葬服务费、其他殡葬费用，因包含在丧葬费中，故法院不予支持。综上所述，依照《中华人民共和国侵权责任法》第六条、第十六条、第十八条、第三十五条、第四十八条，《中华人民共和国保险法》第二十一条、第六十五条，《中华人民共和国道路交通安全法》第七十六条第一款第（二）项之规定，《最高人民法院关于审理人身损害赔偿案件适用法律若干问题的解释》第二十七条、第二十九条，《最高人民法院关于审理道路交通事故损害赔偿案件适用法律若干问题的解释》第二十七条之规定，判决：

一、永安保险公司于本判决生效之日起十日内，在交强险范围内给付李某弟、李某越死亡赔偿金11万元；

二、信达保险公司于本判决生效之日起十日内，在商业三者险范围内给付李某弟、李某越死亡赔偿金198535元、丧葬费42519元、交通费1000元、鉴定费2020元，共计244074元。

信达保险公司对判决不服，提起上诉。北京市第三中级人民法院经审理认为：信达保险公司以肇事车辆逃逸为由，认为按照商业三者险的约定不应该赔偿。对于肇事车辆是否构成逃逸的问题，虽然公安机关的交通事故责任认定书上认定为逃逸，但在之后的检察机关起诉和法院判决中，都未认定为逃逸，故信达保险公司主张肇事车辆逃逸的事实不能成立，所以其上诉请求，本院不予支持。依照《中华人民共和国民事诉讼法》第一百七十条第一款第（一）项之规定，判决如下：

驳回上诉，维持原判。

【法官后语】

本案的争议焦点是在机动车交通事故民事赔偿案件中，对于肇事逃逸应该如何认定的问题。该案中鲍某巍在发生交通事故后继续前行，离开事故现场，事故发生后三天到案，交通大队据此认定鲍某巍肇事后逃逸，负本次事故的全部责任。在刑事案件的审理中，鲍某巍构成交通肇事罪，但刑事判决书中并未认定鲍某巍具有逃逸的情节。商业三者险保险公司认为应该按照交通事故责任认定书中的结论作为侵权人承担民事赔偿责任的依据，本案一审、二审中都采纳刑事判决中的意见，认为鲍某巍未有逃逸的情节，判决由保险公司在其保险限额范围内赔偿被侵权方。

交通事故是特殊的人身侵权行为，交通事故认定书是民事案件审理中的重要证据，在交通事故民事赔偿案件中，对于交通事故“逃逸”情节的认定，根据《道路交通事故处理办法》（1992年版）第二十条规定：“当事人逃逸或者故意破坏、伪造现场、毁灭证据，使交通事故责任无法认定的，应当负全部责任。”侵权人肇事逃逸的行为，只有在导致“交通事故责任无法认定的”时候，逃逸的侵权人才会因此负全部责任，也就是说，如果肇事后逃逸会增加侵权人承担全部责任的风险。但是在机动车交通事故责任纠纷案件中，因商业第三者险保险公司的介入，在审理案件中除了要认定侵权人与被侵权人之间的过错责任，还要审查保险合同中投保人与保险人之间的约定事项。本案中投保人与保险公司签订的商业第三者责任保险合同条款中约定："事故发生后，被保险人或其允许的驾驶人在未依法采取措施的情况下驾驶被保险机动车或者遗弃被保险机动车逃离事故现场，或故意损坏、伪造现场、毁灭证据的，保险人不负赔偿责任。"该合同中约定驾驶机动车逃离事故现场即构成保险合同赔偿中的"逃逸"，并且交通事故认定书中已经认定肇事司机"逃逸"，保险公司认为其可以据此免赔。保险公司认为其合同中约定的、交通事故认定书中的逃逸，与刑事案件中认定的"逃逸"不属于同一情形。

但是无论是在保险合同中约定的，还是法律中规定的"逃逸"，都是对事故发生后事实情况的认定，而不仅仅是事故发生后车辆的一种状态形式。在认定这一事实时，应将主观因素和客观因素综合考量。刑法加重惩处逃逸行为的本质，其实并不在于惩处逃逸行为本身，而在于惩处逃逸行为背后的不履行抢救义务及逃避责任追究等不作为行为，并以此警示世人积极履行道路交通安全法律法规规定的一系列作为义务。在民事案件、行政案件的处理中，增加"逃逸"的情形，亦有此意。因此，在交通事故案件中对于"逃逸"的认定应采用统一标准，本案中刑事判决经过主、客观的分析，认定肇事者无逃逸的行为，在本案审理中应该被采纳。

编写人：北京市密云区人民法院　王爽

26

伤者与保险公司就伤情的认知信息不对称产生重大误解而签订的赔偿协议可予以撤销

——李某金诉耿某刚等机动车交通事故责任案

【案件基本信息】

1. 裁判书字号

广东省广州市中级人民法院（2017）粤01民终第1898号民事判决书

2. 案由：机动车交通事故责任纠纷

3. 当事人

原告（被上诉人）：李某金

被告：耿某刚、广州市建兴小汽车出租有限责任公司（以下简称建兴公司）

被告（上诉人）：中国人民财产保险股份有限公司广州市分公司（以下简称保险公司）

【基本案情】

2015年12月8日8时许，耿某刚驾驶建兴公司所有的小型客车在广州市荔湾区某路口与李某金驾驶的无号牌电动自行车发生碰撞致其受伤。经交警部门认定，李某金与耿某刚承担事故同等责任。事故发生后李某金被送往医院住院住疗14天。肇事车辆均向保险公司投保了交强险和商业第三者责任险。

2015年12月30日，李某金、耿某刚在保险公司的理赔部签订《交通事故赔偿协议及支付凭证》，保险公司在见证人处签章。该协议主要内容如下：双方确认医疗费共6834.21元；双方同意一次性支付17020元给李某金作为后续治疗费、住院伙食补助费、误工费、护理费、交通费等本次交通事故的一切损失；以上款项支付后，耿某刚及保险公司对李某金的一切赔偿责任终了，双方不再就本次交通事故进行相关医疗鉴定，并不得以任何理由及方式再向耿某刚及保险公司提出任何索赔及要求。双方对以上处理结果均表示满意，均同意本案已案结事了。原告确认已收到赔偿款17629.4元（含代垫医药费）。

保险公司在庭审中提供了广东衡正法医临床司法鉴定所于2015年12月30日出具的咨询意见，载明该所认为李某金的伤情可达十级伤残。还提供该公司制作的《协商案件审批申请表》《机动车保险赔款计算书》，反映当时对赔偿项目与金额审核如下：其中伤者诉求残补费60385.8元，经核定为7660元，诉求精神损害抚慰金为5000元，经核定均为0元，合计伤者诉求86253.01元，经核定合计23377.87元，调解赔偿17629.4元划伤者账号，余额5508.47元划被保险人账号。

2016年4月1日，中山大学法医鉴定中心作出司法鉴定意见书，鉴定李某金左桡骨远端粉碎性骨折致左腕关节活动部分受限，评定为道路交通事故十级伤残。

【案件焦点】

1. 如何判定伤者与保险公司签订的赔偿协议是否存在重大误解或显失公平；2. 伤者与保险公司就伤情的认知信息不对称而签订的赔偿协议是否可予以撤销。

【法院裁判要旨】

广东省广州市荔湾区人民法院经审理认为：案件争议焦点在于《交通事故赔偿协议及支付凭证》的效力问题。从协议文字内容看，可推定李某金当时对自己构成伤残并不知晓。虽然保险公司提供司法鉴定所咨询意见和协商案件审批申请表，拟证明签订协议当天李某金已知其构成十级伤残并已提出了相关赔偿项目要求，但两份材料出具日期均是签订协议当天，且属保险公司内部文件，并没有证据显示李某金知晓并确认该两份材料的内容。此外，综合李某金提供的证据，可以相互印证其事故前在广州工作居住多年的事实，故残疾赔偿金可按广州市居民标准计算。李某金因伤致残，残疾赔偿金、精神损害抚慰金与协议确定的赔偿金额相比，差距太大显然有失公平。李某金在签订协议时对交通事故造成的损害后果以及赔偿数额存在错误的认识，造成了与其真实意思相违背的重大后果，并且造成了重大损失，可以认定其在签订协议时具有重大误解，导致结果显失公平。双方协议中约定的17020元一次性赔偿包括了伙食补助费、误工费、护理费、交通费等内容，但并没有完全体现残疾赔偿金和精神损害抚慰金的内容，李某金据此请求予以撤销并要求赔付残疾赔偿金和精神损害抚慰金的相应差额部分，予以采纳。结合案件实际情况，核定被告保险公司仍应赔付差额66854元。再加上李某金之后支付的鉴定费，被告保险公司还应赔偿共69434元。至于李某金主张的住院伙食补助费、误工费、护理费、交通费，因一次性赔款17020元中已经包含上述项目，且营养费依据不足，故均不予支持。

广东省广州市荔湾区人民法院依照《中华人民共和国侵权责任法》第四十八条，《中华人民共和国合同法》第五十四条第一款、第五十六条、第五十八条，《中华人民共和国道路交通安全法》第七十六条，《最高人民法院关于审理道路交通事故损害赔偿案件适用法律若干问题的解释》第十六条，《最高人民法院关于审理人身损害赔偿案件适用法律若干问题的解释》第十八条、第二十五条之规定，作出一审判决：

一、保险公司自判决发生法律效力之日起十日内，向李某金赔偿69434元；

二、驳回李某金的其他诉讼请求。

保险公司不服一审判决，提起上诉。广东省广州市中级人民法院经审理认为：就涉案《交通事故赔偿协议及支付凭证》的效力问题，作如下分析：一、由建兴公司作为甲方、李某金为乙方、保险公司作见证的于2015年12月30日签订的《交通事故赔偿协议及支付凭证》约定："以上款项支付后，乙方不再就本次交通事故进行相关医疗鉴定，并不得以任何理由及方式再向甲方及广州人保提出任何索赔及要求。"可见，在签订上述协议时，李某金并未做伤残鉴定，作为非医疗专业人士、不具备医疗专业知识的李某金，不可能相对准确地对自己的伤情作出判断。

二、根据保险公司提供的广东衡正法医临床司法鉴定所于2015年12月30日出具的咨询意见，载明该所的咨询意见为李某金的伤情可达十级伤残；保险公司提供的签署日期同为2015年12月30日的《协商案件审批申请表》，其中"核定金额"部分载有就李某金伤情认定的上述咨询意见以及据此核定赔偿数额的内容，由此可以确定保险公司在2015年12月30日见证上述《交通事故赔偿协议及支付凭证》的签订时已经知悉李某金伤情可达十级。李某金主张当时签订上述《交通事故赔偿协议及支付凭证》时，保险公司并未出示《广东衡正法医临床司法鉴定所咨询意见》，也未对其可能构成伤残予以提示，而保险公司也未就签订《交通事故赔偿协议及支付凭证》时，李某金已经知晓自己已致残、保险公司已经出示《广东衡正法医临床司法鉴定所咨询意见》以及就提示李某金有可能构成伤残予以举证。就李某金的受伤程度，李某金之于保险公司存在信息不对称的问题。

三、由于签订上述赔偿协议时，李某金并未做伤残鉴定，保险公司也未能就李某金在签订协议时已经知晓自己已致残予以举证证明，李某金在签订协议时对交通事故造成的损害后果存在重大误解，致使李某金于《交通事故赔偿协议及支付凭证》获得的赔偿远低于因本案交通事故依法可获得的赔偿数额，原审法院据此认定上述赔偿协议显失公平并依法撤销并无不当。

四、鉴于中山大学法医鉴定中心出具的《司法鉴定意见书》对李某金作出了十级伤残的鉴定结论，而《交通事故赔偿协议及支付凭证》是在李某金存在重大误解的情况下签订，并未就残疾赔偿金、精神损害抚慰金作出约定，原审法院剔除已在上述赔偿协议中约定的住院伙食补助费、误工费、护理费、交通费，核定保险公司仍应向李某金赔付残疾赔偿金和精神损害抚慰金相应的差额为66854元（69514元+5000元-7660元），再加上李某金之后支付的鉴定费2580元，共计69434元正确，予以维持。

广东省广州市中级人民法院依照《中华人民共和国民事诉讼法》第一百七十条第一款第（一）项的规定，作出如下判决：

驳回上诉，维持原判。

【法官后语】

本案为涉人身损害赔偿的机动车交通事故责任纠纷，是人民法院受理的侵权案件的一种主要类型。从司法救济的角度看，人身损害赔偿体现为一种债的法律关系，需要明确客体范围、主体范围和司法救济，而实务中最常见的争议是赔偿范围和赔偿标准或计算方法。为了尽快解决赔偿争议，不少机动车交通事故责任纠纷的肇事方、伤者和保险公司在事故后通过协议就理赔范围和金额达成协议，从而实现纠纷快速化解，过滤了大量到法院诉讼的纠纷。但是，近年也有一些当事人在达成协议甚至协议履行后，对协议的效力提出质疑，由此引发新的争议。人民法院需要依据法律规定对协议效力进行审查，并合法、合情、合理地界定当事人的权利义务，从而定分止争。

本案即为一起典型的对赔偿协议效力存有争议的诉讼。法院经审理后采纳了原告李某金的主张，撤销了赔偿协议的约定，并重新审查认定了赔偿范围和金额。

一、从签订赔偿协议时的信息掌握情况看，属重大误解

从协议约定“双方同意一次性支付17020元给李某金作为后续治疗费、住院伙食补助费、误工费、护理费、交通费等本次交通事故的一切损失；以上款项支付后，耿某刚及保险公司对李某金的一切赔偿责任终了，双方不再就本次交通事故进行相关医疗鉴定，并不得以任何理由及方式再向耿某刚及保险公司提出任何索赔及要求”等内容可知，李某金在签订协议时未做伤残鉴定。作为非医疗专业人士，不具备医疗专业知识，李某金没有相对准确地对自己的伤情作出判断，直到2016年4月取得鉴定机构作出的伤残鉴定报告，才对自己的伤情可达残疾的情况有了准确的认知。

而保险公司于2015年12月30日即取得鉴定机构出具的咨询意见，咨询意见载明李某金的伤情可达十级伤残。保险公司提供同日签署的《协商案件审批申请表》，其中“核定金额”部分载有就李某金伤情认定的上述咨询意见以及据此核定赔偿数额的内容，由此可以确定保险公司在同日见证《交通事故赔偿协议及支付凭

证》签订时已经知悉李某金伤情可达十级伤残。

综合双方情况，保险公司作为专业的保险机构，对赔偿关键信息和法律知识的掌握以及理赔、协商等经验上明显优于李某金。双方签订赔偿协议时，保险公司未向李某金出示咨询意见，也未对其可能构成伤残予以提示。签订上述赔偿协议时，就李某金的受伤程度，李某金之于保险公司存在明显信息不对称，李某金在签订协议时并不认知自身伤情已达伤残，对交通事故造成的损害后果存在重大误解。

二、从赔偿协议签订的结果对比看，属显失公平

关于人身损害赔偿可以获得的赔偿范围，最高人民法院2003年12月26日发布的《关于审理人身损害赔偿案件适用法律若干问题的解释》有较具体而明确的规定，其中第十七条规定了误工费、医疗费、护理费、交通费、住宿费、住院伙食补助费、营养费、残疾赔偿金、残疾辅助器具费、被扶养人生活费、后续治疗费、丧葬费、死亡补偿费等项目，是人身损害赔偿范围的总纲，是人民法院审理此类案件适用的法律依据。对于因伤致残的，第十八条、第二十五条则规定了精神损害抚慰金和残疾赔偿金。这些规定为人民法院审理人身损害赔偿案件提供了明确的法律依据，起到了统一裁判尺度的作为，具有较强的可操作性。

本案中根据李某金的实际伤情，按照上述司法解释的相关规定计算，除误工费、住院伙食补助费、护理费、交通费等项目外，李某金应该还可以获赔残疾赔偿金和精神损害抚慰金，但双方签订的赔偿协议没有约定残疾赔偿金和精神损害抚慰金此两项，致使李某金依赔偿协议获得的赔偿远低于因本案交通事故依法可获得的赔偿数额，因此从结果看该赔偿协议依法可认定为显失公平。

三、因重大误解签订的显失公平的协议，依法应可撤销

涉案赔偿协议虽由三方共同签订，但从李某金的真实意思看，存在重大误解；从协议签订情况看，属于显失公平。根据《中华人民共和国合同法》第五十四条的规定，当事人一方有权请求人民法院变更或者撤销。因此，法院剔除已在上述赔偿协议中约定的住院伙食补助费、误工费、护理费、交通费后，对保险公司仍应向李某金赔付残疾赔偿金和精神损害抚慰金的差额进行核定，继而对保险公司共应支付的赔偿金额作出裁判。

编写人：广东省广州市荔湾区人民法院　梁伟芳

27

多途径救济时诉讼时效计算及事故致伤后死亡的参与度问题

——陈某英等诉茆某辉、施某琴机动车交通事故责任案

【案件基本信息】

1. 裁判书字号

江苏省海门市人民法院（2016）苏0684民初第6345号民事判决书

2. 案由：机动车交通事故责任纠纷

3. 当事人

原告：陈某英、刘某凤、刘某杰、刘某茹、张某美

被告：茆某辉、施某琴

【基本案情】

2012年9月7日5时40分左右，被告茆某辉驾驶借用的被告施某琴所有的苏F83×××号普通二轮摩托车与受害人刘某业发生交通事故，造成刘某业受伤。被告茆某辉未取得机动车驾驶证，肇事摩托车未经检验，未投保交强险，经公安交警部门事故认定，认定被告茆某辉承担事故的全部责任，刘某业不承担事故责任。

事故后刘某业就医治疗，诊断为重型颅脑外伤，2012年11月14日出院，后于2015年2月27日死亡。

事故发生后，刘某业向海门市劳动人事争议仲裁委员会申请确认与案外人南通市力恒建筑工程有限公司（以下简称力恒公司）存在劳动关系，该委员会于2013年5月15日作出仲裁裁决：刘某业与力恒公司存在劳动关系。力恒公司不服该仲裁裁决，向江苏省海门市人民法院提起诉讼，2013年8月27日（2013）门民初字第0546号民事判决：刘某业与力恒公司之间不存在劳动关系。

2013年12月24日，江苏省海门市人民法院受理刘某业诉力恒公司提供劳务者受害责任纠纷，南通市如东县人民医院司法鉴定所于2014年6月21日出具鉴定意见：刘某业因交通事故致重型颅脑外伤，治疗后遗有神志模糊，完全性、混合性失语，不能应答，颅骨缺损，右下肢肌力4级，评定刘某业人损三级伤残。2014年12月11日，刘某业撤回起诉。

2015年12月23日，陈某英、刘某凤、刘某杰、刘某茹再次起诉力恒公司要求赔偿损失。2016年2月14日，江苏省海门市人民法院（2015）门开民初字第01140号民事裁定书，裁定驳回起诉。同年10月27日，陈某英、刘某凤、刘某杰、刘某茹向江苏省海门市人民法院提起诉讼，要求茆某辉、施某琴赔偿损失。

【案件焦点】

1. 原告方起诉是否超过诉讼时效；2. 刘某业死亡与交通事故是否存在因果关系。

【法院裁判要旨】

江苏省海门市人民法院经审理认为：本起交通事故发生于2012年9月7日，之后刘某业及其亲属通过多种途径寻求救济，应当认定构成了诉讼时效的中断。2013年上半年刘某业向海门市劳动人事争议仲裁委员会申请仲裁，该委员会于2013年5月15日作出仲裁裁决，力恒公司不服该仲裁裁决，于2013年5月30日向本院提起诉讼，本院于2013年8月27日作出民事判决：刘某业与力恒公司之间不存在劳动关系。2013年12月24日，刘某业向本院起诉力恒公司要求赔偿。案件审理过程中，刘某业亲戚于2014年6月17日到茆某辉家中，讨要车祸赔偿款，万年派出所民警为此出警。2014年12月11日，刘某业向本院撤回起诉。2015年2月27日刘某业死亡，刘某业的继承人陈某英、刘某凤、刘某杰、刘某茹在不到一年内即2015年12月23日，向本院再次起诉，要求力恒公司赔偿损失。2016年2月14日，本院作出民事裁定书，裁定驳回起诉。2016年10月27日陈某英、刘某凤、刘某杰、刘某茹起诉茆某辉、施某琴，要求赔偿损失，未超过诉讼时效。

本院在审理中，根据原告陈某英、刘某凤、刘某杰、刘某茹的申请，对受害人刘某业的死亡与交通事故有无因果关系，委托启东市人民医院司法鉴定所鉴定，该所以缺少病史资料，无法明确刘某业伤情演变过程，作退案处理。2017 年 7 月 27 日，本院向南通中院司法鉴定处法医咨询，咨询意见为：交通事故致刘某业重型颅脑损伤，行颅内血肿清除术、去骨瓣减压术，次年 3 月门诊记载，有肢体抽搐、口角抽动，诊断为癫痫，从 2014 年 6 月鉴定书记载的情况看，病程中刘某业神志一直欠清，两侧颅骨缺损，伴有肢体瘫痪，大小便失禁，完全性失语。从上述情况看，其重型颅脑损伤导致后遗症，如果后续的医疗、护理跟不上的话，可能会导致多器官慢性衰竭死亡，与交通事故有一定的因果关系，但考虑到死亡之前没有任何的就诊材料，也没有尸检，不能排除机械性损伤、中毒等其他致死因素的可能。综合考虑因果关系 50% 左右。结合咨询意见，认定刘某业的死亡与交通事故的因果关系为 50% 。

公民的人身权利受法律保护，公民的身体、健康、生命遭受侵害的，依法有权获得赔偿。事故车辆未投保机动车强制保险，被告施某琴作为投保义务人应对交强险部分的损失 12 万元承担赔偿责任，被告茆某辉承担连带责任。

因被告茆某辉承担本起事故全部责任，故超出交强险之外的损失 224441. 5 元，由被告施某琴、茆某辉按责赔偿。因被告施某琴将未经检验的摩托车借与未取得机动车驾驶资格的被告茆某辉使用，确定由被告施某琴对交强险之外的损失承担 30% 的赔偿责任，即赔偿 67332. 45 元，被告茆某辉对交强险之外的损失承担 70% 的赔偿责任，即赔偿 157109. 05 元。被告茆某辉已垫付 65000 元从其应承担赔偿款中予以抵扣。

江苏省海门市人民法院依照《中华人民共和国侵权责任法》第七条、第十六条、第十八条、第四十八条、第四十九条，《最高人民法院关于审理人身损害赔偿案件适用法律若干问题的解释》第十七条、第十八条、第十九条、第二十一条、第二十二条、第二十三条、第二十七条、第二十八条、第二十九条，《最高人民法院关于审理道路交通事故损害赔偿案件适用法律若干问题的解释》第十九条，作出如下判决：

一、被告施某琴在交强险责任限额内赔偿原告陈某英、刘某凤、刘某杰、刘某茹、张某美人民币 12 万元，在交强险责任限额之外赔偿原告陈某英、刘某凤、刘某杰、刘某茹、张某美人民币 67332. 45 元，合计 187332. 45 元；

二、被告茆某辉在交强险责任限额之外赔偿原告陈某英、刘某凤、刘某杰、刘某茹、张某美人民币157109.05元，扣除已付65000元，尚应支付92109.05元，并对上述第一项中被告施某琴应在交强险责任限额内赔偿的12万元承担连带责任（上述一、二项于本判决生效后十日内履行完毕）；

三、驳回原告陈某英、刘某凤、刘某杰、刘某茹、张某美的其他诉讼请求。

【法官后语】

随着《中华人民共和国民法总则》的正式施行，普通案件的诉讼时效由1年、2年等不同期限统一变化调整为3年。这一调整使得当事人在权益受到侵害后有足够的时间进行救济，也使得部分对诉讼时效制度理解不清甚至不知道诉讼时效制度的当事人有了更多的缓冲时间，有足够的时间缓冲，避免了先前因诉讼时效期限过短而导致超过诉讼时效致使丧失“胜诉权”的情况。诉讼时效制度的存在是为了让当事人尽早地通过诉讼等途径来维护自身的权利，使得权利免于“睡眠”，及早地定分止争。本案中原告方在以机动车交通事故责任纠纷为由向法院起诉前，已多次因交通事故致伤以其他案由向法院起诉主张赔偿。原告一方已经在积极地行使自身权利，维护自身的权益，单纯地以交通事故案件中的诉讼时效制度来考虑继而认定原告方的起诉已经超过诉讼时效，显然有违诉讼时效制度设立的初衷。

本案中另一难点在于受害人在交通事故致伤后受害人因无力继续治疗，出院后经过一段时间后死亡，交通事故是否对受害人的死亡存在诱因。在通常概念中，本起事故受害人为严重颅脑外伤，如果后续的医疗、护理跟不上的话，可能会导致多器官慢性衰竭死亡，与交通事故有一定的因果关系。因受害人出院后无其他就医材料，最后法院经咨询后酌定了死亡与交通事故的因果关系为50%。所以，当事人利益受到损害后，应当积极地弥补自身的损失，同时也应当拥有保留相应证据材料的意识，避免因证据材料的欠缺而导致利益受损，甚至诉求无法得到支持的情况出现。

编写人：江苏省海门市人民法院　祁宏亮

28

反诉与本诉牵连性的判定标准

——张某媚诉陈某杰、中国平安财产保险股份有限公司佛山市南海支公司机动车交通事故责任案

【案件基本信息】

1. 裁判书字号

广东省广州市中级人民法院（2016）粤01民辖终第1501号民事裁定书

2. 案由：机动车交通事故责任纠纷

3. 当事人

原告（被上诉人）：张某媚

被告（上诉人）：陈某杰、中国平安财产保险股份有限公司佛山市南海支公司

【基本案情】

2015年11月13日中午，张某媚与朋友若干人，无偿搭乘陈某杰驾驶的粤YLC×××汽车，行至广州绕城高速东行77公里500米路段，陈某杰因没有确保安全行车而失控碰撞路上防撞沙桶及钢制护栏，致使张某媚受伤。公安机关认定陈某杰承担事故全部责任。遂张某媚依据公安机关认定的侵权责任诉至法院请求判令被告赔偿原告医疗费、残疾赔偿金、误工费、护理费、住院伙食补助费等费用合计125583.33元。

被告陈某杰反诉称，其与张某媚在公安机关签订损害赔偿调解协议时存在重大误解、显失公平的情况，该损害赔偿调解协议并非陈某杰的真实意思表示，应予以撤销，故反诉请求法院判令撤销其与原告张某媚在公安机关出具的道路交通事故认定书中签订的损害赔偿调解协议。

【案件焦点】

被告陈某杰提出反诉要求撤销其与原告张某媚在公安机关出具的道路交通事故认定书中签订的损害赔偿调解协议是否构成反诉。

【法院裁判要旨】

广东省广州市南沙区人民法院经审理认为：被告陈某杰“撤销调解协议”的请求，属于抗辩，不构成反诉。

广东省广州市南沙区人民法院依照《中华人民共和国民事诉讼法》第五十一条、第一百五十四条第一款第（一）项之规定，裁定如下：

对被告陈某杰的反诉，本院不予受理。

陈某杰持原审起诉意见提起上诉。广东省广州市中级人民法院经审理认为：被上诉人张某媚是依据公安机关作出的道路交通事故认定书所确定的上诉人陈某杰负全部责任而提起诉讼，其诉讼请求是否支持，应根据道路交通事故认定书的责任确定。上诉人陈某杰与被上诉人张某媚在公安机关订立的交通事故赔偿调解协议撤销与否，不影响被上诉人应负的责任，也不吞并上诉人的本诉请求。上诉人请求撤销其与被上诉人在公安机关订立的交通事故赔偿调解协议的内容只属于抗辩，不构成反诉。

广东省广州市中级人民法院依照《中华人民共和国民事诉讼法》第一百七十条第一款第（一）项、第一百七十一条、第一百七十五条之规定，裁定如下：

驳回上诉，维持原裁定。

【法官后语】

民事诉讼中的反诉，是指在已经开始的民事诉讼程序中，被告针对原告提出的与本诉有牵连的、独立的反请求。被告反诉的目的，旨在通过反诉抵消、动摇或者吞并本诉的诉讼请求，或者使本诉的诉讼请求失去意义。根据《最高人民法院关于适用〈中华人民共和国民事诉讼法〉的解释》第二百三十三条规定：“反诉的当事人应当限于本诉的当事人的范围。反诉与本诉的诉讼请求基于相同法律关系、诉讼请求之间具有因果关系，或者反诉与本诉的诉讼请求基于相同事实的，人民法院应当合并审理。反诉应由其他人民法院专属管辖，或者与本诉的诉讼标的及诉讼请求所依据的事实、理由无关联的，裁定不予受理，告知另行起诉。”由此可见，反诉存在三大核心特征。

（一）主体特定性和双重性

反诉的当事人应当限于本诉的当事人的范围。反诉是本诉被告对本诉原告提起的，即反诉的原告即本诉的被告，反诉的被告即本诉的原告。

（二）反诉请求具有独立性

反诉应具备成立诉的一般要件，是一种独立的诉，并不必然依赖本诉而存在。即使本诉撤回，反诉也能够独立存在。

（三）反诉与本诉具有牵连性

所谓牵连性，是指反诉标的及诉讼请求与本诉的标的及诉讼请求具有牵连，这种牵连包括法律上的牵连和事实上的牵连。正是这种牵连性，可通过反诉来抵消、动摇或者吞并本诉的诉讼请求。其牵连性主要表现为：(1) 诉讼请求基于相同法律关系；(2) 诉讼请求之间具有因果关系；(3) 反诉与本诉的诉讼请求基于相同事实。这是判断是否构成反诉的主要标准。

本案中，被告陈某杰提出反诉要求撤销其与原告张某媚在公安机关出具的道路交通事故认定书中签订的损害赔偿调解协议。其反诉称，在公安机关签订损害赔偿调解协议时存在重大误解、显失公平的情况，该损害赔偿调解协议并非被告陈某杰的真实意思表示，故应予以撤销。其中，被告陈某杰提起反诉的一般程序性条件（如管辖法院、诉讼程序、提起期限等）均符合法律规定。因而，反诉与本诉的牵连性成为判定反诉是否成立的决定性条件。

原告张某媚基于公安机关事故认定书作出的责任划分提起侵权损害赔偿之诉，要求被告陈某杰承担因侵权行为引发的过错责任，本质上属于以侵权法律关系为依据提起的给付之诉（本诉）。而被告陈某杰反诉要求撤销双方在公安机关订立的损害赔偿调解协议，本质上属于以合同法律关系为依据提起的形成之诉（反诉）。二者虽然是基于相同事实提起，但是隶属不同法律关系，也不具有因果关系。反诉的请求根本无法达到抵消、动摇或者吞并本诉请求的效果。

综上所述，被告陈某杰提起的反诉与本诉不具有牵连性，只是抗辩请求，应当另案起诉。

编写人：广东省广州市南沙区人民法院　黄志伟

29

公安交警部门未作出事故责任认定时的划分依据

——胡某子诉宋某卿、中国人民财产保险股份有限公司菏泽市分公司机动车交通事故责任案

【案件基本信息】

1. 裁判书字号

河北省赵县人民法院（2017）冀0133民初第2455号民事判决书

2. 案由：机动车交通事故责任纠纷

3. 当事人

原告：胡某子

被告：宋某卿、中国人民财产保险股份有限公司菏泽市分公司（以下简称菏泽保险公司）

【基本案情】

原告提交了赵县公安交通警察大队作出的道路交通事故证明一份，内容为：交通事故时间为2017年10月21日15时许，交通事故地点为沙河店镇丁村东西街村委会西50米处；调查交通事故得到的事实为：2017年10月23日10时许，宋某卿到赵县公安交通警察大队报警称自己在2017年10月21日15时左右驾驶低速电动汽车（老年代步车）沿丁村东西路由西向东行驶至村委会西侧时，与沿该街同方向行人胡某子发生交通事故，造成胡某子受伤，事故发生后宋某卿驾驶肇事车辆把伤者送往赵县人民医院，未保护现场、标明车位，未及时报警；经对当事人宋某卿、胡某子询问，双方陈述一致，经对肇事车辆痕迹检验，未发现明显车体痕迹；事故现场无监控录像，事故双方均未在事故现场报警，发生事故未保护现场，致使证据灭失；根据《道路交通事故处理程序规定》第五十条之规定，无法查证交通事故事实，无法认定事故责任。原告于受伤当日到赵县人民医院住院治疗，诊断为左股骨

骨折，2017 年 11 月 9 日出院，实际住院 19 天，原告住院伙食补助费为 1900 元。

被告宋某卿驾驶的低速电动汽车在被告菏泽保险公司投保非机动车第三者责任保险，保险期间为 2017 年 10 月 20 日零时起至 2018 年 10 月 19 日 24 时止，此保险累计责任限额 130000 元，每次事故责任限额 130000 元，每人人身伤亡责任限额 80000 元，每人财产损失责任限额 10000 元，每人医疗费用责任限额 10000 元。

上述事实由当事人陈述、河北省赵县人民医院诊断证明书、住院病人每日清单、住院病历、被告宋某卿的身份证、驾驶证、肇事车辆的中国人民财产保险股份有限公司非机动车第三者责任保险条款保险单等证据证实。

原告胡某子向本院提出诉讼请求：1. 请求法院依法判令被告赔偿因交通事故给原告造成的医疗费、住院伙食补助费共计 70000 元；2. 本案诉讼费用由被告承担。

【案件焦点】

在公安交警部门未作出事故责任认定及责任划分的情况下，如何根据举证质证情况，认定和划分事故责任。

【法院裁判要旨】

河北省赵县人民法院经审理认为：《中华人民共和国道路交通安全法》第三十八条规定："车辆、行人应当按照交通信号通行；遇有交通警察现场指挥时，应当按照交通警察的指挥通行；在没有交通信号的道路上，应当在确保安全、畅通的原则下通行。"第七十条第一款规定："在道路上发生交通事故，车辆驾驶人应当立即停车，保护现场；造成人身伤亡的，车辆驾驶人应当立即抢救受伤人员，并迅速报告执勤的交通警察或者公安机关交通管理部门。因抢救受伤人员变动现场的，应当标明位置。乘车人、过往车辆驾驶人、过往行人应当予以协助。"被告宋某卿在没有交通信号的道路上通行，没有确保安全、畅通；事故发生后，在原告受伤的情形下，被告宋某卿未保护现场，没有迅速报警，没有在抢救原告变动现场时标明位置。原告在没有交通信号的道路上，没有在确保安全、畅通的原则下通行。综上所述，本院认定被告宋某卿负事故主要责任，原告负事故次要责任。本案确认的原告医疗费 59090. 16 元，按事故责任应得到赔偿 41363 元（59090. 16 元 ×70%），此赔偿款由被告菏泽保险公司在非机动车第三者责任保险每人医疗费用责任限额 10000

元内支付10000元，余款31363元（41363元－10000元）在扣除被告宋某卿已支付的600元医疗费后，还有30763元医疗费（31363元－600元）应由被告宋某卿支付给原告。住院伙食补助费1900元，按事故责任由被告宋某卿赔偿给原告1330元（1900元×70%）。

河北省赵县人民法院依照《中华人民共和国道路交通安全法》第三十八条、第七十条，《中华人民共和国侵权责任法》第六条第一款、第十六条，《最高人民法院关于审理人身损害赔偿案件适用法律若干问题的解释》第十九条、第二十三条，《中华人民共和国民事诉讼法》第一百四十四条之规定，判决如下：

一、判决生效之日起五日内被告菏泽保险公司支付给原告胡某子赔偿款10000元；

二、判决生效之日起五日内被告宋某卿支付给原告胡某子赔偿款32093元；

三、驳回原告胡某子的其他诉讼请求。

【法官后语】

本案的分歧焦点是在公安交警部门未作出事故责任认定及责任划分的情况下法院如何作出判决。

首先，关于事故责任认定的问题，根据赵县公安交通警察大队卷宗中当事人陈述材料，以及对被告宋某卿的询问笔录中，被告宋某卿均认可2017年10月21日15时许，其驾驶低速电动汽车在丁村东西街由西向东行驶到村委会西边时，撞倒了正在行走的原告，导致原告受伤。白某某的证人证言和光盘中录像、录音也证实了交通事故的发生，以上证据能够相互印证并组成一个完整的证据链，与案件所要查明的事故发生经过存在逻辑上的联系。故本院确认以下事实：2017年10月21日15时左右被告宋某卿驾驶低速电动汽车沿丁村东西路由西向东行驶至村委会西侧时，与沿该街同方向行人原告胡某子发生交通事故，造成胡某子受伤。事故发生后未及时报警，未保护现场。

其中，关于证人聂某某所作出的不是被告宋某卿造成原告受伤的证明，根据《最高人民法院关于民事诉讼证据的若干规定》第六十九条规定："下列证据不能单独作为认定案件事实的依据：……（二）与一方当事人或者其代理人有利害关系的证人出具的证言……"由于证人聂某某与被告宋某卿系夫妻关系，与被告宋某卿有利害关系，且无其他证据能够与之相互印证，因此聂某某的证言不能单独作为认定不是被告宋某卿造成原告受伤的证据，故本院对聂某某的证言不予认定，作为负有举证责任的被告宋某卿也因此应承担证据不足以证明其主张的不利后果。

其次，关于责任划分的问题，根据《中华人民共和国道路交通安全法》第三十八条规定："车辆、行人应当按照交通信号通行；遇有交通警察现场指挥时，应当按照交通警察的指挥通行；在没有交通信号的道路上，应当在确保安全、畅通的原则下通行。"第七十条第一款规定："在道路上发生交通事故，车辆驾驶人应当立即停车，保护现场；造成人身伤亡的，车辆驾驶人应当立即抢救受伤人员，并迅速报告执勤的交通警察或者公安机关交通管理部门。因抢救受伤人员变动现场的，应当标明位置。乘车人、过往车辆驾驶人、过往行人应当予以协助。"被告宋某卿在没有交通信号的道路上通行，没有确保安全、畅通；事故发生后，在原告受伤的情形下，被告宋某卿未保护现场，没有迅速报警，没有在抢救原告变动现场时标明位置。原告在没有交通信号的道路上，没有在确保安全、畅通的原则下通行。综上所述，本院认定被告宋某卿负事故主要责任，原告负事故次要责任。

编写人：河北省赵县人民法院　潘青

30

交通事故发生后还原现场的认定

——童某慧诉中国人民财产保险股份有限公司宜昌市分公司等交通事故责任案

【案件基本信息】

1. 裁判书字号

湖北省宜昌市中级人民法院（2018）鄂05民终第739号民事判决书

2. 案由：交通事故责任纠纷

3. 当事人

原告（被上诉人）：童某慧

被告（上诉人）：中国人民财产保险股份有限公司宜昌市分公司

被告（被上诉人）：秦某、秦某生

【基本案情】

2017年3月8日7时40分左右，被告秦某驾驶鄂E5V×××小型客车将骑自行车的原告童某慧撞倒，原告右膝受伤。事故发生后，双方认为伤情不重，故均未报警，被告秦某的父亲秦某生将原告童某慧送往枝江市人民医院做X线检查，检查结果无骨折脱位，遂拿口服药后各自回家。3月8日下午开始，原告童某慧右膝疼痛加重，当晚到被告秦某家中要求进一步治疗。3月9日上午9时30分，被告秦某生再次陪同原告童某慧到枝江市人民医院进行CT检查，报告单显示：1. 右胫骨平台线性骨折并右膝关节腔少量积液；2. 右下肢浅表静脉曲张。医生建议住院治疗，上午10点52分，原告童某慧因右胫骨平台骨折住院治疗。11点50分左右，被告秦某生先后向交警部门和保险公司报警，交警部门随后出警到事故地点勘查现场，被告秦某将原告童某慧的自行车弄来，按照3月8日现场情况恢复了事故现场，描述了事故情形，交警以简易程序出具了《道路交通事故认定书》，认定被告秦某负事故的全部责任，原告童某慧无责任。原告童某慧在枝江市人民医院住院治疗13天后出院。2017年7月28日，枝江市人民医院法医司法鉴定所对原告童某慧的伤情进行鉴定，认为原告童某慧因交通事故致右膝关节损伤不构成伤残，伤后需误工期150天，护理期120天，营养期90天，需后续治疗费10500元左右。

被告秦某驾驶的鄂E5V×××小型客车登记车主为被告秦某生，系被告秦某的父亲，该车在被告中国人民财产保险股份有限公司宜昌市分公司投保有交强险和商业三者险，并投保有不计免赔率险，本次事故发生在保险期间内。原告童某慧诉称要求被告秦某、秦某生、中国人民财产保险股份有限公司宜昌市分公司共同赔偿交通事故损失41323元。被告秦某、秦某生对此无异议，但被告中国人民财产保险股份有限公司宜昌市分公司辩称对交通事故发生的事实和交警部门责任认定均有异议，交警部门的责任认定载明是2017年3月9日11时45分发生的交通事故，但是从原告提供的检查单据和出院记录来看，原告是在3月9日上午9：31就开始在人民医院检查，并发生了检查费用，而 10：52 即在医院住院治疗，另外检查票据中还有 3 月 8 日的票据，明显与交警记录不符。请求驳回原告的诉讼请求。

【案件焦点】

交通事故发生后还原现场如何认定。

【法院裁判要旨】

湖北省枝江市人民法院经审理认为：从 2017 年 3 月 8 日 9 时 20 分的病历可以看出，原告童某慧“40 分钟前骑自行车被撞倒，右膝受伤，疼痛，无畸形及出血”，结合原、被告陈述，可以认定原告童某慧于 2017 年 3 月 8 日早上被被告秦某驾驶机动车撞伤的事实，被告中国人民财产保险股份有限公司宜昌市分公司对原、被告之间发生的交通事故持异议，仅是从时间上推断不符合正常交通事故的经过，并无实质性证据证实原、被告之间的交通事故系虚构。故对本次交通事故的事实，法院依法予以认定。交警部门对被告秦某作出的全责认定符合交通事故的实际情况，也符合事故发生后被告秦某做出的一系列不符合《中华人民共和国道路安全法》规定的行为，本院依法认定本次交通事故由被告秦某负事故全部责任。

湖北省枝江市人民法院依照《中华人民共和国侵权责任法》第十六条、第四十八条，《中华人民共和国道路交通安全法》第七十六条，《最高人民法院关于审理道路交通事故损害赔偿案件适用法律若干问题的解释》第十六条的规定，判决如下：

被告中国人民财产保险股份有限公司宜昌市分公司于本判决生效后十日内赔偿原告童某慧经济损失 32629. 8 元。

中国人民财产保险股份有限公司宜昌市分公司不服一审法院的判决，向湖北省宜昌市中级人民法院提起上诉。湖北省宜昌市中级人民法院经审理认为：当事人对自己提出的诉讼请求所依据的事实或者反驳对方诉讼请求所依据的事实，有责任提供证据加以证明。没有证据或者证据不足以证明当事人主张的事实的，由负有举证责任的当事人承担不利后果。根据 2017 年 3 月 8 日医疗机构出具的病历内容，结合童某慧的受伤程度，并结合交通事故责任认定书对事故过程的认定，以及当事人对事故过程的陈述，一审综合以上证据，认定秦某驾车撞伤童某慧的事实，符合高度盖然性原则。中国人民财产保险股份有限公司宜昌市分公司对本案交通事故有异议，但未提供充分的反驳证据，其应当承担不利的法律后果。

湖北省宜昌市中级人民法院依照《中华人民共和国民事诉讼法》第一百七十条第一款第（一）项之规定，判决如下：

驳回上诉，维持原判。

【法官后语】

关于交通事故发生的真实性认定。本案系典型的交通事故发生后，还原现场的案件。在现实生活中，交通事故从发生到损害结果凸显有时间上的过程。在交通事故发生初期，损害结果并不明显，导致双方对损害结果具有误判性。本案交通事故发生、受害人医治在前，即2017年3月8日；后受害人伤情加重，遂报警，该行为在后，即2017年3月9日。该行为符合一般公民的认知。在证明交通事故发生的真实性上，证据确实存有瑕疵。但是，如果交通事故双方可以虚构事故的发生，不会出现时间上的矛盾这一常识性的错误。

本案处理重点在于高度盖然性规则的理解与适用，即《最高人民法院关于民事诉讼证据的若干规定》第七十三条第一款关于“双方当事人对同一事实分别举出相反的证据，但都没有足够的依据否定对方证据的，人民法院应当结合案件情况，判断一方提供证据的证明力是否明显大于另一方提供证据的证明力，并对证明力较大的证据予以确认”的规定，就是证据的高度盖然性原则。本案中，法院根据医疗机构出具的病历内容、童某慧的受伤程度、交通事故责任认定书对事故过程的认定、当事人对事故过程的陈述，均相一致。而中国人民财产保险股份有限公司宜昌市分公司虽有异议，但未能举出反证予以证实。因此，一审法院适用符合高度盖然性原则对交通事故的真实性予以确认。

另外，从本案中也可以看到，交通事故发生后，当事人之间“私了”时有发生，为后续维权产生障碍。我们需要进一步加强侵权法律法规的宣传力度，完善宣传方式，提高公民依法维权方面的法律意识，实现依法治国的伟大理想。

编写人：湖北省枝江市人民法院　黄亚州

31

交通事故认定书认定的责任比例是否等于民事侵权责任比例

——阿某等诉王某强等机动车交通事故责任案

【案件基本信息】

1. 裁判书字号

新疆维吾尔自治区石河子市人民法院（2016）兵 9001 民初第 7459 号民事判决书

2. 案由：机动车交通事故责任纠纷

3. 当事人

原告：阿某、夏某达、媛某娜

被告：王某强、石河子白杨预拌砼有限责任公司（以下简称白杨公司）、中国人民财产保险股份有限公司石河子市分公司（以下简称人保石河子公司）

【基本案情】

夏某达系阿某之女。阿某与帕某于 2006 年 4 月 14 日结婚，双方均系再婚，结婚时夏某达未成年，媛某娜系二人婚生女。

2016 年 8 月 19 日 10 时左右，阿某自 S115 线“慧兰电话亭”门前路段北侧无人行道处观望左侧来车后，骑驶自行车出发，欲从中间隔离护栏损坏处横穿马路。白杨公司的驾驶员王某强驾驶该公司所有的新 C07 ××× 号重型罐式货车自东向西行驶至该路段时，突然自中间车道变道至左侧车道，与已骑驶至左侧车道的阿某相撞，将阿某所骑驶自行车卷入右前轮下方，左前轮冲上中间隔离带。王某强下车查看右前轮情况后，驾驶车辆向后倒车一段距离，再次下车查看情况，驾驶车辆再次向后挪动一段距离后，车辆向前移动一段距离，再次向后行驶一段距离后将车停下。

交警部门出具石公交（郊）字（2016）第72号事故认定书，认定王某强驾驶机动车超过限速标志标明的时速、驾驶机动车超过核定载重，阿某驾驶自行车不从人行横道横过机动车道，双方负同等责任。事故发生时，新C07×××号车在人保石河子公司投保有交强险以及责任限额为500000元的第三者责任商业保险。

原告认为王某强在事故发生后向前移动车辆对受害人进行了碾轧，被告应当对事故负全部责任，赔偿原告的全部损失。白杨公司、人保石河子公司认为原告损失中超出交强险范围外的部分，应当按交警部门认定的责任比例分配被告白杨公司的民事赔偿责任。

【案件焦点】

是否应当按照交警部门认定的责任比例分配侵权责任。

【法院裁判要旨】

新疆维吾尔自治区石河子市人民法院经审理认为：王某强在执行白杨公司的工作过程中造成他人损害，其相应的责任应由白杨公司承担。

本案是一起机动车与非机动车之间发生的交通事故，原告方的损失应当先由人保石河子公司在机动车第三者责任强制保险责任限额范围内予以赔偿，不足的部分，由白杨公司承担赔偿责任。但考虑受害人阿某在横过机动车道时未选择人行横道，对事故的发生亦存在过错，应适当减轻白杨公司的赔偿责任。对减轻的具体比例，白杨公司、人保石河子公司辩称应按交警部门认定的王某强在本次事故中承担同等责任，减轻50%。本院认为，交警部门所作交通事故认定书中的责任划分，仅是对事故成因及事故各方过错参与度的意见，而非对各方所承担民事责任比例的认定。就本案而言，机动车一方承担的是无过错责任，即机动车一方无过错的情况下，仍需承担一定的民事赔偿责任，且本次事故中，王某强存在超速、超载、变道时未确认安全等诸多过错，故本院对白杨公司、人保石河子公司的抗辩意见不予采纳，将减轻的比例酌定为20%。

新C07×××号车除投保有交强险外，在被告人保石河子公司处还投保有第三者责任商业保险，被告白杨公司交强险范围外应当承担的80%赔偿责任，应当先由被告人保石河子公司按照保险合同的约定予以赔偿，仍有不足的，再由被告白杨公司承担。其中被告人保石河子公司在第三者商业险应当负担的部分，因事故发生时新C07 ××× 号车属于超载，被告人保石河子公司根据保险合同的约定有10%的免赔率。

新疆维吾尔自治区石河子市人民法院依照《中华人民共和国侵权责任法》第三十四条第一款，《中华人民共和国道路交通安全法》第七十六条第（二）项，《最高人民法院关于审理道路交通事故损害赔偿案件适用法律若干问题的解释》第十六条第一款，《最高人民法院关于审理人身损害赔偿案件适用法律若干问题的解释》第十七条、第十八条、第二十二条、第二十七条、第二十八条、第二十九条，《最高人民法院关于确定民事侵权精神损害赔偿责任若干问题的解释》第十条，《中华人民共和国民事诉讼法》第六十四条第一款之规定，判决如下：

一、被告人保石河子公司于判决生效之日起十日内赔偿原告阿某、夏某达、媛某娜各项损失合计560000元（110000元+450000元）；

二、被告白杨公司于判决生效之日起十日内赔偿原告阿某、夏某达、媛某娜各项损失合计74266.25元；

三、驳回原告阿某、夏某达、媛某娜的其他诉讼请求。

【法官后语】

交通事故认定书是交通事故发生后，交警部门在对事故现场进行勘查、对当事人及证人进行询问、对现场及事故车辆进行技术勘查的基础上，对事故发生经过进行固定，进而根据当事人的行为在交通事故中所起的作用以及过错的严重程度对各方当事人的责任认定意见。由于交通事故认定书中既有对事故发生经过事实的认定，又有对事故成因的分析认定，因此对机动车交通事故责任纠纷的案件审理有着不可替代的重要作用。又由于交通事故认定书中有对事故各方当事人的责任认定，部分当事人将交通事故认定书中所认定的当事人责任与民事侵权责任混为一谈，认为交通事故认定书中所认定的责任也就是民事侵权责任。

事实上，交通事故认定书中的责任与民事侵权责任并不相同，主要有以下几个方面：一、法律属性不同。交通事故认定书中所认定的责任主要是根据当事人有无交通违法行为，其交通违法行为与事故之间的因果关系进行的定性、定量判断，确定的是行政交通事故责任。而民事侵权案件中，交通事故认定书只是证明事实或因果关系的一种证据。民事侵权责任则是根据客观事实所反映的当事人是否存在过错、过错大小、过错与损害后果之间的因果关系所作的一种评判。两者之间并不等同。二、法律依据不同。交通事故认定书认定责任主要依据《中华人民共和国道路交通安全法》《中华人民共和国道路交通安全法实施条例》（以下简称道交条例）、《道路交通事故处理程序规定》等法律法规。而民事侵权责任不仅参考上述法律法规，更需要参考《中华人民共和国侵权责任法》《中华人民共和国民事诉讼法》等法律。三、责任主体不同。交通事故认定书中所确定的责任主体是交通事故中的直接当事人，不涉及不在场的当事人。但民事侵权责任中，可能交通事故认定的责任并不需要承担民事侵权责任，反而是不在场的雇主、公司等需要承担责任。本案中，被告王某强虽然是事故责任方，但最终并未判决承担民事责任。四、归责原则不同。道交条例第九十一条规定："公安机关交通管理部门应当根据交通事故当事人的行为对发生交通事故所起的作用以及过错的严重程度，确定当事人的责任。"从交通事故认定书划分责任的依据看，公安机关交通管理部门认定交通事故的责任有两个因素，即行为人对交通事故所起的作用和过错的严重程度。前述条款中的"作用"与"过错"并列，与民法中的"过错"不是同一概念，在交通事故中，行为人有同等的过错不一定承担同等的责任，过错大的不一定是交通事故的主要责任人。道交条例第九十二条规定："发生交通事故后当事人逃逸的，逃逸的当事人承担全部责任。但是，有证据证明对方当事人也有过错的，可以减轻责任。当事人故意破坏、伪造现场、毁灭证据的，承担全部责任。"该规定中，此类交通事故归责的依据不是发生侵权行为时的过错大小，而是侵权行为发生后的其他违法行为。而交通事故民事侵权案件中基本适用过错原则，根据民事过错程度来确定民事侵权责任，特殊情况下适用无过错原则和公平原则来保护弱势方的利益。

因此，在审理交通事故民事侵权案件中，不能简单地直接将交通事故认定书所认定的责任等同于民事侵权责任，而应当将交通事故认定书作为一种证据进行审查、认定，在此基础上根据一般侵权行为要件来分配民事侵权责任的承担。

本案中，交警部门在认定交通事故责任时，并未考虑被告王某强突然变道的过错，而根据案件查明的事实，法院对该过错予以了确认。同时，交警部门的责任认定只是简单地根据各方交通违法行为的作为，而本案是一起机动车与非机动车之间发生的交通事故，在此类民事侵权案件中，法律直接规定除非机动车故意碰撞外，均由机动车一方承担赔偿责任，仅是根据非机动车、机动车各自的过错程度，机动车一方所承担的责任大小不同。因此，法院最终并未简单根据交通事故认定书认定原告方自负50%的责任，而是根据双方的过错以及《中华人民共和国道路交通安全法》对双方的民事责任进行了分配。

编写人：新疆维吾尔自治区石河子市人民法院　薛战赢

32

交通事故中无事故责任认定的情形下如何运用民事证据高度盖然性规定认定事故成因及确定责任比例

——周某诉海门市临江镇人民政府、蔡某申机动车交通事故责任案

【案件基本信息】

1. 裁判书字号

江苏省海门市人民法院，(2017) 苏0684民初第470号民事判决书

2. 案由：机动车交通事故责任纠纷

3. 当事人

原告：周某

被告：海门市临江镇人民政府、蔡某申

【基本案情】

2016年2月7日13时30分许，蔡某申无证驾驶苏F57×××三轮载货摩托车（该车未投保交强险）沿海门市临江镇平中路由西向东行驶至阳应村13组地段，周某驾驶苏F44×××普通二轮摩托车后载高某丽同向行驶至该地段时（事故发生地段有4处坑洼，该地段归海门市临江镇人民政府管辖并由其负责养护），两车发生碰撞后，周某摔倒在地受伤。后在交警部门就事故发生经过进行调查时，周某陈述："我看见路面坑洼，向北避让时，有车辆碰撞到其车辆南边，导致其向北跌倒，

后看见一辆绿色的车子向东”；蔡某申陈述：“我看见一辆摩托车车头朝西跌在路北侧树边上，我没有在意有人。我没有停顿继续驾车往前开，其车子前面没有其他人和车子。”事故目击者袁某辉陈述：“我看见前面有一辆二轮摩托车沿路北侧向东，还有一辆小货车式样的车子行驶在路中间，那小货车式样的车子突然间向北打了一把方向，然后那摩托车就向北跌了下来。那小货车式样的车子没有停顿继续向东。”目击者董某美陈述：“我看见前面有一辆二轮摩托车，还有一辆农村里用的三轮车。那三轮车行驶在路中间，突然间向北打了一把方向，然后在那三轮车北边向东行驶的摩托车就跌了下来。”2016年3月24日，海门市公安局交通巡逻警察大队以“道路交通事故成因无法查清，且无其他证据证明交通事故发生的经过情况”为由作出了海公交证字（2016）第8002号道路交通事故证明。事故发生后，周某被送至医院治疗。2016年12月2日，南通市第一人民医院司法鉴定所出具了司法鉴定意见书，周某构成交通事故八级伤残、十级伤残，该鉴定结论同时对周某的护理期限、误工期限一并作出鉴定。周某认为由于突然出现路面多处坑洼不平的险象，在其慌乱之中车辆颠簸失控时受到蔡某申驾驶的三轮载货摩托车的碰撞，致使其跌倒受伤，故起诉至法院，请求判令海门市临江镇人民政府、蔡某申赔偿损失351325.15元。

【案件焦点】

本起事故的形成原因及各方当事人在事故中的责任如何认定。

【法院裁判要旨】

江苏省海门市人民法院经审理认为：一、关于事故成因。依据《中华人民共和国道路交通安全法》第一百一十九条第（五）项的规定，交通事故是指车辆在道路上因过错或者意外造成的人身伤亡或者财产损失的事件，该定义并未明确规定车辆在道路上必须直接发生碰撞才可以视为交通事故。本案中，根据周某与蔡某申的陈述，结合袁某辉、董某美在公安部门询问笔录中的陈述，可以确认的事实是，因事故地段路面的坑洼，周某与蔡某申均采取了避让措施，周某驾驶二轮摩托车为了避让路面的坑洼从平中路的北边行驶，被告蔡某申驾驶三轮摩托车在平中路上向东行驶时为了避让路面的坑洼向北打了方向，后周某驾驶的二轮摩托车摔倒在地。虽然没有证据证明周某驾驶的摩托车与蔡某申驾驶的三轮摩托车发生直接碰撞，但根据现场目击者袁某辉、董某美的陈述，依据民事诉讼证据高度盖然性规定，可以推断出周某驾驶二轮摩托车摔倒在地与蔡某申驾驶三轮摩托车向北打了方向之间存在因果关系，即原告周某驾驶的摩托车与被告蔡某申驾驶的三轮摩托车之间发生了本案交通事故。

二、关于各方当事人在事故中的责任如何认定。（1）案涉事故发生在 2016 年 2 月 7 日 13 时 30 分左右，天气晴朗。平中路、菊阳路路口处的治安监控下载的视频照片显示，通过该治安监控点是蔡某申驾驶的三轮摩托车行驶在前，周某驾驶的二轮摩托车在后。周某驾驶二轮摩托车行驶时，其发现路面出现坑洼险情时，车辆行驶到道路北侧，其在超越蔡某申驾驶的三轮摩托车时，疏于观察，未确认有充足的安全距离后进行超车，其行为是发生本案事故的原因之一，周某对本案事故的发生亦具有一定的过错。（2）蔡某申无证驾驶机动车上路，驾驶车辆时对道路情况疏于观察，在遇到路面出现坑洼险情时，未充分观察周围路况，未充分注意路面安全，未按照操作规范安全驾驶、文明驾驶，其行为是发生本起事故原因之一，故蔡某申对本案事故的发生具有一定的过错。（3）本案中，事故发生时，海门市临江镇平中路事故地段存在四个面积较大的坑洼，路面出现严重的破损，影响了车辆的正常通行，海门市临江镇人民政府作为海门市临江镇平中路事故路段的管理维护单位，未能对路面上出现的坑洼、坑槽等路面破损尽到及时修复和警示的义务，蔡某申驾驶的三轮摩托车正是因为在避让路面上的坑洼向北打方向时与周某驾驶的二轮摩托车发生交通事故。因此，本案交通事故的发生与海门市临江镇人民政府对海门市临江镇平中路事故地段存在的坑洼未及时修复和尽到必要的警示义务具有因果关系，海门市临江镇人民政府对本案交通事故的发生具有一定的过错。综合上述分析，本院根据事故原因力等因素，综合考量后认定：海门市临江镇人民政府应承担本起事故的 30% 的责任；原告周某与被告蔡某申共同承担本起事故 70% 的责任。

经审理认定，原告的损失为：医疗费限额部分 27768. 1 元、死亡伤残限额部分 314253. 05 元。江苏省海门市人民法院依照《中华人民共和国侵权责任法》第十二条、第十六条、第十九条、第二十六条、第四十八条，《中华人民共和国道路交通安全法》第二十二条、第三十条、第四十三条、第七十六条第一款第（一）项、第一百一十八条第（五）项，《中华人民共和国道路交通安全法实施条例》第四十七条，《最高人民法院关于审理道路交通事故损害案件适用法律若干问题的解释》第九条、第十六条、第十九条，《最高人民法院关于审理人身损害赔偿案件适用法律若干问题的解释》第十八条、第十九条、第二十条、第二十一条、第二十二条、第二十三条、第二十四条、第二十五条、第二十八条，《最高人民法院关于确定民事侵权精神损害赔偿责任若干问题的解释》第十条之规定，判决如下：

一、被告海门市临江镇人民政府赔偿原告周某102606.34元；

二、被告蔡某申赔偿原告周某179707.41元；

三、驳回原告周某的其他诉讼请求。

【法官后语】

近年来，随着我国汽车保有量的上升，机动车交通事故责任纠纷案件也明显增加。由于警力缺乏、监控设备不完备、当事人未能及时报警等因素，导致事故责任无法认定的案件日益增多。该类案件因无公安机关认定的道路交通事故责任，各方当事人均会对自身的事故责任予以否认，加之事故现场往往被破坏，导致案件事实难以查明。该类案件审理中难度最大的问题就是查清事故成因进而划分事故责任乃至赔偿责任。虽然在难以认定各方交通事故责任的情况下，有区分机动车、非机动车、行人等性质划分赔偿责任的“兜底”认定规则，但这个“兜底”规则，不该简单粗暴地被滥用，在民事审判中，还应遵循司法活动的规律，即司法活动的规律是努力实现法律事实与客观事实的一致，将法律事实无限接近客观事实，尽量还原事故事实，实现公平正义。但因当事人诉争的案件事实已时过境迁，甚至真伪难辨，司法中立裁决者只能通过法定程序、法律手段等尽可能地接近客观事实，进而依据所认定的法律事实形成司法裁判，这使得法律事实与客观事实间难免存在距离。现代司法制度将高度盖然性运用于民事审判当中，旨在降低证明标准。根据《最高人民法院关于民事诉讼证据的若干规定》第七十三条之规定，在全案证据对待证事实的证明无法充分确凿的情况下，只要一方当事人的证据能证明待证事实的发生具有高度盖然性，人民法院即可对该事实予以认定。该类案件审理一般结合事故发生后，各方当事人及证人在公安部门所形成的笔录的内容、事故现场图、事故现场的其他证据综合判断，甚至进行现场模拟，甄别当事人的陈述，充分适用民事诉讼证据高度盖然性规则查清案件事实及成因，以此来充分保障各方当事人的合法权益。

该类案件审理中另一个需要注意的问题是各方当事人的赔偿比例问题。三方责任的情况下，应根据各方在事故中的过错责任大小酌情划分，因涉及交强险赔付，应在划分事故责任后，再依照交强险责任限额按法律规定分已投保和应投保未投保的情形分别处理，确定赔偿金额。

编写人：江苏省海门市人民法院　高梅

33

优势证据规则的应用

——朱某荣等诉北京市第二建筑工程有限责任公司、中国太平洋财产保险股份有限公司北京分公司机动车交通事故责任案

【案件基本信息】

1. 裁判书字号

北京市第二中级人民法院（2017）京02民终第829号民事判决书

2. 案由：机动车交通事故责任纠纷

3. 当事人

原告（反诉被告、被上诉人）：朱某荣、白甲、白乙、白某田

被告（反诉原告、被上诉人）：北京市第二建筑工程有限责任公司（以下简称二建公司）

被告（上诉人）：中国太平洋财产保险股份有限公司北京分公司（以下简称太平洋北京分公司）

【基本案情】

2016年1月11日，陈某新驾驶车号为京AS8×××号重型特殊结构货车行驶至北京市丰台区小屯路小瓦窑公交站人行横道处，将白某敏连人带车撞倒碾轧，造

成白某敏死亡。事故经交管部门认定陈某新为主要责任，白某敏为次要责任。陈某新驾驶的车辆系二建公司所有，并在太平洋北京分公司投保了机动车交强险和100万元商业三者险。为了维护原告的合法权益，诉至法院请求判令被告赔偿原告丧葬费38778元，被抚养人生活费183210元，死亡赔偿金1057180元，精神损害抚慰金100000元。被告二建公司辩称并反诉称：陈某新系我公司司机，发生事故时系职务行为。保险限额外的费用由我公司承担。我公司垫付了2580.25元的医疗费，给了原告30000元现金。要求在本案中一并处理。被告太平洋北京分公司辩称：认可事故事实及责任认定，事故车辆在我公司投保了机动车交强险和100万元商业三者险，因本案的受害人和公司司机系主次责任之分，商业险项下我公司承担70%。死亡赔偿金要求按其户籍性质确定，司机因此事故已被判刑，故不赔偿精神损害抚慰金。白某田户籍登记在别人的名下，从法律上说，不应该由白某敏承担抚养义务，不同意给付其抚养费，不同意承担诉讼费。

【案件焦点】

白某田与死者白某敏是否具有抚养关系，即太平洋北京分公司是否应赔偿白某田被扶养人生活费。

【法院裁判要旨】

北京市丰台区人民法院依照《中华人民共和国侵权责任法》第十六条、第十八条、第二十二条、第二十六条、第三十四条及《中华人民共和国道路交通安全法》第七十六条之规定，作出如下裁判：

一、被告太平洋北京分公司于本判决生效后七日内在交强险限额下给付原告朱某荣、白甲、白乙、白某田丧葬费38778元，死亡赔偿金71222元；

二、被告太平洋北京分公司于本判决生效后七日内在商业三者险项下给付原告朱某荣、白甲、白乙、白某田死亡赔偿金818417.6元；

三、反诉被告朱某荣、白甲、白乙、白某田于本判决生效后七日内给付反诉原告二建公司30000元；

四、驳回原告朱某荣、白甲、白乙、白某田其他诉讼请求；

五、驳回反诉原告二建公司其他反诉请求。

北京市第二中级人民法院经审理认为：二审中，双方当事人的争议焦点为：白某田与死者白某敏是否具有抚养关系，太平洋北京分公司是否应赔偿白某田被扶养人生活费。本案中，白某田出生于2007年3月28日。其户口登记于案外人白某坡户口本上，登记关系为白某坡次子。一审法院审理中，北京玉泉物业管理中心出具证明，证明张某梅（白某田之母）、白某敏、白某田三人自2007年至2016年1月一直共同居住于北京市丰台区张某梅名下房屋内。本院审理中，白甲等四人提交案外人白某坡书写的说明，其中白某坡对同意白某田将户口登记在其户口本上的解释与白某田所述一致。白某坡亦认可白某田与其无血缘关系、收养关系或抚养关系，白某田一直与其父白某敏生活在北京。其所述情况与前述北京玉泉物业管理中心出具的证明中所载白某敏、张某梅、白某田实际居住情况内容可相互印证，证明白某敏去世前一直与白某田共同生活，并形成实际抚养关系。河南省唐河县上屯镇刘元村村民委员会出具的证明可佐证案外人白某坡书写上述说明的真实情况。亲子鉴定结论亦证明，支持标记为“白某敏”字样血样留有者是白某田的生物学父亲。白某敏之妻子儿女朱某荣、白甲、白乙对白某田所述及相关证据均认可。因此，虽白某田户口登记于案外人白某坡户口本上，但户籍登记并非判断法定抚养关系的唯一证据，综合审查上述证据的真实性、合法性、关联性，从优势证据角度考虑，一审法院认定白某田系死者白某敏的被扶养人并无不当，本院予以确认。太平洋北京分公司坚持上诉意见，事实及法律依据不足，本院不予支持。据此，太平洋北京分公司应依法赔偿白某田被扶养人生活费。另外，一审法院综合案件证据及实际情况，依法对白甲等四人主张的各项损失及数额、二建公司主张的医疗费及30000元垫付数额所作认定及处理均属适当。各方当事人均未提出异议，本院亦不持异议。综上所述，太平洋北京分公司的上诉请求不能成立，应予驳回；一审判决认定事实清楚，适用法律正确，应予维持。北京市第二中级人民法院依照《中华人民共和国民事诉讼法》第一百七十条第一款第（一）项之规定，作出如下裁判：

驳回上诉，维持原判。

【法官后语】

本案争议焦点主要是白某田与死者白某敏是否具有抚养关系，即太平洋北京分公司是否应赔偿白某田被扶养人生活费。

在原审法院的审理过程中，北京玉泉物业管理中心出具证明，证明张某梅、白某敏、白某田三人自2007年至2016年1月一直共同居住于北京市丰台区张某梅名下房屋内。亲子鉴定结论亦证明，支持标记为“白某敏”字样血样留有者是白某田的生物学父亲。在二审法院审理过程中，白甲等四人提交案外人白某坡书写的说明，其中白某坡对同意白某田将户口登记在其户口本上的解释与白某田所述一致。白某坡亦认可白某田与其无血缘关系、收养关系或抚养关系，白某田一直与其父白某敏生活在北京。

在审理涉及被扶养人生活费的交通事故案件中，一般将户籍登记作为判断法定扶养关系的证据。但是针对本案的特殊情况，采用的是证据优势规则。具体到诉讼中，若双方当事人所列举的证据都不足以证明案件事实，其中具有优势的一方当事人提供的证据能达到“合理相信的程度”，即其举出的证据使法官确信其成立的可能性大于不成立的可能的情况下，法官就可以认定其主张成立。在判决书中，判决理由集中体现了法官的自由心证，可以说判决主文完全取决于判决理由的演绎推理。它的公开内容和程度直接体现出判决结果的正当性及法官释法的合理性，被视为是架设在判决事实与结论间的桥梁。合理使用证据优势规则，法官将其内心确信形成过程以合理方式写明于判决理由中，让当事人明白看到判决的过程符合法定程序的要求，推理过程也符合经验与逻辑规则，才能够心服口服地接受判决。

编写人：北京市丰台区人民法院　吕艳丽

34

优化一审案件事实的查明模式

——张某诉宁某音、中国平安财产保险股份有限公司北京分公司机动车交通事故责任案

【案件基本信息】

1. 裁判书字号

北京市第二中级人民法院（2017）京02民终第10835号民事判决书

2. 案由：机动车交通事故责任纠纷

3. 诉讼双方

原告（上诉人）：张某

被告（被上诉人）：宁某音、中国平安财产保险股份有限公司北京分公司（以下简称平安北分公司）

【基本案情】

2016年8月18日11时，在北京市东城区东四路口东北角，被告宁某音驾驶的车牌号为京N76×××的小客车与原告骑行的自行车发生交通事故，事故造成原告受伤。经公安交通管理部门认定宁某音负全部责任。事发当日原告至北京大学第一医院就诊，被诊断为头皮裂伤、头皮血肿。首都医科大学附属北京朝阳医院的病历显示原告左侧头皮瘢痕，表面未见毛发生长，周围红斑及黄色脱屑。2016年8月29日，原告在北京大学第一医院就诊，病历记载：右肩、右腕外伤后10天，被诊断为软组织损伤，肩袖损伤。2016年9月7日，原告至首都医科大学附属北京朝阳医院就诊，被诊断为右肩、腕关节扭伤。原告治疗头部伤情过程中自行支付医疗费616.08元，原告治疗右肩、右腕扭伤支付1692.89元。原告于2016年8月29日前治疗头部损伤期间产生交通费147元，2016年9月1日后治疗右肩、右腕损伤产生交通费192元。原告事发时就职于北京乐新中瑞科技有限公司，任商务助理，公司出具的误工证明显示2016年8月18日至9月30日扣发工资数额为16566.7元。原告提供购买食品的发票用以证明营养费的支出情况，同时主张每日200元共计30日的营养费。原告在事故中衣物受损，但未能提交实际损失的相关证据。原告为诉讼打印材料支付306元。

被告宁某音就事故车辆在被告平安北分公司投保有交强险、20万元限额的商业三者险及不计免赔。

【案件焦点】

1. 原告肩、腕部损伤与本次交通事故之间是否具有因果关系；2. 一审判决确定的各项损失数额是否适当。

【法院裁判要旨】

北京市东城区人民法院经审理认为：被告以原告治疗右肩、右腕损伤与本次交通事故不存在关联性予以抗辩，根据原告提交的相关病历内容，事发当日的诊断结果中并未记载有除头部损伤外其他部位受伤的内容，且原告事发后十余日才因右肩、右腕疼痛前往医院就诊，与常理不符，本院难以认定原告肩、腕部损伤与本次交通事故之间具有因果关系，被告的抗辩本院予以采信，故原告因肩、腕部损伤所产生的费用本院不予支持。关于误工费，原告因伤导致误工损失，原告提交了劳动合同、工资表以及社保缴纳证明等证据，本院根据治疗头部外伤的医嘱内容、被告认可的误工期（15天）以及原告的工资发放情况等因素酌情确定误工费的数额为5150元。关于营养费，原告的伤情需要一定的营养支持，原告提交了部分证据，故本院根据原告的实际伤情（头皮裂伤）、参照《北京市人身损害受伤人员误工期、营养期、护理期评定准则》的相关规定酌情确定为600元（15日×40元/日）。关于精神损害抚慰金，原告因伤导致头部受伤，且头皮受损至今仍有瘢痕，对原告的身心造成较大的影响，故该项诉讼请求本院予以支持，具体数额酌定为2000元。

北京市东城区人民法院依照《中华人民共和国侵权责任法》第十六条、第十九条、第四十八条，《中华人民共和国道路交通安全法》第七十六条，《最高人民法院关于审理道路交通事故损害赔偿案件适用法律若干问题的解释》第十六条之规定，判决如下：

一、被告平安北分公司于本判决生效后十五日内在机动车交通事故强制保险限额内赔偿原告张某医疗费616.08元、交通费147元、误工费5150元、财产损失500元、营养费600元、精神损害抚慰金2000元，共计9013.08元；

二、驳回原告张某的其他诉讼请求。

张某不服一审判决，提出上诉。北京市第二中级人民法院经审理认为：关于张某所提一审判决认定各项损失数额不当一节，张某主张其因交通事故除造成头部伤外，还造成肩、腕受伤，因头部伤势较重，故前期一直在治疗头部伤。在卷北京大学第一医院急诊处方笺虽未显示张某肩、腕受伤，但在二审审理过程中，宁某音述称其在事发后陪同张某就医，张某在前往北京大学第一医院就诊前，先至隆福医院就诊，医生曾对张某的手进行了包扎，但在隆福医院没有挂号亦未交费。根据在场人员宁某音的陈述，法院认为张某所述事故除造成头部受伤外，还造成肩、腕受伤事实存在，一审判决对此所作认定和处理欠妥，本院予以纠正。

张某主张其因伤支出医疗费 3020. 59 元，经本院核对在卷医疗票据及挂号条，张某自行支付医疗费金额为 2598. 95 元。关于误工费，误工费根据受害人的误工时间和收入状况确定。误工时间根据受害人接受治疗的医疗机构出具的证明确定。考虑张某因治疗肩腕伤及休养确会造成一定误工，本院对一审判决认定的误工费数额酌予调整；根据在案医院证明医嘱休息天数，结合张某工资发放情况，本院确定张某因伤发生误工损失 15450 元。关于交通费，交通费根据受害人及其必要的陪护人员因就医或者转院治疗实际发生的费用计算。交通费应当以正式票据为凭；有关凭据应当与就医地点、时间、人数、次数相符合。张某主张其因就医发生交通费损失 329 元并提交相关出租车票，本院对与就医时间相符的部分予以认定，共计 247 元。

北京市第二中级人民法院依照《中华人民共和国民事诉讼法》第一百七十条第一款第（二）项之规定，判决如下：

一、维持北京市东城区人民法院（2017）京 0101 民初 14747 号民事判决第二项；

二、变更北京市东城区人民法院（2017）京 0101 民初 14747 号民事判决第一项为：平安北分公司于本判决生效后十五日内在机动车交通事故责任强制保险限额内赔偿张某医疗费 2598. 59 元、交通费 247 元、误工费 15450 元、财产损失 500 元、营养费 600 元、精神损害抚慰金 2000 元，共计 21395. 59 元。

【法官后语】

本案在二审时出现了新的事实，导致二审法院认定原告因交通事故造成了肩、腕受伤。虽然一审中被告未自认曾陪同原告包扎手，法官也通过鉴定机构的专业人员进行咨询肩、腕受伤与本次交通事故之间不具有因果关系，形成了一审法官的内心确信具有一定的合理合法性，但是该案仍为一审法官在查明案件事实时敲响了警钟。在查明案件事实时，要突出重点、讲究方式方法，从双方的陈述中找出案件事实的焦点，围绕焦点、重点让当事人双方进行陈述。

因距离案件事实发生时间较短，一审相较于二审更有利于查清案件事实。因此对于一审法官，在审理过程中查清案件事实成了关键。在机动车交通事故责任纠纷中，交通事故认定书中记载的事故发生经过以及责任认定成了法官审查事实的主要依据，但一般其记载较为简略，无法最大程度还原事故发生经过。因此在庭审中，双方当事人的陈述尤为重要。针对双方争议焦点，法官应当着重询问细节，如本案中可以询问当时事故发生时原告的身体如何着地、撞击的部位、受伤后看病的经过等。法官在庭审中应当合理引导双方当事人对于事故进行完整、详细的描述，切莫凭借办案经验与直觉随意打断当事人陈述以免遗漏细节，如此使双方积极履行提供证据的责任，通过在原、被告之间转换这种责任，尽可能还原事实真相。只有通过当事人陈述、书证、物证等组成完整的证据链，才能真正说服法官，使法官形成内心确信。因此，法官对于庭审尤其是质证环节的掌控能力、引导能力对案件事实的查明至关重要，要充分利用好当事人双方的质证，结合证据查明案件事实。

这一案例同时也提示法官在审理机动车交通事故责任纠纷的案件时，对于受伤部位与交通事故的因果关系的认定，最优方式则通过专业鉴定。但一般情况下，并不是所有的损伤都可随时选择鉴定时机，如体表损伤，适合至少在事故发生后三个月内创口愈合、缝线拆除的情况下申请鉴定，法官对于专业知识的了解有利于为当事人节约诉讼时间与成本。对于一些受伤轻微、较为简单的损伤如无通过鉴定确定是否具有因果关系时，可以考虑确定受伤部位在多久之后出现一定与本次交通事故没有因果关系，如果当事人在合理的时间内发现了新的受伤部位，结合双方当事人的陈述、书证、物证就可认定与交通事故的因果关系。因为实践中，很多当事人在事故发生时由于一时的惊慌无法在现场发现身体的不适，尤其是脑部、内部的一些损害，无法在短时间内察觉，因此，在涉及认定受伤部位是否与交通事故具有因果关系时，要慎之又慎。

编写人：北京市东城区人民法院　乔宇

四、交通事故保险理赔

35

保险公司履行了告知义务后驾驶员肇事逃逸 商业三者险是否赔偿

——吴某芝诉中国人民财产保险股份有限公司绥化市分公司、华安财产保险股份有限公司绥化中心支公司机动车交通事故责任案

【案件基本信息】

1. 裁判书字号

黑龙江省绥化市中级人民法院（2016）黑12民终第972号民事判决书

2. 案由：机动车交通事故责任纠纷

3. 当事人

原告（上诉人）：吴某芝

被告（被上诉人）：中国人民财产保险股份有限公司绥化市分公司（以下简称中国人民财产保险公司）

被告：华安财产保险股份有限公司绥化中心支公司（以下简称华安保险公司）

【基本案情】

2016年1月5日5时许，刘某忠驾驶徐某志名下的黑MX8×××号小型汽车由东向西行驶至绥化市北林区南四西路兴旺小区门前时，与正在道路上作业的环卫工人吴某芝相撞，造成吴某芝受伤、车辆受损的道路交通事故。事故发生后，刘某忠驾驶肇事车辆脱离事故现场，后又驾驶肇事车辆返回事故现场，肇事现场被破坏。

此起交通事故经公安局交通警察支队道路交通事故认定书认定为黑MX8×××号机动车驾驶人刘某忠承担此起道路交通事故的全部责任；环卫工人吴某芝在此起事故中不承担责任。吴某芝起诉要求二保险公司承担赔偿责任，但中国人民财产保险公司抗辩肇事车辆在发生交通事故后，肇事司机脱离事故现场，属于《机动车第三者责任保险合同》第二十四条约定的责任免除范围，不同意在商业第三者责任险限额内赔偿。该公司向二审法院提交机动车综合商业保险免责事项说明书。证明投保人对免责条款已经签字确认。

【案件焦点】

1. 商业第三者保险合同中对免除责任条款履行告知义务的签字是否为投保人本人签字；2. 投保人在保险合同中签署“保险人已明确说明免除保险人责任条款的内容及法律后果”，肇事后保险公司是否应当赔偿；3. 保险公司已对投保的商业三者险的肇事车辆财产损失予以赔偿，是否构成保险法中的弃权。

【法院裁判要旨】

一审法院经审理认为，刘某忠驾驶徐某志名下的MX8×××号机动车发生交通事故，导致吴某芝受伤，刘某忠承担此起交通事故的全部责任，作为承保交强险的华安保险公司应在交强险限额范围内承担赔偿责任。吴某芝住院医疗费、残疾赔偿金、误工费、护理费合计63931元，应由华安保险公司在交强险限额范围内予以赔偿。不足部分医疗费46000元、营养费3000元及鉴定费3320元，合计52320元应按中国人民财产保险公司与肇事车辆签订的保险合同在商业三者险限额内予以赔偿。但由于肇事司机刘某忠肇事后，驾驶肇事车辆脱离事故现场，后又驾驶肇事车辆返回事故现场，使肇事现场被破坏。根据《中国人民财产保险股份有限公司机动车综合商业保险条款》第二十四条，事故发生后，驾驶人在未依法采取措施的情况下驾驶被保险机动车或者遗弃被保险机动车离开事故现场保险人均不负责赔偿的规定，人民财产保险公司拒绝赔偿的抗辩理由有理，应予支持。判决：

一、被告华安保险公司在交强险限额范围内赔偿原告吴某芝医疗费10000元，残疾赔偿金34818元，误工费7500元，护理费11613元，合计63931元；

二、驳回原告吴某芝的其他诉讼请求。

吴某芝不服一审判决，提起上诉。二审法院经审理认为，中国人民财产保险公司在二审中举证投保人在签订商业三者险保险合同时已就免责条款签字确认，其已经尽到明确告知义务，发生保险事故免责条款生效。吴某芝举证免责条款非投保人签字。在双方均不主张对签名鉴定的情况下，法院依据已经查明的事实进行认定。保险中的诚信原则被称为最大的诚信原则。我国保险合同中的最大诚信原则有四项基本内容，即告知、保证、弃权和禁止反言。其中弃权是指合同一方当事人清楚地知道对方存在违反合同的情形，却做出某种行为，表示其不加反对甚至同意时，该方的行为就构成法律上的弃权，导致其原有的某项合同权利暂时甚至最终丧失。禁止反言也称禁止反悔、禁止抗辩或者失权，是指放弃在保险合同中可以主张的某种权利，尔后便不得再向他方主张该种权利。本案交通事故发生后，中国人民财产保险公司在理赔环节已经按照商业三者险保险合同赔付了投保人财产损失。按照上述原则，应视为其对合同中第八条即“驾驶人员事故发生后在未依法采取措施的情况下驾驶被保险机动车或者遗弃被保险机动车离开事故现场保险公司不负责赔偿”这一免责条款的放弃。其在一审主张涉案车辆的驾驶员刘某忠的行为属于保险合同第二十四条第二款第（一）项规定的免责条款，该免责条款与合同中第八条规定的免责条款相同。其主张免责的权利因其在财产理赔环节的放弃行为而导致最终失权。一审法院支持保险公司的这一主张有悖法律规定和保险原则。吴某芝请求中国人民财产保险公司在商业三者责任保险范围内赔偿其医疗费、营养费的上诉请求有理，应予支持。被上诉人中国人民财产保险公司赔偿上诉人吴某芝医疗费 46000 元及营养费 3000 元。

关于吴某芝主张鉴定费问题属于保险法规定的费用，应当依法由保险人承担。

综上所述，吴某芝的上诉请求成立，应予支持；依照《中华人民共和国民事诉讼法》第一百七十条第一款第（二）项规定，判决如下：

一、维持黑龙江省北林区人民法院（2016）黑 1202 民初字 1140 号民事判决书第一项；

二、撤销黑龙江省北林区人民法院（2016）黑 1202 民初字 1140 号民事判决第二项；

三、被上诉人中国人民财产保险公司于判决生效后十日内赔偿上诉人吴某芝医疗费 46000 元、营养费 3000 元，合计 49000 元。

【法官后语】

法律原则是法律规范的基础或在法律中较为稳定的原理和准则，它不预先设定任何确定而具体的事实状态，也没有规定具体的权利义务和责任。法律规则又称法律规范，是立法者将具有共同规定性的社会或自然事实通过文字赋予其法律意义。法律规则与法律原则相比具有优先适用性。法律原则只有在穷尽法律规则时，为实现个案争议方得适用。本案是在法律规则难以支持原告诉讼主张的情况下，适用法律原则处理的一起机动车交通事故案件。

最大诚信原则是民商法诚实信用原则在保险法中的具体运用和发展，其功能有三点：一是确实诚实守信；二是平衡当事人之间各种利益冲突和矛盾；三是解释法律和合同的作用。保险合同中的最大诚信原则有四项基本内容，告知、保证、弃权和禁止反言。弃权是指保险人享有基于法律规定或保险合同而产生的抗辩权利，保险人知悉投保人或被保险人违反法定或约定义务的事实，保险人作出弃权的意思表示，构成法律上的弃权，导致其原有的某项合同权利暂时甚至最终丧失。本案中驾驶员刘某忠肇事后驾驶肇事车辆脱离事故现场，虽然后来又驾驶肇事车辆返回事故现场，但仍构成保险合同第二十四条第二款第（一）项规定的“驾驶人员事故发生后在未依法采取措施的情况下驾驶被保险机动车或者遗弃被保险机动车离开事故现场保险公司不负责赔偿”的免除保险人责任情形。但是由于事故发生后，中国人民保险公司在明知刘某忠驾车脱离事故现场的情况下在理赔环节仍然对车辆的财产损失作出赔偿，其行为明确表示放弃这一抗辩权利，构成保险法中的弃权。

禁止反言也称禁止反悔、禁止抗辩或者失权，是指放弃在保险合同中可以主张的某种权利，尔后便不得再向他方主张该种权利。本案中中国人民财产保险公司在理赔环节已经按照商业三者险保险合同赔付了投保人财产损失。按照上述原则，应视为其对合同中免责条款的放弃。不得再主张该项权利。

本案在处理中还结合保险法立法原则、原告人经济状况等各种因素。众所周知，保险是人类抗御自然灾害和意外事故的共同行为，体现的是“人人为我，我为人人”的互助协作精神。保险人在事故发生后会查找各种理由拒绝或减少赔偿，法院如果按照其抗辩不加辨析地支持其主张势必与保险法立法原则相悖。本案原告吴某芝是一名清洁工人，收入微薄，家庭生活十分困难。交强险赔偿后仍有49000余元的医药费、营养费没有得到支持，这对收入微薄的困难家庭来说是一笔巨额债务。本起事故造成吴某芝骨盆等两处骨折，构成两个十级伤残，短期内不能工作。二审法院综合考量以上因素作出二审判决，判后各方当事人均服判且已经履行完毕，收到较好的社会效果。

编写人：黑龙江省绥化市中级人民法院 张敏

36

保险公司先行垫付的医疗费在赔偿时应如何正确扣除

——王某红诉永安财产保险股份有限公司邯郸中心支公司等机动车交通事故责任案

【案件基本信息】

1. 裁判书字号

山东省淄博市中级人民法院（2017）鲁03民终第1161号民事判决书

2. 案由：机动车交通事故责任纠纷

3. 当事人

原告（被上诉人）：王某红

被告（上诉人）：永安财产保险股份有限公司邯郸中心支公司（以下简称永安财险）

被告：宿某平、邯郸市华宇运输有限公司（以下简称华宇公司）

【基本案情】

宿某平驾驶冀DM2×××－冀DQ×××挂号重型半挂车与其前方等候信号灯的王某森驾驶的鲁BL8×××－鲁BJ×××挂号重型半挂车相撞后，又与前方等候信号灯的张某亮驾驶的鲁G65×××号中型货车和侯某种驾驶的冀DL0×××－冀DX×××挂号重型半挂车相撞，造成连续四车追尾事故，致乘坐鲁G65×××号中型货车的王某红受伤。交警认定宿某平负此事故的全部责任，王某森、张某亮、王某红、侯某种无责任。冀DM2×××－冀DQ×××挂号重型半挂车挂靠在华宇公司，实际所有人为宿某平。该车在永安财险投保交强险和商业三者险。交强险具体限额为：死亡伤残赔偿限额110000元、医疗费用赔偿限额10000元和财产损失赔偿限额2000元。商业三者险限额主车为500000元、挂车为200000元，投保不计免赔。涉案事故发生在保险期间内。事故发生后，永安财险垫付王某红医疗费10000元。经核实确认王某红共支出医疗费141570.1元。王某红起诉要求赔偿医疗费131570.1元。对于已经垫付的10000元，永安财险辩称应在交强险的赔偿范围内予以扣除。

【案件焦点】

保险公司垫付的医疗费10000元应在交强险中扣除还是应在商业三者险中扣除。

【法院裁判要旨】

山东省桓台县人民法院经审理认为：永安财险应在冀DM2×××－冀DQ×××挂号重型半挂车第三者强制保险责任限额范围内赔偿王某红的医疗费10000元；超出交强险责任限额的医疗费131570.1元，由永安财险在商业三者险保险责任限额内赔偿。因永安财险先行垫付王某红医疗费10000元，扣减后赔偿数额为121570.1元。王某红在本次诉讼中仅主张了医疗费，对其他赔偿费用保留诉求，不违背法律规定，依法予以确认。因王某红主张的赔偿数额未超出保险范围，故宿某平、华宇公司在本案中不需承担赔偿责任。据此，一审判决：

一、永安财险在交强险责任限额内赔偿王某红医疗费10000元；

二、永安财险在商业三者险责任限额内赔偿王某红医疗费121570.1元。

永安财险提起上诉称：事故发生后无责方应承担医疗费的无责赔付，故一审应当扣减鲁BL8×××、鲁G65×××、冀D0×××三车的交强险各1000元；其已在交强险中垫付10000元，但一审判决交强险赔偿10000元而在商业三者险中扣减医疗费10000元不合理。山东省淄博市中级人民法院认为：根据相关规定，多车事故造成第三人损害的，应首先由承保各机动车交强险的各保险公司在其承保的交强险责任限额范围内承担赔偿责任，其中有责机动车的交强险在有责赔偿限额范围内承担赔偿责任，无责机动车的交强险则在无责任赔偿限额范围内承担赔偿责任。王某红对于其所在的鲁G65×××号中型货车的交强险而言并非第三者，故鲁G65×××号中型货车的交强险无须承担赔偿责任。本案中王某红只主张了医疗费131570.1元，且在本案一审起诉时未将无责任的鲁BL8×××-鲁BJ×××挂号重型半挂车和冀DL0×××-冀DX×××挂号重型半挂车的保险公司列为被告参加诉讼，故在确定医疗费赔偿时应扣除上述二车辆的保险公司在交强险无责任医疗费用赔偿限额内应承担的赔偿数额各1000元，共计2000元，该2000元王某红可另行主张，但不应由冀DM2×××-冀DQ×××挂号重型半挂车的保险公司即永安财险承担。故认定永安财险的医疗费赔偿责任时应首先将上述2000元予以扣除，剩余的129570.1元则由永安财险承担。关于永安财险已垫付的医疗费10000元在机动车保险赔偿中应如何处理的问题。根据相关规定，保险公司垫付医疗费用建立在其承保交强险基础之上，其在交强险的医疗费用赔偿限额范围内垫付的医疗费用实际应为其交强险的医疗费用赔偿。故永安财险已垫付的医疗费10000元在保险赔偿时已转化为其在交强险的医疗费用赔偿限额内的赔偿。因交强险的医疗费用赔偿限额即为10000元，故交强险的医疗费用赔偿限额已经用尽，因此本案中交强险不应再行赔偿。一审法院在此情况下仍然判决永安财险在交强险责任限额内赔偿王某红医疗费10000元不当。故对于上述剩余的129570.1元，应由永安财险在商业三者险范围内依法承担赔偿责任。据此，二审判决：

一、撤销一审判决；

二、永安财险在商业三者险责任限额内赔偿王某红医疗费129570.1元；

三、驳回王某红的其他诉讼请求。

【法官后语】

本案涉及的一个主要问题在于，保险公司先行垫付的医疗费在赔偿时应如何正确扣除。具体而言就是该费用是应在交强险中扣除还是应在商业三者险中扣除。

本案中，驾驶冀DM2×××-冀DQ×××挂号重型半挂车的宿某平承担事故的全部责任，另外三方无责任。事故发生后，承保冀DM2×××-冀DQ×××挂号重型半挂车交强险和商业三者险的保险公司即永安财险向受害人王某红先行垫付了医疗费10000元。对于该垫付的医疗费10000元，王某红在本案向永安财险主张医疗费赔偿时予以扣除当无异议，其在起诉时也确实已经扣除了该10000元（本案中王某红共支出医疗费141570.1元，王某红起诉要求赔偿医疗费131570.1元）。

但问题却在于，对于保险公司垫付的这10000元医疗费，人民法院在判决时应如何正确扣除。一审认定永安财险应在交强险责任限额范围内赔偿王某红医疗费10000元，超出交强险责任限额的医疗费131570.1元在商业三者险保险责任限额内赔偿，因永安财险先行垫付王某红医疗费10000元，扣减后赔偿数额为121570.1元。一审的这一认定实际上等于是最终从商业三者险中扣除了医疗费10000元。而二审则认定该垫付的医疗费10000元应首先从交强险中扣除，具体是从交强险的医疗费用赔偿限额扣除，扣除后交强险的医疗费用赔偿限额已经用尽，故交强险对于医疗费无须再行赔偿。而要对这一问题正确认定，就必须对保险公司垫付费用的法律属性和法律适用予以正确理解和把握。

对于承保交强险的保险公司的垫付费用问题，《机动车交通事故责任强制保险条例》第三十一条第一款规定："保险公司可以向被保险人赔偿保险金，也可以直接向受害人赔偿保险金。但是，因抢救受伤人员需要保险公司支付或者垫付抢救费用的，保险公司在接到公安机关交通管理部门通知后，经核对应当及时向医疗机构支付或者垫付抢救费用。"目前的《机动车交通事故责任强制保险条款》第二十一条则规定："被保险机动车发生涉及受害人受伤的交通事故，因抢救受害人需要保险人支付抢救费用的，保险人在接到公安机关交通管理部门的书面通知和医疗机构出具的抢救费用清单后，按照国务院卫生主管部门组织制定的交通事故人员创伤临床诊疗指南和国家基本医疗保险标准进行核实。对于符合规定的抢救费用，保险人在医疗费用赔偿限额内支付。被保险人在交通事故中无责任的，保险人在无责任医疗费用赔偿限额内支付。"因此，保险公司垫付医疗费用建立在其承保交强险的基础之上，其垫付的医疗费用不能超出交强险的医疗费用赔偿限额。而根据目前的《机动车交通事故责任强制保险条款》第八条的规定，在被保险人有责任时，交强险各赔偿分项的责任限额中医疗费用赔偿限额为10000元。因此，通常情况下保险公司在垫付医疗费时数额最高即为10000元。这也是实践中保险公司在事故发生后最多只垫付10000元医疗费的原因所在。既然保险公司垫付的10000元医疗费是在交强险的医疗费用赔偿限额内支付的，那么换言之，该10000元医疗费实际就是其交强险的医疗费用赔偿，只不过是在事故发生后先行垫付而已。因此，在受害人要求保险公司赔偿的机动车交通事故责任案件中，保险公司已垫付的医疗费10000元在保险赔偿时已转化为其在交强险的医疗费用赔偿限额内的赔偿，因此应首先从交强险的医疗费用赔偿限额内扣除，且扣除后交强险的医疗费用赔偿限额已经用尽。因此，交强险对于医疗费不应再行赔偿，其余的医疗费则依法再行由商业三者险赔偿。本案二审对于永安财险已垫付的医疗费10000元的处理即遵循了这一正确思路。虽然对于受害人而言其无所谓从交强险还是商业三者险中获得赔偿，但本案一审的处理方法则等于是让交强险实际赔偿两次医疗费10000元，即交强险赔偿了医疗费20000元，明显超出了交强险10000元的医疗费用赔偿限额，等于让交强险多赔偿了10000元和商业三者险少赔偿了10000元，显然违反了法律规定的交强险赔偿所应遵循的分项赔偿原则和保险理赔规则，属于适用法律错误。二审对此依法予以纠正无疑是正确的。

编写人：山东省淄博市中级人民法院　荣明潇

37

保险公司以驾驶员无从业资格证拒赔商业三者险的免责条款不当然无效

——蔡某武诉杨某等机动车交通事故责任案

【案件基本信息】

1. 裁判书字号

广东省揭阳市中级人民法院（2017）粤52民终第434号民事判决书

2. 案由：机动车交通事故责任纠纷

3. 当事人

原告（被上诉人）：蔡某武

被告（上诉人）：中华联合财产保险股份有限公司揭阳市普宁支公司（以下简称保险公司）

被告：杨某、普宁市宝成的士出租有限公司（以下简称宝成公司）

【基本案情】

2016年12月23日8时12分左右，杨某驾驶粤VJM×××小型出租轿车从普宁高铁站沿普宁大道往普宁市流沙万泰城方向行驶，当行驶至普宁大道泗竹埔村路段时，与蔡某武驾驶的超标二轮电动车发生碰撞，造成蔡某武受伤及双方车辆受损的交通事故。2017年1月7日，普宁市公安局交通警察大队作出《道路交通事故认定书》，认定杨某承担主要责任，蔡某武承担次要责任。

宝成公司系粤VJM×××小型轿车的登记车主，其就该车在保险公司投保了交强险和责任限额为500000元且不计免赔的商业三者险，被保险人均为宝成公司，交强险的保险期间自2016年6月8日起至2017年6月7日止，商业三者险的保险期间自2016年5月1日起至2017年4月30日止。

二审期间，保险公司提交：1. 投保单一份，证明宝成公司在投保时，保险公司提交完整打印的投保单，经宝成公司盖章确认，并且投保人作出相关声明，“声明保险公司已向投保人详细介绍交付保险合同条款，并对保险合同和特别约定中有关免除保险人责任条款的概念内容及法律后果向本人作了说明。本人对保险人的说明完全理解、同意，特此确认”。2. 机动车综合商业保险条款一份，根据条款第二章第二十四条第二款第五小点，实习期内驾驶公共汽车、营运客车，属于免责。

【案件焦点】

出租车驾驶员杨某没有从业资格证，保险公司应否承担商业三者险的赔偿责任。

【法院裁判要旨】

广东省普宁市人民法院经审理认为：事故发生时，被保险车辆粤VJM×××小型轿车在年审检验合格有效期内，杨某的准驾车型适格，符合普通人对“驾驶人已有国家有关部门核发的有效资格证书”的一般理解，本案无证据证明保险公司在承保时就“驾驶被保险车辆的驾驶人需持有揭阳市道路运输部门颁发的从业资格证，否则保险人的商业三者险责任免除”向投保人尽明确说明义务，因此，保险公司以杨某未持有揭阳市道路运输部门颁发的从业资格证为由，提出对超过交强险部分的损失不承担赔偿责任的答辩意见，理由不成立，不予采纳。

综上所述，广东省普宁市人民法院依照《中华人民共和国侵权责任法》第十六条、第二十二条，《最高人民法院关于审理道路交通事故损害赔偿案件适用法律若干问题的解释》第十六条，《最高人民法院关于审理人身损害赔偿案件适用法律若干问题的解释》第十七条第一款和第二款、第十九条、第二十条、第二十一条、第二十二条、第二十三条、第二十四条、第二十五条第一款，《最高人民法院关于适用〈中华人民共和国民事诉讼法〉的解释》第九十条之规定，判决如下：

一、被告保险公司应于本判决生效之日起十日内在交强险和商业三者险责任限额内赔偿原告蔡某武91660.55元；

二、驳回原告蔡某武的其他诉讼请求。

保险公司不服，提出上诉。广东省揭阳市中级人民法院经审理认为：依据保险公司提供的机动车综合商业保险条款及投保单，其中《机动车第三者责任保险条款》有关于“下列情况下，不论任何原因造成的人身伤亡、财产损失和费用，保险人均不负责赔偿：……驾驶出租机动车或营业性机动车无交通运输管理部门核发的许可证书或其他必备证书”的约定，宝成公司作为投保人已经在投保单声明中盖章确认“保险人已向本人详细介绍并交付了所投保险合同的条款，并对保险合同和特别约定中有关免除保险人责任条款的概念、内容及其法律后果向本人作了明确说明，本人对保险人的说明完全理解、同意”，应认定保险公司已履行明确说明义务，该免责条款对双方当事人具有约束力。而涉案车辆的保险单载明车辆的使用性质为出租、租赁营业车，在杨某未能提供交通运输管理部门核发的许可证书或其他必备证书的情况下驾驶该出租、租赁营业车，根据保险合同约定属于免责情形，保险公司不应承担商业三者险赔偿责任。

广东省揭阳市中级人民法院依照《中华人民共和国民事诉讼法》第一百七十条第一款第（一）项、第（二）项之规定，作出如下判决：

一、撤销普宁市人民法院（2017）粤5281民初907号民事判决第一、二项；

二、保险公司应于本判决生效之日起十日内在交强险责任限额内赔偿蔡某武67286.18元；

三、杨某应于本判决生效之日起十日内赔偿蔡某武24374.37元。

【法官后语】

近年来，保险公司就从业资格证的问题提出上诉的案件非常多，审判实践中大多数意见认为，从事运输行业的驾驶员无相关从业资格证，并不能显著增加机动车发生交通事故的概率进而增大保险公司理赔的风险，不能成为保险公司免除其承担商业三者险赔偿责任的免责事由，并适用《中华人民共和国保险法》第十九条规定，保险公司提供的格式条款中免除保险人依法应承担的义务，加重投保人、被保险人责任，或者排除投保人、被保险人或者受益人依法享有的权利的，该条款无效。二审法院认为，保险公司以驾驶员无从业资格证拒赔的免责条款并不当然无效。

首先，本案争议的焦点是保险公司应否承担商业三者险赔偿责任的问题，而商业三者险有别于交强险，应尊重当事人在保险合同中的约定，受保险合同的约束。

其次，本案的涉事车辆是营运出租车，《机动车第三者责任保险条款》的免责条款约定具体、明确，不产生歧义，投保单中的投保声明也已由投保人在投保单声明中盖章确认，不仅证明保险公司在保险合同订立时已采用足以引起投保人注意的提示，并对免责条款尽到了明确说明义务，投保人也已充分理解免责条款，故该免责条款对双方均产生法律效力，该案的判决对处理同类交通事故纠纷案件提供了较高的参考价值。

最后，从构建和谐社会出发，加强社会综合治理的角度考虑，本案的判决有利于增强对营运性车辆的规范管理，促进道路运输行业的自我完善，从而保障道路运输安全。

编写人：广东省揭阳市中级人民法院　李翠梅

38

因保险人提供格式条款中的免责内容约定不明确产生理解争议应当如何处理

——卜某丽诉向某江等机动车交通事故责任案

【案件基本信息】

1. 裁判书字号

天津市第二中级人民法院（2017）津02民终第7061号民事判决书

2. 案由：机动车交通事故责任纠纷

3. 当事人

原告（被上诉人）：卜某丽

被告（上诉人）：中国平安财产保险股份有限公司达州中心支公司（以下简称平安保险达州公司）

被告：向某江、达州市富安汽车运输有限责任公司（以下简称达州富安公司）

【基本案情】

2017 年 1 月 16 日 9 时 55 分，向某江驾驶牌号川 S59××× 号货车行驶至事故地点，因精力不集中，其车前部与前方停车等候信号灯津 G02××× 号轿车后部、冀 B9F××× 小客车后部发生相撞，造成李某受伤、三车受损的交通事故。经交警部门认定：向某江承担事故全部责任，李某、郑某栢无责任。向某江驾驶机动车登记为达州富安公司所有，实际所有人为向某江，双方系挂靠关系。该车在平安保险达州公司投保交强险一份、商业三者险 1000000 元，附带不计免赔，事故发生在保险期间。津 G02××× 号轿车登记为卜某丽所有，事故发生后，该车已经维修完毕并支付维修费 126000 元。平安保险达州公司认为维修费用数额过高，向法院申请重新评估，法院经审查予以准许，并依法指定评估鉴定机构为津 G02××× 号轿车车辆损失重新鉴定，评估意见为津 G02××× 号轿车车辆损失为 98238 元。

平安保险达州公司认为向某江事发时未取得从业资格证，不应予以赔偿，并向二审法院提交了加盖投保人达州富安公司印章的投保提示、投保单、保险条款，其中责任免除部分约定，驾驶出租机动车或营业性机动车无交通运输部门核发的许可证书或其他必备证书，无论任何原因造成的人身伤亡、财产损失和费用，保险人均不负责赔偿。但卜某丽、向某江对上述投保提示、投保单、保险条款均提出异议。

【案件焦点】

保险人提供格式条款中的免责内容约定不明确，导致双方产生理解争议，法院对此应当如何处理。

【法院裁判要旨】

天津市滨海新区人民法院经审理认为：向某江驾驶机动车因精力不集中，导致该车与李某驾驶的机动车、郑某栢驾驶的机动车发生碰撞，交警部门根据查明的事实，据此认定向某江承担事故全部责任，李某、郑某栢无责任。经审查，交通管理部门出具的交通事故认定书认定事实清楚，责任划分准确，予以认定。关于卜某丽主张车辆损失费由法院依法委托评估机构的评估鉴定意见予以证实，应予支持。卜某丽主张的拆解费、施救费属于为处理受损车辆所支出的必要费用，亦予以支持，并确定卜某丽上述经济损失共计111238元。因本次交通事故中向某江驾驶的车辆还造成另外一辆机动车受损，交强险应当为其预留相应份额。另外，卜某丽当庭放弃冀B9F×××号车交强险无责限额100元，予以照准。

天津市滨海新区人民法院依照《中华人民共和国侵权责任法》第六条第一款、第十九条、第四十八条，《中华人民共和国道路交通安全法》第七十六条第一款等规定，判决如下：

一、平安保险达州公司于本判决生效后十日内在交强险限额内赔偿卜某丽经济损失1000元、在商业三者险限额内赔偿卜某丽经济损失110138元；

二、驳回卜某丽的其他诉讼请求。

平安保险达州公司不服原审判决，提起上诉。天津市第二中级人民法院经审理认为：一方面，平安保险达州公司提交的投保人声明、投保单虽有投保单位达州富安公司印章，但投保单日期有两处明显改动，投保人声明为一个独立单页，与该投保单不能形成一个整体，不能认定上诉人履行了提示说明义务。另一方面，根据《中华人民共和国合同法》第四十一条规定，平安保险达州公司提交的保险格式条款未具体明确交通运输部门核发的许可证书或其他必备证书的名称，在向某江提出异议的情况下，应当作出不利于保险格式条款制定者平安保险达州公司的解释，不能免除其赔偿责任。

天津市第二中级人民法院依照《中华人民共和国民事诉讼法》第一百七十条第一款第（一）项之规定，作出如下判决：

驳回上诉，维持原判。

【法官后语】

保险合同一般都是依照保险人预先拟定的保险条款订立，投保人只要填上被保险车辆信息、被保险人信息、保险金额、保险期限等信息，经保险人同意并由投保人交纳保费，保险合同成立并生效，双方依此确定权利义务。保险合同中含有大量的免除保险人责任的条款，双方如对此发生争议，就涉及《中华人民共和国合同法》第四十一条规定的“格式合同的解释”。

结合本文探讨的问题及《中华人民共和国合同法》第四十一条规定，在排除格式条款无效的前提下，如果对保险合同中免除保险人责任条款理解发生争议的，首先考虑照通常理解予以解释，如有两种以上解释，应作出不利于保险人的解释。那么当免除保险人责任的格式条款内容约定不明确，对此产生的争议，能否直接作出对保险人不利的解释？对此，答案应当是否定的。根据我国《中华人民共和国合同法》的规定，格式条款也属于合同条款的一种，如果约定不明确并由此产生争议，应当结合《中华人民共和国合同法》第六十一条“合同约定不明的补救”的规定、《中华人民共和国合同法》第六十二条“合同约定不明时的履行”的规定、《中华人民共和国合同法》第一百二十五条“合同解释”的规定。因此，在保险人提供格式条款中的免责内容约定不明确并产生理解争议时，重点审查所涉及保险合同的词句、条款、一般人通常理解、合同目的、交易习惯、诚实信用原则，并由此确定免除保险人责任条款的真实意思，如果依照上述仍然不能确定的，才能最终作出不利于格式条款制作者即保险人的解释。

本案中，保险人提供免责条款中约定的驾驶营业性机动车无交通运输部门核发的“许可证书或其他必备证书”未作明确约定由此产生理解争议。一方面，根据我国道路运输行政管理部门的规定，存在着多种相关类型的道路运输证书，本案保险合同中的上下文中也未对此作出明确约定，如果按照保险合同约定保险人承担赔偿责任，那么将意味着投保人必须知悉全部规定并取得全部的道路运输证书，这样势必强人所难，且超出一般人理解范围，不适当加大了投保人的成本。另一方面，投保人必须依赖于保险人的说明才能完全了解保险合同的内容。本案保险人提交的投保提示及确认不能形成一个完整整体，投保日期有明显改动，保险人未对投保人尽到明确的提示说明义务，这些因素均明显不符合保险交易习惯及诚信原则，也不利于实现保险合同投保人的合法利益。法院根据上述两个方面考虑，最终作出了不利于保险人的解释。

编写人：天津市滨海新区人民法院　张艳辉

39

保险条款中争议条款的理解与适用

——杨某芬诉永诚财产保险股份有限公司合肥中心支公司等机动车交通事故责任案

【案件基本信息】

1. 裁判书字号

江苏省常州市中级人民法院（2018）苏04民终第394号民事判决书

2. 案由：机动车交通事故责任纠纷

3. 当事人

原告（被上诉人）：杨某芬

被告（上诉人）：永诚财产保险股份有限公司合肥中心支公司（以下简称永诚保险公司）

被告（被上诉人）：合肥欧凯货运有限公司、李某

【基本案情】

2016年4月29日22时00分左右，在苏342线与潘南线十字交叉路口，刘某国驾驶皖A5C×××重型半挂牵引车/苏B6×××挂重型平板半挂车沿苏342线由西向东行驶至与潘南线十字交叉路口，遇路口直行红灯继续通行，恰遇赵某玉驾驶苏DZ3×××号小型轿车、高某驾驶苏BY2×××号小型轿车、钮某平驾驶蓄电池观光车（乘坐杨某芬）由南向北行驶至该路口，半挂货车避让时车上货物滚下砸到上述三车及路口监控设施，致高某、钮某平、杨某芬受伤、四车及监控设施不同程度损坏。事故发生后，常州市武进区公安局交通巡逻警察大队作出了道路交通事故认定书，认定刘某国承担事故全部责任，钮某平、赵某玉、高某、杨某芬不承担事故责任。后经查明刘某国系李某的驾驶员，驾车系履行职务行为，肇事车辆挂靠在合肥欧凯货运有限公司名下，伤者杨某芬理赔过程中，肇

事车辆承保保险公司永诚保险公司以该次事故损失系车载货物掉落导致，根据商业三者险条款责任免除部分第五条第四款规定“车载货物掉落、泄漏、腐蚀造成的任何损失和费用”，保险公司拒绝赔偿，故原告杨某芬起诉至法院，要求赔偿。

【案件焦点】

如何理解商业三者险条款责任免除部分“车载货物掉落、泄漏、腐蚀造成的任何损失和费用”的内容。

【法院裁判要旨】

江苏省常州市武进区人民法院经审理认为：保险人应对保险合同中免除保险责任的条款尽到明确说明义务，虽然投保单上有合肥欧凯货运有限公司的盖章，但仅有盖章，不能充分证明永诚保险公司已经对免责条款的概念、内容及法律后果进行了充分的说明义务，即便上述条款内容生效，该条款本身也存在不同的理解。车载货物掉落是指货物本身的损失还是包含造成的第三方损失，是车辆正常行驶过程中掉落还是在发生交通事故后掉落，根据保险法的相关规定，对于内容有不同理解的应该作出有利于被保险人的来解释。本次事故发生的主要原因系因为驾驶员闯红灯的违法行为所导致，而肇事车辆本身的用途即运输货物，故车上货物的掉落也是驾驶员的违法行为导致的结果，不能将其分割，闯红灯的违法行为才是导致本次事故发生并造成损失的直接原因，而不属于保险条款中关于“车载货物掉落、泄漏、腐蚀造成的任何损失和费用保险人不负责赔偿”的情况，故保险公司应该承担赔偿责任。

江苏省常州市武进区人民法院依照《中华人民共和国民法通则》第一百一十九条、第一百三十一条，《中华人民共和国道路交通安全法》第七十六条，《中华人民共和国侵权责任法》第六条、第十六条、第二十条、第四十八条，《中华人民共和国保险法》第十四条、第十七条、第三十条、第六十五条、第六十六条，《中华人民共和国民事诉讼法》第六十四条、第一百四十四条，《机动车交通事故责任强制保险条例》第二十一条、第二十三条，《最高人民法院关于审理人身损害赔偿案件适用法律若干问题的解释》第十七条、第十九条、第二十条、第二十一条、第二十二条、第二十三条、第二十四条，《最高人民法院关于审理道路交通事故损害赔偿案件适用法律若干问题的解释》第十四条、第十六条之规定，作出如下判决：

被告永诚保险公司在机动车交通事故责任强制保险和第三者责任商业保险限额内赔偿原告杨某芬各项损失118012.8元等内容。

永诚保险公司不服一审判决，提出上诉。江苏省常州市中级人民法院经审理认为，保险合同订立时，保险人在投保单或者保险单等其他保险凭证上，对保险合同中免除保险人责任的条款，以足以引起投保人注意的文字、字体、符号或者其他明显标志作出提示的，人民法院应当认定其履行了《中华人民共和国保险法》第十七条第二款规定的提示义务。保险人对保险合同中有关免除保险人责任条款的概念、内容及其法律后果以书面或者口头形式向投保人作出常人能够理解的解释说明的，人民法院应当认定保险人履行了《中华人民共和国保险法》第十七条第二款规定的明确说明义务。永诚保险公司虽在其提供的格式保险合同中将相应免责条款采用加粗字体印刷，但因保险合同所采用字体过小且加粗字体印刷条文过多，免责条款与其他条款之间区别并不明显，不能充分引起投保人的注意，故不能认定永诚保险公司履行了相应的提示义务；同时，永诚保险公司亦未能提供证据证明其就免责条款内容曾以书面或口头形式作出了明确说明，故涉案保险合同中免除保险人责任的条款依法不产生效力。永诚保险公司的上诉请求不能成立。

江苏省常州市中级人民法院依照《中华人民共和国民事诉讼法》第一百七十条第一款第（一）项之规定，作出如下判决：

驳回上诉，维持原判。

【法官后语】

随着社会经济的发展，机动车的数量也在不断快速增长，而交通安全却相对滞后，为保障事故后的理赔问题，大部分机动车辆都投保了交强险及商业三者险等险种，其中商业三者险条款众多，许多免责条款直接涉及投保人的合法权益，对该部分条款的内容是否生效及如何理解，经常产生争议。

根据保险法的相关规定，保险人有向投保人说明并解释保险条款内容的义务，对免除保险人责任的条款，未履行明确说明义务的，不产生效力。从该条款来看，我国对保险条款中免责条款采用的是“说明生效规则”，保险条款中存在大量免责条款存在歧义，一般认为保险人不履行说明义务，投保人对该条款无法有正确的认知，故在产生争议时，首先判断该免责保险条款是否生效，但在司法实践中，部分免责的保险条款本身存在不同的理解，保险人履行说明义务时很难对该类型的条款进行明确的解释，尤其是某些保险条款在编排文字时就有歧义，如想让投保人对此类条款有正确的认知，条款本身的内容就需重新梳理，部分难以直接用文字概括表达清楚的条款，应采取列举等方式帮助投保人理解条款内容。具体到本案中，商业三者险条款约定“车载货物掉落、泄漏、腐蚀造成的任何损失和费用”保险公司免除赔偿责任。该条款就存在歧义，车载货物掉落时车辆的状态存在不同的情形，车辆是在行驶过程中还是在停靠状态下，如车辆在行驶过程中闯红灯与其他车辆相撞导致货物掉落，砸伤他人，显然与事故有直接因果关系的系闯红灯的违法行为，货物掉落只是违法行为的后果，该行为并不符合车载货物掉落造成损失的情况，保险公司应予以理赔；如车辆是停靠状态下，无其他违法行为，其货物突然掉落导致他人受伤，此种情形下，没有任何其他原因导致车载货物掉落，如保险公司已履行说明义务，则符合保险条款的约定，保险公司可以免除赔偿责任。

目前，虽保险人在保险条款免责部分处对字体进行加黑加粗并在保险单上提示投保人注意，但由于保险条款属于格式条款，仅仅以此方式，对很多有歧义的保险条款并无法证明保险人履行了说明义务，一旦发生保险事故，保险公司往往以条款有约定为由拒赔，进而引发诉讼，耗费大量司法资源。但仔细查看保险人的保险条款，保险条款内容的编排有时较为混乱，如将投保人违约行为导致无法理赔的后果列入责任免除部分，直接导致适用保险法时，该部分违约条款属于责任免除部分，因保险人没有履行明确说明义务，而不产生效力，保险人如能根据法律规定，对有争议条款在文义上进行合理的编排、梳理，相关纠纷也会减少。

编写人：江苏省常州市武进区人民法院　冯磊

40

强制险的免责条款效力

——黄某芹等诉陈某锋、中国平安财产保险股份有限公司深圳分公司机动车交通事故责任案

【案件基本信息】

1. 裁判书字号

广东省汕尾市城区人民法院（2016）粤1502民初第611号民事判决书

2. 案由：机动车交通事故责任纠纷

3. 当事人

原告：黄某芹、黄某腾、黄某鸿、黄某升

被告：陈某锋、中国平安财产保险股份有限公司深圳分公司

【基本案情】

2016年8月1日18时40分，无名氏驾驶粤N59×××小型面包车行驶至汕尾市城区汕遮公路东涌邮政路段时，与行人陈某发生碰撞，造成陈某当场死亡、无名氏驾车逃逸的交通事故。汕尾市公安局交通警察支队市区大队于2016年8月29日对此事故作出汕（区）公交认字（2016）第00015号道路交通事故认定书，认定无名氏驾驶机动车上道路行驶，在发生交通事故后驾车逃逸，违反《中华人民共和国道路交通案例法实施条例》第九十二条的规定，造成事故。根据《道路交通事故处理程序规定》第四十六条的规定：因当事人无名氏的全部过错导致道路交通事故，无名氏承担全部责任，当事人陈某不承担交通事故责任。死者陈某于1949年4月9日出生，汕尾城区人，生前系城镇户口。肇事车辆粤N59×××小型面包系被告陈某锋所有，事故发生时，该车辆在中国平安财产保险股份有限公司深圳分公司投保了交强险与第三者责任险（保额为1000000元，已购买不计免赔），保险期限为2015年9月25日至2016年9月24日，事故发生在保险期限内。虽投保车辆车牌

号码为粤 B－Z2×××（车架号：LJNMCV1C0DN001×××），投保人为唐某文，但唐某文已将粤 B－Z2×××小型面包车转卖给被告陈某锋并办理了车辆过户手续，中国平安财产保险股份有限公司深圳分公司亦于 2016 年 7 月 13 日同意将原机动车交通事故责任强制保险单的被保险人唐某文变更为被告陈某锋；随后被告陈某锋重新为该小型面包车上牌，车牌号为粤 N59×××（车架号：LJNMCV1C0DN001×××），车牌号粤 B－Z2×××小型面包车与车牌号粤 N59×××系同一辆车。死者陈某的妻子黄某芹、儿子黄某腾、黄某鸿、黄某升作为原告向本院起诉，请求判决两被告连带赔偿原告之父陈某因机动车交通事故死亡造成的经济损失人民币 558173 元；本案诉讼费用由被告承担。

【案件焦点】

1. 被告陈某锋应不应当承担赔偿责任；2. 被告中国平安财产保险股份有限公司深圳分公司应不应当在交强险范围内免责；3. 被告中国平安财产保险股份有限公司深圳分公司应不应当在第三者商业险范围内免责。

【法院裁判要旨】

本院认为，汕尾市公安局交通警察支队市区大队于 2016 年 8 月 29 日对此事故作出汕（区）公交认字（2016）第 00015 号道路交通事故认定书，认定无名氏驾驶机动车上道路行驶，在发生交通事故后驾车逃逸，违反《中华人民共和国道路交通案例法实施条例》第九十二条的规定，造成事故。根据《道路交通事故处理程序规定》第四十六条的规定：因当事人无名氏的全部过错导致道路交通事故，无名氏承担全部责任，当事人陈某不承担交通事故责任。该事故认定准确，当事人亦无异议，本院予以采信。

被告陈某锋辩称是车辆被盗后才发生交通事故的，其已向公安机关报了案。该事故迄今为止，仍未确定肇事者的身份，也不能确定车辆是否真的被盗，原告要求被告陈某锋承担赔偿责任的请求，本案暂不予处理。

"肇事车辆驾驶员逃离现场、无法确认事故发生时驾驶员状态是否有违法行为等免责事由，被保险人车辆实际所有者和车辆行驶证登记姓名不一致，无法确定侵权人"均不属于交强险的责任免除情形；对于保险公司，免除赔偿义务的唯一事由是受害人的故意行为，车辆被盗并不是免责事由，而是赋予保险公司在保险责任限额范围内垫付抢救费用后，向责任人提起的追偿权。据此，本案应由被告中国平安财产保险股份有限公司深圳分公司在交强险的限额内对陈某的死亡承担赔偿责任，保险赔偿后，待交警部门查清事故事实，如确实系被盗车辆发生事故，中国平安财产保险股份有限公司深圳分公司可向肇事者追偿。商业险与强制险不同，不具有强制保险的属性，该保险合同由保险人与投保人双方协商订立，本案第三者责任保险合同中约定："事故发生后，被告保险人或驾驶人在未依法采取措施的情况下驾驶保险车辆或者遗弃保险车辆逃离事故现场的，保险公司不负责赔偿。"并且用黑体字对该免责条款进行了提示，投保人唐某文也已在投保单上签名确认，由此可见，该免责条款合法有效。本案肇事者在事故发生后开车逃离事故现场，因此被告中国平安财产保险股份有限公司深圳分公司在第三者责任保险范围内不承担赔偿责任。原告因陈某死亡所造成的超出交强险赔额部分的损失，因无名氏肇事逃逸且无法确定身份，待交警部门确定肇事者身份后，另行主张。

综上所述，广东省汕尼市城区人民法院依照《中华人民共和国道路交通安全法》第七十六条第一款，《最高人民法院关于审理人身损害赔偿案件适用法律若干问题的解释》第十七条、第十八条，《最高人民法院关于审理道路交通事故损害赔偿案件适用法律的解释》第十六条的规定，判决如下：

一、被告中国平安保险有限公司深圳分公司应于本判决生效之日起十五天内在其承保的机动车交通事故强制保险的死亡伤残赔偿限额内赔偿原告黄某芹、黄某腾、黄某鸿、黄某升人民币 110000 元；

二、驳回原告黄某芹、黄某腾、黄某鸿、黄某升其他诉讼请求。判决后，原、被告皆服从法院判决，并已履行完毕。

【法官后语】

本案之所以不判决由被告陈某锋承担赔偿责任的一个原因是：不能排除肇事车辆被盗的可能性，本案审理终结时，交警对此案仍在侦查中，但如果应被告所请，本案先中止审理，等交警侦查结果出来后再恢复审判，对原告而言显然是不公正的，因为无法确定交警侦查案件的时间，但是原告因此次事故造成的损失是急需得到赔偿而且原告方也是本案最大的受害方。在综合全案的证据材料、审理情况及双方实际情况后，最终判决，超出保险公司赔偿的部分待交警查清案件后，由原告方再行主张。

商业险与强制险不同，不具有强制保险的属性，该保险合同只要符合以下三个要素，基本是具有效力的，一是由保险人与投保人双方协商订立；二是保险公司尽到法律规定的提醒告知义务；三是保险条款内容不违反法律法规。购买商业险的行为就是普通的民事行为，因此在本案例中商业险的免责条款是合法有效，保险公司应当予以免赔。

但是与第三者商业险一样的免责条款在强制险处却不发生效力。《机动车交通事故责任强制保险条例》第一条规定：为了保障机动车道路交通事故受害人依法得到赔偿，促进道路交通安全，根据《中华人民共和国道路交通安全法》《中华人民共和国保险法》制定本条例，从该条可见，我国强制险的首要作用是为了保障机动车道路交通事故受害人依法得到赔偿，保险公司关于强制险所有的运行都不能违反强制险的这一立法目的。强制性的立法目的与自身的强制性都决定了强制险的免责事由不能由保险公司自行决定，因为保险公司是营业的商业机构，其所订立的免责条款的出发点必定是为了维护保险公司自身的最大利益，而这与强制险的立法是背道而驰的，所以为了能够依法维护受害人的合法权益，发挥强制险的作用，强制险的免责事由必须由法律规定，因此本案中保险公司自行制定的免责条款无效，保险公司应当在交强险的赔偿范围内承担责任。但法院在判决保险公司承担赔偿责任的同时也确认了如果车主不是被保险人本人保险公司对支付的赔偿款具有追偿权。为什么要确认保险公司这一追偿权呢？这是因为保险公司的赔付是基于保险公司与被保险人之间的保险合同关系，承保客体是被保险人的侵权责任，假设本案的肇事司机不是被保险人本人，那保险公司承担的赔偿责任是垫付责任而不是支付责任，也就是保险公司帮实际侵权人垫付了赔偿金，实际侵权人与保险公司之间并无保险合同关系，所以保险公司可以向实际侵权人追偿。

编写人：广东省汕尾市人民法院　彭卫强　谢秋莹

41

保险医药费的赔付范围

——黄某连诉林某卫等机动车交通事故责任案

【案件基本信息】

1. 裁判书字号

浙江省玉环市人民法院（2017）浙1021民初第5151号民事判决书

2. 案由：机动车交通事故责任纠纷

3. 当事人

原告：黄某连

被告：林某卫、侯某琴、中国太平洋财产保险股份有限公司玉环支公司（以下简称保险公司）

【基本案情】

被告林某卫驾驶浙JZ7×××号小型轿车行驶至玉环市玉城街道九子岙门口时与原告黄某连骑行的电动车发生碰撞，造成黄某连受伤及车辆损坏的道路交通事故。当日经玉环县公安局交通警察大队道路交通事故认定书作出认定，被告林某卫应承担此事故的全部责任，原告黄某连无责任。事发当日，原告黄某连进行住院治疗共计24日。2017年1月3日，经台州华鸿司法鉴定所进行鉴定构成交通事故十级伤残。查明浙JZ7×××号小型轿车的所有人为侯某琴，与被告保险公司订立机动车道路交通事故责任强制保险、机动车保险。

【案件焦点】

保险公司应对于受害人非医保范围的费用予以赔付，若以保险合同的约定抗辩，是否应另行提起保险合同之诉。

【法院裁判要旨】

浙江省玉环市人民法院经审理认为：原告黄某连与被告林某卫之间的机动车道路交通事故事实清楚，证据确实充分，原、被告对此均无异议，本院予以确认。经本院释明，被告不申请医疗费合理性鉴定。被告保险公司在责任限额范围内应当承担赔付义务，被告林某卫承担补充赔偿责任。被告保险公司该约定不能直接对抗原告的法定权利，故由被告保险公司另行提起合同之诉进行主张合同权利为宜。所以对原告黄某连诉请医疗费人民币 56003.96 元的主张，本院予以支持。被告保险公司辩称误工、护理费按 133 元/天承担，即按 2015 年的标准进行赔付。本院认为，为保护受害人的利益，兼顾社会公平，应当以法庭辩论终结时的上一年度的统计数据作为计算赔偿标准，即参照本省 2016 年度职工的平均工资 154 元/日计算。故原告黄某连诉请误工费 27720 元、住院护理费 4028 元、出院护理费 3927 元，本院予以支持。被告保险公司辩称承担营养费 300 元。本院认为，本案交通事故已造成原告黄某连人身伤残，且经法医临床评定意见营养期为 45 日，现原告黄某连主张参照住院伙食补助费 30 元/天进行计算，并无不妥，故原告黄某连诉请营养费 1350 元的意见，予以支持。被告保险公司辩称承担交通费 500 元。本院认为，本案交通事故已造成原告黄某连人身伤残，在玉环、杭州两处住院进行治疗，该期间黄某连本人名下有据的交通费就有 2157.50 元，何况是腿部伤残，无法离开他人陪护，故原告黄某连诉请交通费 4000 元的意见，并无不当，予以支持。被告保险公司辩称住宿费 119 元不予承担，原告黄某连对此进行了充分合理的解释。本院认为，交通事故造成人身伤残，根据实际情况进行复查，由此支出必要的、合理的住宿费，故对原告黄某连诉请住宿费 119 元的意见，予以支持。被告保险公司辩称伤残赔偿金按 21125 元/年承担，即按 2015 年的标准进行赔付。本院认为，本案残疾赔偿金应当根据原告黄某连的交通事故十级伤残，按照本省 2016 年度农村居民人均纯收入 22866 元的标准，自定残之日起按二十年计算。故原告黄某连诉请伤残赔偿金 45732 元的意见，本院予以支持。被告保险公司辩称承担精神损害抚慰金 3000 元。本院认为，本案交通事故致原告黄某连十级伤残，造成其严重精神损害，被告应当承担支付精神损害抚慰金的侵权责任。故原告黄某连主张精神损害抚慰金 5000 元，并不为过，本院予以支持。被告保险公司对原告诉请的住院伙食补助费 720 元和电动车修理费 450 元予以认可，本院亦予确认。被告保险公司辩称支架费、鉴定费不属保险理赔范围。本院认为，本案交通事故致原告黄某连腿部伤残，由此购买、配置膝关节支具以辅助其正常生活而支出的费用，应当由被告承担责任。故原告黄某连按照普通使用器具的合理费用标准主张膝关节支具费2380元，本院予以支持。至于鉴定费，本院认为，该费用是为查明和确定保险事故的性质、原因和保险标的的损失程度所支付的必要的、合理的费用，应当由被告保险公司承担相应的赔偿责任。故原告黄某连主张鉴定费2256元，本院予以支持。被告林某卫是本案交通事故损害的直接侵权人，应当承担相应的赔偿责任。原告黄某连诉请追究浙JZ7×××号小型轿车的所有人侯某琴为本案被告，共同承担赔偿责任，但其没有提供证据证明侯某琴应当承担的过错责任，故本院不予支持。

浙江省玉环市人民法院依照《中华人民共和国道路交通安全法》第七十六条第一款，《中华人民共和国保险法》第六十四条，《最高人民法院关于审理道路交通事故损害赔偿案件适用法律若干问题的解释》第十六条，《最高人民法院关于审理人身损害赔偿案件适用法律若干问题的解释》第十七条第一款、第二款，第十八条第一款，《中华人民共和国民事诉讼法》第六十四条第一款、第一百四十四条之规定，判决如下：

一、限被告保险公司于本判决生效后五日内，在机动车交通事故责任强制保险责任限额内，支付原告黄某连伤残赔偿人民币92906元（其中伤残赔偿金45732元、膝关节支具费2380元、住院护理费4028元、出院护理费3927元、交通费4000元、住宿费119元、误工费27720元、精神损害抚慰金5000元）；医疗费赔偿人民币10000元；财产损失电动车修理费450元。以上三项合计人民币103356元；

二、限被告保险公司于本判决生效后五日内，在机动车交通事故保险商业险责任限额内，赔偿原告黄某连医疗费46003.96元，住院伙食补助费720元，营养费1350元。以上三项合计人民币48073.96元；

三、限被告保险公司于本判决生效后五日内，赔偿原告黄某连垫付的鉴定费2256元；

四、驳回对被告侯某琴的诉讼请求。

【法官后语】

本案主要的争议焦点是在于该案保险公司是否承担非医保范围内的医药费用。解决这个矛盾包括以下三个问题：一、交通事故中受害者与保险公司的法律关系；二、非医保范围的费用的性质；三、保险合同中存在限制医疗费用约定的效力。该案对于现实中处理交通事故中医药费的问题具有很好的指导意义。具体分析如下：

（一）交通事故中受害者与保险公司并无直接法律关系

在交通事故中，会涉及三方主体和两类法律关系：一是受害者与肇事方之间的侵权责任关系；二是保险人与被保险人（车主）之间的保险合同关系。在发生合同中约定的保险事故时，受害者有权向肇事方对其的侵权请求赔偿。车主也有权依据保险合同的约定向保险公司主张保险金请求权。可受害者与保险公司并无任何合同关系，根据合同的相对性，受害者并无权直接向保险公司请求赔偿。

（二）非医保范围的费用的性质

医保指社会医疗保险，是国家和社会根据法律规定，为向保障范围内的劳动者提供患病时基本医疗需求保障而建立的社会保险制度。具有“低水平、广覆盖”的特点，对于治疗超出基本医疗的费用，可称为非医保的费用。根据《中华人民共和国社会保险法》第二十三条的规定，基本医疗保险是由个人和单位共同缴纳的。超出医保范围的费用其实际还是受害者为了治疗所支出的医药费用。

笔者认为车辆保险合同具有商业性质，保险公司收取的保费金额远高于国家基本医疗保险，投保人对于加入保险的利益期待也相应地高于国家基本医疗保险。保险公司按照商业性保险收取保费，却按国家基本医疗保险的标准理赔，明显降低了保险公司的风险，限制了投保人的权利。

（三）保险合同中存在限制医疗费用约定的效力

保险合同是保险人（一般为车主）与被保险人签订的合同，对于其双方之前的约定，根据合同平等、自愿的原则，有约定当然要遵守约定。车辆的保险合同均为格式条款，保险公司是否已经尽到明确告知等义务，该问题不是本案例的讨论范围。

对于保险公司提出的非医保范围费用的异议，笔者认为，受害者遭受的侵权，对于受害者为其治疗的费用，本身并无医保还是非医保之分，受害者为治疗所支付的费用，是其经济的损失，重点应在于所支出的医药费、医疗项目是否合理。该案在法院释明，保险公司并未申请医疗费用合理性鉴定，涉案的医疗所必需的，即合理性医疗费，保险公司就应当承担责任范围内的赔付义务。对于保险公司与车主之间的保险合同，不能直接对抗受害者的法定权利，更何况该约定是否有效需经法定程序予以确认，保险公司可另行提起合同之诉。

明确了保险公司赔付的医药费用不是以是否是医保范围，而是其是否合理，是否是必需的费用为标准。对于受害者减少了诉讼成本，对于现实中，如何更好地正确处理道路交通事故受害者医药费具有较好指引作用。

编写人：浙江省玉环市人民法院　刘梁

42

出租车司机车辆承包金在交强险中的适用

——代某利、孙某勇诉北京嘉特涂氏商贸有限公司等机动车交通事故责任案

【案件基本信息】

1. 裁判书字号

北京市朝阳区人民法院（2016）京0105民初第36206号民事判决书

2. 案由：机动车交通事故责任纠纷

3. 当事人

原告：代某利、孙某勇

被告：北京嘉特涂氏商贸有限公司（以下简称嘉特公司）、中国平安财产保险股份有限公司北京分公司（以下简称平安保险公司）、中国人民财产保险股份有限公司北京市分公司（以下简称人保公司）

【基本案情】

2016年5月18日12时57分，在北京市西城区西外大街136号楼门前，李某露驾驶京Q8S×××号车辆由西向东行驶，孙某勇驾驶京BS2×××号车辆由西向东行驶，李某露车辆追尾孙某勇车辆，造成两车损坏，孙某勇受伤。北京市公安

局公安交通管理局西城交通支队西外大队认定李某露负此次事故的全部责任，孙某勇无责任，受伤人处有孙某勇签字。事故发生后，孙某勇前往北京市平谷区医院进行治疗，经诊断为多发软组织损伤，脑外伤后神经反应。2016 年 5 月 18 日与 5 月 21 日诊断书均建议："休息叁天，不适随诊。"孙某勇自行支付医疗费 2193.37 元。

事故发生后，孙某勇将车辆送至北京市博朗汽车维修站修理，修理期限自 2016 年 5 月 18 日至 2016 年 5 月 23 日，修理项目包括更换后保险杠皮、左右尾灯，维修后保险杠（全喷）、行李箱盖（全喷）、行李箱盖整形修复（中）、后围板喷漆、后围整形修复（大）、左后叶子板（全喷）、后保险杠拆装（含附件）。孙某勇自行支付维修费 3000 元。

另查，京 Q8S×××号汽车登记在嘉特公司名下，李某露为该公司职员，事发时正在履行职务。该车在平安保险公司投保交强险，并在人保公司投保 100 万元商业三者险含不计免赔，事故发生在保险期间内。嘉特公司表示投保时，上述保险公司均已向其充分释明免责条款事项。

庭审中，孙某勇称其与代某利系京 BS2×××号出租车的双班司机，自己因受伤误工 6 天，代某利因车辆维修误工 6 天，每人每日承包费为 190 元，每人每日误工费 178 元，每日误工损失共计 736 元，并提交北京蓝天出租汽车有限公司出具的《证明》《承包营运合同》《劳动合同书》予以佐证，嘉特公司对此表示认可。孙某勇称事故导致其精神受到打击、失眠、不敢开车、精神抑郁加剧，并提交病历手册、休假证明书及精神卫生专用报告予以佐证，嘉特公司对此表示病历手册显示孙某勇自 2015 年 1 月 29 日就有精神方面的就诊记录，不认可与本次事故的关联性。孙某勇另主张营养费及交通费，但未就此提交相关证据。

【案件焦点】

代某利与孙某勇的误工费是否属于交强险的理赔范围。

【法院裁判要旨】

机动车发生交通事故造成人身伤亡、财产损失，该机动车同时投保交强险和商业三者险的，先由承保交强险的保险公司在责任限额范围内予以赔偿，不足部分，由承保商业三者险的保险公司根据保险合同予以赔偿，仍有不足的，由有过错的一方承担赔偿责任。本案中，根据现已查明的事实，平安保险公司作为事故车辆京Q8S×××交强险的保险人，应当在交强险限额内对代某利与孙某勇的损失先行赔偿，不足部分由人保公司在商业三者险限额内按照责任比例赔偿。李某露为嘉特公司司机，事发时正在履行职务，故嘉特公司应当赔偿代某利与孙某勇超过保险限额的损失。

代某利与孙某勇的各项诉讼请求中，关于医疗费和车辆修理费，其主张有事实和法律依据，本院予以支持。关于营养费，孙某勇因事故导致受伤确需加强营养，但其主张标准过高，本院结合其伤情酌情予以确定。关于交通费，考虑到孙某勇就医、复诊确会发生交通费用，本院根据与本次事故的关联合理性酌定予以支持。关于误工损失，孙某勇的误工部分，在人身和车辆均受到损害的情形下，孙某勇因此受到的误工损失系因其休假受伤而遭受的必然损失，该误工损失应当属于直接损失，应当由平安保险公司在交强险项下进行赔付。代某利的误工部分，在本次交通事故中，代某利本人未遭受人身损害，仅是该出租车遭受损害，该部分损失属于间接损失，交强险及商业三者险条款中均明确约定停运损失等间接损失属于保险公司免责范围，嘉特公司亦认可车辆在投保时，保险公司均对此免责条款进行了提示说明，故代某利之误工损失应由本案侵权人嘉特公司承担赔偿责任。关于精神损害抚慰金的主张于法无据，本院不予支持。

平安保险公司及人保公司经本院合法传唤未到庭应诉，本院依法缺席判决。

综上，北京市朝阳区人民法院依据《中华人民共和国侵权责任法》第四十八条，《中华人民共和国道路交通事故安全法》第七十六条，《最高人民法院关于审理道路交通事故损害赔偿案件适用法律若干问题的解释》第十五条、第十六条，《最高人民法院关于审理人身损害赔偿案件适用法律若干问题的解释》第十七条、第十九条、第二十条、第二十二条、第二十四条，《中华人民共和国民事诉讼法》第一百四十四条之规定，判决如下：

一、被告平安保险公司于本判决生效后七日内在机动车交通事故责任强制保险限额内赔偿原告孙某勇医疗费2193.37元、营养费500元、误工费2208元、交通费100元、车辆维修费2000元；

二、被告人保公司于本判决生效后七日内在机动车商业第三者责任保险限额内赔偿原告孙某勇车辆维修费1000元；

三、被告嘉特公司于本判决生效后七日内赔偿原告代某利误工费2208元；

四、驳回原告孙某勇、原告代某利的其他诉讼请求。

判决后，双方均未提出上诉。

【法官后语】

因车辆受损或人身受到损害导致的出租车司机车辆承包金损失均属于侵权人的赔偿范围，但是否属于交强险理赔范围，应区别对待：

1. 因出租车司机人身受到损害而造成的车辆承包金损失，实为误工费的范畴，属于交强险死亡伤残限额下的赔偿项目，保险公司应当予以赔偿。

从目前我国的情况来看，出租车营运属于特许经营，只有具有相应经营权的出租汽车公司才有权进行营运，而个人无权进行营运。所以出租车司机必须与出租汽车公司签订承包运营协议及劳动合同后，才能驾驶公司的车辆从事出租车营运。出租车司机每月固定交纳承包金，出租车公司则对司机进行管理，承包金不因出租车司机的具体情况而变化，即使司机受伤后遵医嘱休息，仍应当交纳承包金，所以当出现停运的情况下，出租车司机的劳动收入可能低于承包金额，而必须上交的承包金则成了出租车司机的实际损失，产生这一损失的直接原因是出租车司机人身受到伤害而造成的劳动收入的丧失或减少。因此，在人身受到损害导致出租车司机无法正常驾驶车辆从事车辆运营时，将其已经交纳的承包金计入误工费符合误工费制度的基本原理和出租车司机职业的实际情况，并且将此部分损失由承保交强险的保险公司在死亡伤残赔偿限额项下予以赔偿，亦符合《中华人民共和国道路交通安全法》和《机动车交通事故责任强制保险条例》对人身损害赔偿范围的规定。

2. 对于因车辆损坏停运而造成的出租车司机的车辆承包金损失属于间接的财产损失，不属于交强险的赔偿范围。交通事故造成的间接损失，是指区别于交通事故造成的直接人身损害、车辆损坏之外的其他损失，如停车费损失、营运损失等。就交通事故造成车辆损坏无法运营而产生的出租车司机的承包金损失而言，该损失属于《机动车交通事故责任强制保险条款》第十条第（三）项规定的不负责赔偿的间接损失的范围，故无法获得交强险的赔偿。

就本案而言，孙某勇因人身受到损害的情形下导致误工损失，该误工损失应当属于直接损失，应当由平安保险公司在交强险项下进行赔付；而在本次交通事故中，代某利本人未遭受人身损害，仅是出租车遭受损害，该部分损失属于间接损失，交强险及商业三者险条款中均明确约定了停运损失等间接损失属于保险公司免责范围，嘉特公司亦认可车辆在投保时，保险公司均对此免责条款进行了提示说明，故代某利之误工损失应由本案侵权人嘉特公司承担赔偿责任。

编写人：北京市朝阳区人民法院　梁远

43

多车发生交通事故时无责方车辆交强险赔偿问题的正确处理

——王某红诉永安财产保险股份有限公司邯郸中心支公司等机动车交通事故责任案

【案件基本信息】

1. 裁判书字号

山东省淄博市中级人民法院（2017）鲁03民终第2180号民事判决书

2. 案由：机动车交通事故责任纠纷

3. 当事人

原告（被上诉人）：王某红

被告（上诉人）：永安财产保险股份有限公司邯郸中心支公司（以下简称永安财险）

被告：宿某平、邯郸市华宇运输有限公司（以下简称华宇公司）

【基本案情】

宿某平驾驶冀DM2×××-冀DQ×××挂号重型半挂车与其前方的王某森驾驶的鲁BL8×××-鲁BJ×××挂号重型半挂车相撞后，又与前方的张某亮驾驶的鲁 G65×××号中型货车和侯某种驾驶的冀 DL0×××-冀 DX×××挂号重型半挂车相撞，造成连续四车追尾事故，致乘坐鲁 G65×××号中型货车的王某红受伤。交警认定宿某平负此事故的全部责任，王某森、张某亮、王某红、侯某种无责任。鲁 G65×××号中型货车的所有人为王某红及其配偶张某亮。冀 DM2×××-冀 DQ×××挂号重型半挂车挂靠在华宇公司，实际所有人为宿某平。该车在永安财险投保的交强险具体限额为：死亡伤残赔偿限额 110000 元、医疗费用赔偿限额 10000 元和财产损失赔偿限额 2000 元；商业三者险限额主车为 500000 元、挂车为 200000 元，投保不计免赔。涉案事故发生在保险期间内。终审的（2017）鲁 03 民终 1161 号民事判决已经判决永安财险在商业三者险责任限额内赔偿王某红医疗费 129570.1 元。经鉴定，王某红伤残程度为 7 级、10 级伤残；住院期间 2 人护理，出院后 2 个月 1 人护理；后续治疗费 11000 元。王某红的各项费用确认为：1. 医疗费 1415 元；2. 误工费 16400 元；3. 护理费 9600 元；4. 住院伙食补助费 900 元；5. 残疾赔偿金 264978 元；6. 被扶养人生活费 171853.92 元；7. 后续治疗费 11000 元；8. 鉴定费 2400 元；9. 交通费 300 元；10. 复印费 35 元；11. 车辆损失费 60267 元；12. 吊装施救费 7000 元；13. 拆检费 3500 元；14. 清障费 300 元；15. 车辆损失评估费 1581 元；16. 精神损害抚慰金 4000 元。以上共计 555529.92 元。

【案件焦点】

多车事故中认定受害人损失时，对于无责方车辆的保险公司在交强险无责限额内应承担的赔偿如何认定。

【法院裁判要旨】

山东省桓台县人民法院经审理认为：交警认定宿某平负事故的全部责任。华宇公司作为涉案车辆挂靠单位，应与宿某平承担连带赔偿责任。故永安财险应在交强险责任限额内赔偿王某红第 5 项中的 106000 元、第 11 项中的 2000 元及第 16 项中的 4000 元，合计 112000 元；在商业三者险限额内赔偿王某红第 5 项中的 158978 元、第 11 项中的 58267 元及第 1、2、3、4、6、7、9、12、14 项中的费用，合计 436013.92 元。超出保险责任限额的第 8、10、13、15 项共计 7516 元，由宿某平赔偿，华宇公司负连带清偿责任。据此，一审判决：

一、永安财险在交强险责任限额内赔偿王某红残疾赔偿金、车辆损失费、精神损害抚慰金等共计112000元；

二、永安财险在商业三者险责任限额内赔偿王某红医疗费、误工费、护理费、住院伙食补助费、交通费、残疾赔偿金、被扶养人生活费、后续治疗费、车辆损失费、吊装施救费、清障费、精神损害抚慰金等共计436013.92元；

三、宿某平赔偿王某红鉴定费、复印费、拆检费、评估费等共计7516元；

四、华宇公司对判决第三项负连带赔偿责任；

五、驳回王某红的其他诉讼请求。

永安财险提起上诉主张按照交强险条款，事故发生后无责任方应承担伤残无责任赔付，故一审应当扣减鲁BL8×××、鲁G65×××、冀DL0×××三车的交强险伤残赔付各10000元。二审另查明，王某红起诉要求赔偿医疗费的终审（2017）鲁03民终1161号民事判决确认肇事车辆冀DM2×××－冀DQ×××挂号重型半挂车的交强险在医疗费用赔偿限额内已实际赔偿王某红医疗费10000元，该交强险的医疗费用赔偿限额已经用尽。（2017）鲁03民终1161号民事判决确定的医疗费赔偿中也已扣除鲁BL8×××－鲁BJ×××挂号重型半挂车和冀DL0×××－冀DX×××挂号重型半挂车的保险公司在交强险无责任医疗费用赔偿限额内承担的赔偿数额各1000元，合计2000元。另外王某红以承保鲁BL8×××－鲁BJ×××挂号重型半挂车和冀DL0×××－冀DX×××挂号重型半挂车交强险的两保险公司为被告提起诉讼，要求两被告在交强险无责任赔偿限额范围内分别赔偿医疗费1000元、伤残赔偿金11000元和车损100元，法院对该案已立案受理。

山东省淄博市中级人民法院经审理认为：根据相关规定，多车事故造成第三人损害的，应首先由承保各机动车交强险的各保险公司在其承保的交强险责任限额范围内承担赔偿责任，其中有责机动车的交强险在有责赔偿限额范围内承担赔偿责任，无责机动车的交强险则在无责任赔偿限额范围内承担赔偿责任。王某红对于其所在的鲁G65×××号中型货车的交强险而言并非第三者，因此鲁G65×××号中型货车的交强险在本案中无须承担赔偿责任。因王某红在本案一审起诉时未将鲁BL8×××－鲁BJ×××挂号重型半挂车和冀DL0×××－冀DX×××挂号重型半挂车的保险公司列为被告参加诉讼，故在确定本案赔偿时应扣除鲁BL8×××－鲁BJ×××挂号重型半挂车和冀DL0×××－冀DX×××

挂号重型半挂车的保险公司在交强险无责任赔偿限额内应承担的赔偿数额，且就上述两车的保险公司承担的交强险无责任赔偿部分，王某红已另案起诉。故本案在认定永安财险的赔偿责任时应首先将鲁 BL8 × × × －鲁 BJ × × ×挂号重型半挂车和冀 DL0 × × × －冀 DX × × ×挂号重型半挂车的保险公司应承担的交强险无责任赔偿部分予以扣除，即各扣除无责任死亡伤残赔偿限额 11000 元和无责任财产损失赔偿限额 100 元，共计 22200 元。关于交强险的医疗费用赔偿限额部分已在（2017）鲁 03 民终 1161 号案件中处理，本案对此并不涉及。据此，二审判决：

一、维持一审判决第一、三、四项；

二、撤销一审判决第五项；

三、变更一审判决第二项为：永安财险在商业三者险责任限额内赔偿王某红医疗费、误工费、护理费、住院伙食补助费、残疾赔偿金、被扶养人生活费、后续治疗费、交通费、车辆损失费、吊装施救费、清障费共计 413813.92 元；

四、驳回王某红的其他诉讼请求。

【法官后语】

本案主要涉及多车事故中认定受害人损失时无责方车辆的交强险应如何正确处理的问题。

本案造成王某红受伤的事故系一起四车事故，其中驾驶冀 DM2 × × × －冀 DQ × × ×挂号重型半挂车的宿某平承担事故的全部责任，另外三方无责任。后王某红起诉冀 DM2 × × × －冀 DQ × × ×挂号重型半挂车的保险公司即永安财险要求赔偿，一审法院对于王某红的损失也判决由永安财险承担。不过本案存在的问题在于，王某红在本案中并未起诉另外两方的保险公司，一审法院也是将王某红的损失全部判由永安财险承担，即一审中并未涉及事故另外两方；而永安财险因此上诉主张其赔偿应扣除另外两方车辆的交强险的无责赔偿限额，二审法院认定永安财险的上诉请求成立并予以支持。应当说本案二审法院对这一问题的认定是正确的。其原因在于，《最高人民法院关于审理道路交通事故损害赔偿案件适用法律若干问题的解释》第二十一条第一款规定：“多辆机动车发生交通事故造成第三人损害，损失超出各机动车交强险责任限额之和的，由各保险公司在各自责任限额范围内承担赔偿责任；损失未超出各机动车交强险责任限额之和，当事人请求由各保险公司按照其责任限额与责任限额之和的比例承担赔偿责任的，人民法院应予支持。”该规定实际是对多车事故中各方车辆的交强险应如何赔偿的规则进行了明确。即在多车发生事故的情形下，对于受害人的损失在进行赔偿时，各车的交强险均应承担责任；即使是其中有车辆无责，其交强险亦应在无责赔偿限额内对受害人进行赔偿，而不应由有责方车辆的交强险全部承担。也就是说，多车发生事故时应当由承保各机动车交强险的各保险公司在其承保的交强险责任限额范围内分别承担赔偿责任，其中有责机动车的交强险在有责赔偿限额范围内承担赔偿责任，无责机动车的交强险则在无责任赔偿限额范围内承担赔偿责任。因此，理论上说受害人在主张赔偿时应将各方车辆的承保交强险的保险公司全部起诉，法院也应判决由各车辆的交强险在其各自责任限额范围内分别承担相应赔偿责任。然而现实中也确实经常出现像本案这样的情况，那就是多车事故中的受害人只起诉了有责方承保交强险的保险公司而未起诉无责方承保交强险的保险公司；有的法院对于这种情况也简单地认为属于“不告不理”，因此将赔偿责任全部判由有责方的保险公司承担。本案一审即是如此。而如此判决显然不符合上述规定，故二审对此依法改判。

当然就多车事故引发的损害赔偿案件而言，若受害人在一审起诉时只起诉了有责方的保险公司而未起诉无责方的保险公司，人民法院正确的做法应当是首先向原告释明相关规定，由原告申请追加无责方承保交强险的保险公司为被告。若原告经释明仍不予申请追加的，法院亦不能依职权追加，毕竟这不属于必要共同诉讼的情形。此时法院在判决时应当将无责方承保交强险的保险公司在交强险无责赔偿限额范围内应承担的赔偿数额予以扣除，而不应判决由有责方承保交强险的保险公司在其交强险范围内全部承担。

编写人：山东省淄博市中级人民法院　荣明潇

44

挂靠车辆造成实际挂靠人损伤是否属于商业三者险的免责情形

——王某平诉李某桃等机动车交通事故责任案

【案件基本信息】

1. 裁判书字号

四川省泸州市中级人民法院（2017）川05民终第904民事判决书

2. 案由：机动车交通事故责任纠纷

3. 当事人

原告（被上诉人）：王某平

被告：李某桃、泸州星联汽车运输有限公司（以下简称星联汽运公司）

被告（上诉人）：中国人民财产保险股份有限公司成都市青白江支公司（以下简称人保财险青白江支公司）

【基本案情】

2013年5月20日，王某平与星联汽运公司签订《挂户协议》，约定：王某平自愿将其自购的川0500×××号车辆挂户在星联汽运公司从事营运业务，挂户期间星联汽运公司拥有车辆的营运权，王某平享有车辆的所有权。川0500×××号车辆系运输型拖拉机，此车2013年在泸州市龙马潭区农林局已年审，年审有效期为2013年6月至2014年6月。

2014年4月8日，川0500×××号车于人保财险青白江支公司处投保有交强险、50万元第三者责任险、不计免赔险等险种，并缴纳了保险费5830.5元，被保险人为星联汽运公司，保险期间自2014年4月8日0时起至2015年4月7日24时止。

2016年4月9日，李某桃驾驶川0500×××号运输型拖拉机在兴文县古宋镇同心村料场卸载石粉。9时10分许，石粉卸载完毕后，李某桃启动车辆准备驾车离开时，因未观察到车辆前方正在查看车辆情况的王某平，将王某平撞倒并碾轧，造成王某平受伤的交通事故。经交警部门认定，李某桃负事故的全部责任，王某平无责任。后王某平入院检查、治疗共产生医药费用149410.22元。诉讼中，依据王某平的鉴定申请，本院依法委托四川菲斯特鉴定所对王某平所受损伤的伤残等级等事项进行鉴定，该鉴定所作出的鉴定意见为：被鉴定人王某平所受损伤构成两个十级伤残，一个九级伤残。王某平请求判令李某桃、星联汽运公司赔偿医疗费、残疾赔偿金、精神抚慰金等共计471797.22元，人保财险青白江支公司在保险责任范围内承担赔偿责任。李某桃未答辩。星联汽运公司对王某平的诉讼请求无意见。人保财险青白江支公司辩称对交通事故的发生、损害后果及责任划分没有意见，但主张王某平本身系肇事车辆的实际所有权人，根据保险合同条款，车辆对实际车主无论位于车上还是车下造成伤害的情况均属于免责情形。

【案件焦点】

挂靠车辆致实际挂靠人损伤，实际挂靠人是否属于商业三者险中“第三者”，保险公司应否承担相应赔偿责任。

【法院裁判要旨】

四川省泸州市龙马潭区人民法院经审理认为：当事人对于自己的主张，有责任提供证据。本案川0500×××号车辆登记的所有权人及被保险人均为星联汽运公司，此次事故也不是被保险人星联汽运公司的故意行为或重大过失造成的，兴文县公安局交通管理大队作出的交通事故认定书亦将王某平肇事时的身份界定为行人。因川0500×××号车辆于人保财险青白江支公司处投保有交强险、50万元商业三者险、不计免赔险等，故人保财险青白江支公司应该在保险责任范围内承担赔偿责任。星联汽运公司作为有资质的公司，应当承担该车的运营风险，故不足部分应该由星联汽运公司负担。王某平作为实际车主，与星联汽运公司的权利义务关系属于《挂户协议》调整，本案中不予审查，双方可自行协商或另案解决。

四川省泸州市龙马潭区人民法院依照《中华人民共和国侵权责任法》第六条第一款、第四十八条，《中华人民共和国道路交通安全法》第七十六条等规定，作出如下判决：

一、被告人保财险青白江支公司于本判决生效之日起十五日内赔偿原告王某平420540.68元；

二、被告星联汽运公司于本判决生效之日起十五日内赔偿原告王某平27882.04元；

三、驳回原告王某平的其他诉讼请求。

人保财险青白江支公司持原审辩论意见提起上诉。四川省泸州市中级人民法院经审理认为：上诉人人保财险青白江支公司与原审被告星联汽运公司订立的保险合同中，约定川0500×××号车的被保险人为星联汽运公司，并非被上诉人王某平；且根据庭审查明，被上诉人王某平在车下查看情况时被原审被告李某桃驾驶车辆撞倒并碾轧致伤，被上诉人王某平对本次交通事故的发生无过错，其受伤时位于车下，属于第三者责任保险的赔付范围。上诉人人保财险青白江支公司认为被上诉人王某平是"实际被保险人"，进而主张其免责，无相应合同依据和法律依据，本院不予支持。

四川省泸州市中级人民法院依照《中华人民共和国民事诉讼法》第一百七十条第一款第（一）项之规定，作出如下判决：

驳回上诉，维持原判。

【法官后语】

保险合同是一个利益与风险并存的契约，《中华人民共和国保险法》的立法目的是保障受害人的权利能够获得及时有效的救济。对于投保人而言，其投保目的在于分散风险。对于保险人而言，机动车第三者责任保险是以潜在的民事损害赔偿责任为标的，所承保的是被保险机动车发生意外事故造成除了特定主体之外的第三人损失承担损害赔偿责任的风险，同时其有权依约收取相应保险费用。依据《机动车交通事故责任强制保险条例》第二十一条的规定："被保险机动车发生道路交通事故造成本车人员、被保险人以外的受害人人身伤亡、财产损失的，由保险公司依法在机动车交通事故责任强制保险责任限额范围内予以赔偿。道路交通事故的损失是由受害人故意造成的，保险公司不予赔偿。"可见，在第三者责任强制保险中，第三者的范围应该是指本车人员、被保险人以外的受害人。而对于商业第三者责任险中的第三者的范围法律并没有相关明确规定，多是由保险人于保险合同中通过格式条款，在第三者责任保险条款中对第三者作出一定的限制和规定若干免责条款。对于格式合同，既要注重格式条款相对方合法权益的维护，也不能加重格式条款提供方的责任，最终实现两者之间的平衡。对于格式合同条款理解有争议的，应当按照通常理解予以解释，存在不同解释的，应采用有利于格式条款相对方合法权益保护的解释，车上人员下车后在车下被本车致伤的情形应否理赔即存在两种解释。在尽到了合理提示及说明义务的前提下，关于保险人的责任免除条款产生法律效力，但进一步对于其中免责条款的适用情形、主体概念等作出扩大解释则于法无据，对于格式合同条款理解有争议的，应当按照通常理解予以解释，存在不同解释的，应采用有利于格式条款相对方合法权益保护的解释。

此外，保险人、被保险人、被投保车辆的驾驶员及其他车上人员以外的所有人系商业第三者责任险中的“第三者”，车上人员因特定时空条件变化可以转化为“第三者”，法官裁判的标准应为事故发生之时受害人是否身处保险车辆之上为依据，在车上即为“车上人员”，在车下即为“车下人员”。本案中，被保险人为星联汽运公司，在事故发生的时间节点，受害人王某平于车下查看车辆情况，故王某平不属于被保险机动车驾驶人及车上人员，其身份已经转化为交强险和商业第三者责任险中的第三者，应该获得第三者责任险的理赔，与保险人人保财险青白江支公司制定、提供的第三者责任保险条款中的责任免除情形不相适应。对于人保财险青白江支公司庭外提出的肇事车辆投保后次日即发生交通事故的怀疑，法官认为除有相反事实证据外，民事法律关系中应当推定每个公民都是善意诚信的，最大限度的慈母般关爱和保护每个公民的合法权益是中国特色社会主义法律体系的价值追求。

基于前述法律、法理、情理，结合第三者责任险设立的初衷，本案一审、二审法院作出了挂靠车辆造成实际挂靠人车下损伤时，应当将其纳入第三者的范围，保险人不应免除商业三者险赔偿责任的判决，目前各方对于该案的判决的赔偿款项均已经自行履行完毕。

编写人：四川省泸州市龙马潭区人民法院　熊兵

45

对增驾实习期内驾驶牵引挂车机动车的保险公司可否免赔

——陈某喜、杨某平诉刘某成等机动车交通事故责任案

【案件基本信息】

1. 裁判书字号

河南省信阳市中级人民法院（2017）豫15民终第1931号民事判决书

2. 案由：机动车交通事故责任纠纷

3. 当事人

原告（被上诉人）：陈某喜、杨某平

被告（被上诉人）：刘某成、六安市九州汽车运输服务公司

被告（上诉人）：中国人民财产保险股份有限公司寿县支公司（以下简称人保财险寿县支公司）

【基本案情】

2016年8月10日21时许，汪某浩驾驶皖NB1×××号重型半挂牵引车（挂车为皖NN×××号）由西向东行驶至S339线商城县丰集镇丰集村路段时，由于操作不当撞入路边原告所有的房屋，事故致使原告房屋及车辆严重受损，汪某浩及副驾乘坐人杨某生也受伤治疗，杨某生具有三年以上A2驾驶证。该事故经商城县交警大队认定，汪某浩负事故全部责任。经查，皖NB1×××号重型半挂牵引车是被告刘某成实际所有，挂靠于被告六安市九州汽车运输服务公司，该公司为肇事车辆在被告人保财险寿县支公司投保了交强险和第三者责任险1000000元。2016年9月28日原告陈某喜、杨某平诉至一审法院，要求被告方赔偿损失并申请进行相关鉴定。一审法院依法组织原、被告协商选定鉴定机构，被告方未到庭参加协商选定鉴定机构，一审法院依法指定周口豫周建筑工程质量司法鉴定所进行危险房屋鉴定。11

月14日该鉴定所出具鉴定报告，认为原告方的房屋部分承重结构承载力不能满足正常使用要求，局部出现险情，已构成局部危房，房屋危险等级综合评定为C级。根据该房屋受损情况，建议拆除重建。12月8日本院再次组织原、被告协商选定鉴定机构，对受损房屋拆除及重建费用进行价格鉴定，被告方仍未到庭参加协商选定鉴定机构，一审法院依法指定信阳市三维资产评估事务所进行受损房屋拆除、重建费用价格鉴定。2017年1月9日信阳市三维资产评估事务所作出评估报告，认定二原告受损房屋拆除、重建费用评估值为224600元。

【案件焦点】

对增驾实习期内驾驶牵引挂车机动车的，保险公司可否免赔。

【法院裁判要旨】

河南省商城县人民法院经审理认为，公民合法财产应受法律保护。商城县公安交警部门就事故发生及责任划分均作了客观合理的认定，被告汪某浩驾驶机动车上道路行驶操作不当，应承担事故全部责任。被告刘某成作为汪某浩的雇主，应当承担责任。被告六安市九州汽车运输服务公司作为肇事车辆挂靠单位，应当承担连带责任。汪某浩驾驶的机动车皖NB1×××号重型半挂牵引车（挂车为皖NN×××号）在被告人保财险寿县支公司投保了交强险和商业三者险，故本院将按下列规则确定被告方的赔偿责任：先由被告人保财险寿县支公司在交强险责任限额范围内予以赔偿，不足部分，再由该公司在商业三者险限额范围内依法予以赔偿；仍有不足的，则由侵权人依法予以赔偿。二原告房屋受损后不能居住，确需租房，但在商城本地年租金18000元明显过高，本院酌定为8000元。汪某浩虽然处于增驾A2车型实习期内，但实习期的主要目的就是使驾驶员熟悉准驾车型车辆的性能、运行等行驶情况，如在实习期内不准驾驶准驾车辆车型，则失去了实习期的设立目的和意义。故对增加A2准驾车型后仍不能驾驶牵引挂车的理解，有悖常理。本次交通事故也不是因为牵引挂车造成的，事故的发生与挂车没有因果关系。另外保险合同免责条款“提示说明”虽有六安市九州汽车运输服务公司盖章，但无公司经办人员的签名，不符合签名及盖章的形式要件（签名/盖章），不能证明保险公司已对免责条款进行了说明。且六安市九州汽车运输服务公司保险经办人赵某贝也证明保险公司经办人只是盖章，没有进行免责条款说明或提示。本院据此认定被告人保财险寿县支公司未尽到对该免责条款进行明确说明的义务，按照《中华人民共和国保险法》的有关规定，未明确说明的，该条款也不发生效力。综上所述，根据《中华人民共和国民法通则》第一百零六条第二款、第一百一十七条，《中华人民共和国合同法》第六十条，《中华人民共和国侵权责任法》第六条、第十三条、第十九条、第四十八条，《中华人民共和国道路交通安全法》第七十六条，《中华人民共和国保险法》第十七条及《中华人民共和国民事诉讼法》第一百四十四条的规定，并经本院审判委员会讨论决定，判决如下：

一、被告人保财险寿县支公司于本判决生效之日起十日内直接赔偿原告陈某喜、杨某平房屋损失224600元［交强险部分2000元＋商业三者险部分为222600元（总损失224600元－交强险部分2000元）×100%］；

二、被告刘某成于本判决生效之日起十日内赔偿原告陈某喜、杨某平房屋租赁费、鉴定费19000元（房屋租赁费8000元、鉴定费11000元）。被告六安市九州汽车运输服务公司承担连带责任；

三、驳回二原告其他诉讼请求。

二审法院同意一审法院裁判意见。经审理后判决：

驳回上诉，维持原判。

【法官后语】

对于驾驶证实习期的释义，《中华人民共和国道路交通安全法实施条例》第二十二条第二款、第三款规定："机动车驾驶人初次申领机动车驾驶证后的12个月为实习期……机动车驾驶人在实习期内不得驾驶公共汽车、营运客车或者执行任务的警车、消防车、救护车、工程救险车以及载有爆炸物品、易燃易爆化学物品、剧毒或者放射性等危险物品的机动车；驾驶的机动车不得牵引挂车。"而公安部《机动车驾驶证申领和使用规定》第七十四条、第七十五条却将实习期定义为"机动车驾驶人初次申请机动车驾驶证和增加准驾车型后的12个月"，并同样规定实习期内不得驾驶上述类型的机动车。可见，《中华人民共和国道路交通安全法实施条例》将实习期定义为机动车驾驶人初次申领机动车驾驶证后的12个月，而《机动车驾驶证申领和使用规定》却规定实习期还包含增加准驾车型后的12个月，即增驾实习期。

在司法实践中，据此对增驾实习期内驾驶牵引挂车的机动车，保险公司可否免赔存在两种不同意见：

第一种意见认为，公安部《机动车驾驶证申领和使用规定》第七十四条、第七十五条系对《中华人民共和国道路交通安全法实施条例》关于实习期的补充，增驾实习期与初次申领驾驶证实习期一样，亦属于实习期，驾驶人在增驾实习期内可以驾驶原准驾车型的机动车，但不得驾驶牵引挂车。否则，按照保险合同的约定，属于免赔范围，保险公司不应承担赔偿责任。

第二种意见认为，《机动车驾驶证申领和使用规定》属于部门规章，该规章对实习期的解释并不是禁止性规定。因《中华人民共和国道路交通安全法实施条例》与《机动车驾驶证申领和使用规定》对实习期的不同规定，导致现实生活中对实习期的理解上存在歧义，对此保险公司应履行明确说明的义务。如保险公司未能履行该义务，则相应的免责条款无效。理由如下：

一、A2驾驶证所对应的准驾车型为牵引车，准驾车辆为重型、中型全挂、半挂汽车列车。既然公安交通管理机关向驾驶人颁发了准驾车型为A2的机动车驾驶证，说明驾驶人已经取得了驾驶与A2准驾车型相符车辆的资格。而实习期的主要目的就是使驾驶人熟悉相应车型的性能、运行等驾驶情况，如在实习期内不能驾驶准驾车型车辆，就失去了实习期设立的目的和意义。同时，驾驶人于增驾实习期内驾驶牵引车仅是违反了部门规章，其后果是受到相应的行政处罚，如仅以此作为免责事由则变相减轻了保险人的责任，对被保险人明显不公平。

二、《最高人民法院关于适用〈中华人民共和国保险法〉若干问题的解释(二)》第十条规定："保险人将法律、行政法规中的禁止性规定情形作为保险合同免责条款的免责事由，保险人对该条款作出提示后，投保人、被保险人或者受益人以保险人未履行明确说明义务为由主张该条款不生效的，人民法院不予支持。"即对于禁止性规定情形的免责事由，保险人仅履行提示义务即可，不再需要对此类禁止性规定进行明确说明。因此，对于增驾实习期不得驾驶牵引挂车的机动车，应当首先区分其是否属于法律、行政法规中的禁止性规定情形。从具体规定来看，《中华人民共和国道路交通安全法实施条例》虽然属于行政法规，但该条例第二十二条明确规定实习期仅指初次申领驾驶证后的12个月，并不包括增驾实习期。《机动车驾驶证申领和使用规定》虽规定实习期包含增加准驾车型后的12个月，但该规定是公安部制定的关于指导机动车驾驶证申领和使用的部门规章，并非全国人大及其常委会制定的法律，以及国务院制定的行政法规，因此"增驾实习期内不得驾驶牵引挂车的机动车”的规定并不属于上述司法解释中的“禁止性规定”。

三、保险人对于保险合同中的免责条款具有提示和明确说明的义务。即除在保险单上提示投保人注意外，保险人还应当对有关免责条款的概念、内容及其法律后果等，以书面或者口头形式向投保人或其代理人作出解释，以使投保人明了保险条款的真实含义和法律后果。有关“实习期”的现行规定存在不一致，故对保险条款的理解易产生歧义，因此保险人在订立合同时的说明义务应当较之其他免责条款更为“明确、详尽”，即保险人应将保险条款中的“实习期”到底系何种含义向投保人或被保险人作出明确说明。否则，相应免责条款应当认定为无效。

四、根据《中华人民共和国保险法》的不利解释原则，对于保险合同格式条款有两种以上解释的，人民法院或者仲裁机构应当作出有利于被保险人和受益人的解释。本案中，有关实习期的免责条款系保险公司所预先拟定，未经投保人、被保险人等协商合意的格式条款。对于“实习期”的理解依据现行规定存在争议，即使该条款对合同双方具有法律效力，在保险公司无证据证明已将条款中“实习期”为“机动车驾驶人初次申请机动车驾驶证和增加准驾车型后的12个月”的含义解释告知投保人的情况下，对该条款的理解应当作出有利于被保险人和受益人的解释。即对“实习期”的理解应当按“机动车驾驶人初次申领机动车驾驶证后的12个月”为宜。

本案判决后被告保险公司提起了上诉，二审维持原判。

编写人：河南省商城县人民法院　柳学生

46

保险人无须承担未在使用过程中的机动车的交强险的无责赔付责任

——曾某建诉卢某春等机动车交通事故责任案

【案件基本信息】

1. 裁判书字号

重庆市第三中级人民法院（2017）渝03民终第1724号民事判决书

2. 案由：机动车交通事故责任纠纷

3. 当事人

原告（被上诉人）：曾某建

被告（被上诉人）：卢某春、王某维

被告（上诉人）：中国太平洋财产保险股份有限公司重庆分公司

【基本案情】

2016年5月12日，卢某春驾驶王某维所有的渝G86×××号轻型货车经过垫江县汽车南站进检测站检测其车辆时，由于刹车失灵撞到前方渝F37×××、渝GN7×××车，并造成正在维修车辆的原告曾某建受伤。垫江县公安局桂阳派出所认定被告卢某春负全责。事故发生后，原告曾某建被送往垫江县中医院住院治疗，治疗费由卢某春全额支付。卢某春所驾车辆在被告中国太平洋财产保险股份有限公司重庆分公司处投保了交强险和商业三者险，事故发生在保险理赔期内。2016年6月23日，原告曾某建与被告卢某春签订了《交通事故（人身损害）赔偿协议书》，约定："甲、乙双方共同确认乙方的总损失共计20542元并共同确认该金额为乙方本次事故的全部损失，乙方承诺不存在其他任何损失。"协议签订后，中国太平洋财产保险股份有限公司重庆分公司按照协议向曾某建支付了协议载明的20542元。2016年10月9日，曾某建委托重庆市科证司法鉴定所，作出重庆科证（2016）法临鉴字第205号鉴定意见书，鉴定意见为：曾某建的伤残等级目前评定为九级。后原告曾某建认为赔偿协议存在欺诈胁迫、乘人之危、重大误解、显失公平等法定情形，应属无效，与被告协商未果，遂诉至法院，请求判令：撤销原告曾某建与被告卢某春签订的《交通事故（人身损害）赔偿协议书》；由三被告赔偿其残疾赔偿金、被扶养人生活费等共计165175.92元（扣除被告已赔偿的20542元）。一审诉讼中，经当事人申请，垫江县人民法院依法委托了重庆渝东司法鉴定中心对原告曾某建的伤残等级进行了重新鉴定，鉴定意见为：被鉴定人曾某建伤残程度系十级伤残。重庆市垫江县人民法院经审理认为《交通事故（人身损害）赔偿协议书》应当撤销，并认定原告损失共计108224.35元。中国太平洋财产保险股份有限公司重庆分公司以一审未认定另外两辆肇事车辆（渝F37×××和渝GN7×××）的无责赔付责任，加重上诉人责任为由，请求从上诉人的赔偿责任中扣除其他车辆交强险无责赔付部分金额。

【案件焦点】

中国太平洋财产保险股份有限公司重庆分公司承担的责任总额中是否应扣除渝F37×××和渝GN7×××车的交强险无责赔付责任。

【法院裁判要旨】

一审过程中，中国太平洋财产保险股份有限公司重庆分公司并未以其他车辆交强险的无责赔付为抗辩理由，因此，一审法院经审理后判决：

一、撤销原告曾某建与被告卢某春签订的《交通事故（人身损害）赔偿协议书》；

二、由被告中国太平洋财产保险股份有限公司重庆分公司于本判决生效后5日内赔偿给原告曾某建86382.35元；由被告卢某春于本判决生效后5日内赔偿给原告曾某建1300元；

三、驳回原告曾某建的其他诉讼请求。

重庆市第三中级人民法院经审理认为：从证据情况看，事故发生当日公安机关所作记录仅提到"……渝G86×××号轻型货车由于刹车失灵撞到前方停放的渝F37×××号长安车，造成正在给该车换车牌的曾某建受伤，并造成渝F37×××和渝GN7×××车受损的交通事故……"事故发生后，卢某春与曾某建达成的调解协议事故经过部分也仅载明"……渝G86×××号车在垫江汽车南站检测站行驶时与前方四车相撞并将前方正在修车的曾某建撞伤……"，从上述记录和调解协议内容看，均未对该三车与曾某建的位置关系，及该三车与曾某建受伤的因果关系进行记载。上诉人中国太平洋财产保险股份有限公司重庆分公司在一审中并未提出要求渝F37×××和渝GN7×××车承担无责赔付责任的相关抗辩，导致一审法院亦未对该部分事实作出审查，现上诉人二审中也未能举证证明渝F37×××和渝GN7×××车与曾某建受伤的因果关系及位置关系，故该部分事实无法查清的不利后果应由上诉人承担。即本案现有证据无法确定渝F37×××号长安车与被上诉人曾某建受伤之间存在因果关系。另外，从通用的《机动车交通事故责任强制保险条款》第八条的约定看，交强险赔付的范围是"被保险人在使用被保险机动车过程中发生交通事故，致使受害人遭受人身伤亡或者财产损失……"，本案事故发生时，渝F37×××号长安车是送检修车辆，未发动，无驾驶员驾驶，不应认定为"在使用过程中"，即曾某建所遭受的损失并非渝F37×××号长安车在"使用过程中"所致使的。基于以上理由，上诉人主张由渝F37×××和渝GN7×××车对曾某建承担交强险无责赔付责任，事实和法律依据不足。综上，上诉人中国太平洋财产保险股份有限公司重庆分公司的上诉理由均不能成立，对其上诉主张不予支持；原审判决认定事实清楚，适用法律正确，应予维持。

重庆市第三中级人民法院依照《中华人民共和国民事诉讼法》第一百七十条第一款第（一）项的规定，判决如下：

驳回上诉，维持原判。

【法官后语】

本案二审的审判重点之一是上诉人提起的上诉理由之“未让其他肇事车辆承担无责赔付责任，而加重了上诉人责任”。实践中，对如何认定“无责赔付”，还存在不同的认识，具体到本案对“无责赔付”的认定，宜从保险合同的角度分析论证。

根据《中华人民共和国道路交通安全法》和《机动车交通事故责任强制保险条例》，我国机动车交通事故赔偿责任包括机动车保险人的侵权赔偿责任和保险人的保险赔偿责任。“无责赔付”是指保险人对被保险人在道路交通事故中无责任的赔偿，即“无事故责任的赔偿”，是一种保险赔偿责任。虽然交强险是一种责任保险，但“无事故责任的赔偿”否定了机动车保险人的侵权责任基础，而缺乏“责任”之实。因此，交强险应当为“机动车交通事故强制保险”，而从实践的角度看，则可以通过论证保险合同条款，规避对侵权责任构成要件的分析。

第一，从侵权责任构成要件的角度分析“无责赔付”，实践中存在认识差异。实践中，如何认定“无责赔付”，主要集中于认定因果关系方面。有的认为因果关系应当从时间、空间上最接近的原因进行认定，从而符合《机动车交通事故责任强制保险条例》的立法目的，即保障机动车道路交通事故受害人依法得到赔偿。但是此种认定方式，将扩大无责赔付的责任人范围，与责任保险的概念不符。有的认为因果关系应当适用近因原则，即导致损失的最直接、最有效、起决定性作用的原因。此种认定方式虽然更加符合责任保险的概念，但是限缩了“无责赔付”条款的适用，不利于救助交通事故中的受害人。本案从举证责任分担的角度分析因果关系，回避了因果关系的实体认定问题。

第二，从保险合同的角度分析“无责赔付”，更加易于实现实体公正。交强险合同由保险条款、投保单、保险单等共同组成，是严格的格式合同，其条款具有严格的规范性。根据《机动车交通事故责任强制保险条款》第八条的规定，被保险人承担损害赔偿责任的前提是被保险机动车“在使用过程中”。因此，根据合同法的严格履行原则，无责赔付的前提之一是无交通事故责任的车辆“在使用过程中”。本案当事人中，无交通事故责任的车辆为渝F37×××号，该车辆未在使用过程中，保险人不应为该车辆承担无责赔付责任。而渝GN7×××号车的所有人并非本案的诉讼参与人，现有证据也无法证明其具有承担相应赔偿责任的事实，因此二审法院认为上诉人的上诉理由事实与法律依据不足。

第三，交强险法定限额之外的赔偿责任，是侵权赔偿责任。将保险限额之内的赔偿责任理解为保险人的保险赔偿责任，可以较为清晰地解决交强险法定限额之内的赔偿责任划分。超出保险限额部分的赔偿责任，仍应当依据公安机关交通管理部门对交通事故的认定，根据当事人行为的过错与否划分侵权责任，从而确保交通事故中受害人的损失得以充分补偿。

编写人：重庆市第三中级人民法院　贺付琴　李昊

47

驾驶员下车查看路况被自己的车碾轧，交强险赔偿问题

——熊某成等诉赵某伟等机动车交通事故责任案

【案件基本信息】

1. 裁判书字号

四川省成都市锦江区人民法院（2017）川0104民初第805号民事判决书

2. 案由：机动车交通事故责任纠纷

3. 当事人

原告：熊某成、王某惠、熊某瑞

被告：赵某伟、成都车行天下物流有限公司（以下简称车行公司）、都邦财产保险股份有限公司四川分公司（以下简称都邦财保四川公司）、中华联合财产保险股份有限公司成都中心支公司

【基本案情】

熊某成与王某惠是夫妻，熊某是二人的儿子，熊某瑞是熊某的女儿。熊某持有A2驾驶证和道路货物运输资格证，受雇于赵某伟驾驶案涉重型普通货车，该重型普通货车行驶证上载明的所有人是车行公司，该车在都邦财保四川公司投保了交强险。2016年11月5日17时25分，熊某驾驶案涉重型普通货车迷路停车掉头过程中被本车轧伤，经抢救无效当场死亡。2016年11月17日，四川正刚机动车司法鉴定所出具鉴定意见，滑移原因分析为：车辆滑移时车门未打开，排除了驾驶员在滑移时打开车门，被甩出车外的可能；制动手柄在驻车位，是驾驶员将其置于驻车位；驾驶员是在驻车后车辆滑移前自行离开了驾驶舱；排除车辆是在驾驶员操作的情况下滑移的可能，且车辆滑移前有一短暂停止时间。综合分析为：滑移前车辆左前部已驶出路外，头部仍处于向左倾斜状，左前轮在土质极其松软的沟边沿，重心前倾，车辆已处于极不稳定状态。鉴定意见为：1. 滑移前左前轮已向左驶出道路，并存在短暂停止时间；2. 滑移时驾驶员不在驾驶舱内；3. 滑移前已处于极不稳定状态，在受到轻微震动的情况下重力使该车发生了向路边土质沟内的滑移。2016年11月28日，温江交警大队以无法查证事故发生时熊某如何离开驾驶舱且车辆是何原因发生滑移导致熊某死亡为由，出具了道路交通事故证明。熊某成、王某惠、熊某瑞请求都邦财保四川公司在交强险限额内承担赔偿责任。

【案件焦点】

驾驶员下车查看路况被自己的车碾轧，交强险是否应当予以赔偿。

【法院裁判要旨】

四川省成都市锦江区人民法院经审理认为：国务院《机动车交通事故责任强制保险条例》第二十一条第一款规定："被保险机动车发生道路交通事故造成本车人员、被保险人以外的受害人人身伤亡、财产损失的，由保险公司依法在机动车交通事故责任强制保险责任限额范围内予以赔偿"。第四十二条第（二）项规定："被保险人，是指投保人及其允许的合法驾驶人。"可见，投保人允许的合法驾驶员属于被保险人，被排除在交强险赔偿人员之外。本案中，熊某是投保人允许的驾驶员，根据交通事故证明和司法鉴定意见，其在驾驶被保险机动车迷路掉头时，离开驾驶舱查看路况，随即车辆滑移导致熊某被轧。虽然此时熊某已不在机动车上，但其仍是在履行驾驶员职责，没有失去对机动车的实际控制力，没有改变其作为被保险人的身份。所以，熊某不能转化为第三者，都邦财保四川公司无须在交强险限额内对相关损失进行赔偿，熊某成等人的诉讼请求应当予以驳回。

四川省成都市锦江区人民法院依照《中华人民共和国保险法》第六十五条第四款，《机动车交通事故责任强制保险条例》第二十一条第一款、第四十二条第（二）项的规定，判决驳回熊某成等人的诉讼请求。

【法官后语】

根据国务院《机动车交通事故责任强制保险条例》（以下简称《交强险条例》）第三条规定，交强险是由保险公司对被保险机动车发生道路交通事故造成本车人员、被保险人以外的受害人的人身伤亡、财产损失，在责任限额内予以赔偿的强制性责任保险。可见，交强险把本车人员和被保险人排除在赔偿对象之外。但是，对于本车人员和被保险人的认定问题一直是理论和实践的一个争议焦点，其中对于驾驶员主动下车查看路况而被自己的车碾轧造成伤害能否得到赔偿的问题争议很大，在裁判文书网上查询各地法院判决结果迥异。本判决认为，在本案情况下，驾驶员不能成为交强险的赔偿对象，其理由在于：

一、本案司机属于被保险人，不可能转化为车外人员得到赔偿

根据《交强险条例》第三条规定，本车人员和被保险人不属于赔偿对象。有法院判决认为，司机离开机动车之后，就不再属于本车人员，这时，司机转化为第三者成为交强险的赔偿对象。但我们认为，司机在驾驶过程中主动下车查看路况，虽然空间位置脱离了机动车，但他仍然在履行作为驾驶员的职责，对机动车有实际的控制力。根据《交强险条例》第四十二条第（二）项的规定，被保险人是指投保人及其允许的合法驾驶人。所以，在案涉的情况下，司机是投保人允许的合法驾驶员，不能因其空间位置的变化而改变其被保险人的身份，其不属于交强险赔偿对象。

二、根据侵权法和保险法原理，本人不向自己承担赔偿责任，当然也就无法构成责任保险的赔偿前提

《中华人民共和国保险法》第六十五条第四款规定："责任保险是指以被保险人对第三者依法应负的赔偿责任为保险标的的保险。"交强险的全称是机动车

交通事故责任强制保险，是典型的责任保险，根据上述法律规定，交强险的保险标的是被保险人应负的赔偿责任，通俗地说，是被保险人对他人的赔偿风险。而根据侵权法的基本原理，“任何危险作业的直接操作者均不能构成此类侵权案件的受害人”①。也就是说，行为人不能成为自己权益的侵权人，不能要求自己对自己进行赔偿。所以，当司机是《交强险条例》第四十二条规定的被保险人时，主动下车查看路况而被本车轧伤，无法构成责任保险的赔偿前提，司机不能成为交强险的赔偿对象。

三、被保险人是特定化的人，在交通事故发生时才能确定

需要注意的是，《交强险条例》第四十二条规定的被保险人包括投保人及其允许的合法驾驶人，而具体到某一特定交通事故中，被保险人只能是投保人或其允许的合法驾驶人，该两类人不能同时出现都成为被保险人。也就是说，当投保人允许的合法驾驶员造成非本车上的投保人受伤时，被保险人为投保人允许的合法驾驶员，此时，投保人属于第三者，属于交强险的赔偿对象。

编写人：四川省成都市锦江区人民法院　史晓莎

48

交通肇事后因救治伤者驾车离开事故现场的情形，保险公司不能免赔

——刘某芹诉梁某洪等机动车交通事故责任案

【案件基本信息】

1. 裁判书字号

广东省佛山市中级人民法院（2017）粤06民终第1195号民事判决书

2. 案由：机动车交通事故责任纠纷

① 张新宝：《侵权责任法原理》，中国人民大学出版社2005年版，第327页。

3. 当事人

原告（被上诉人）：刘某芹

被告（上诉人）：中国大地财产保险股份有限公司佛山中心支公司（以下简称保险公司）

被告（被上诉人）：梁某洪、佛山市凯丰机动车驾驶员培训有限公司（以下简称凯丰驾校）

【基本案情】

2016 年 4 月 12 日 19 时许，梁某洪驾驶制动技术性能不合格的粤 E8 × × × 学号小型轿车行驶至罗村北湖一路中国工商银行对出路段时，与步行横过道路的刘某芹和施某祥发生碰撞，造成刘某芹、施某祥受伤的道路交通事故。事故发生后，梁某洪驾驶粤 E8 × × × 学号小型轿车送伤者刘某芹和施某祥到医院救治。经公安交警部门认定，梁某洪负事故的全部责任，刘某芹及施某祥不负事故的责任。

事故发生后，刘某芹被送往佛山市南海区罗村医院住院治疗，截至 2016 年 7 月 29 日止共产生了医疗费 79221. 54 元，其中由保险公司在交强险的医疗费用赔偿限额内垫付了 10000 元，由梁某洪、凯丰驾校各垫付了 5000 元。

梁某洪驾驶的粤 E8 × × × 学号小型轿车的注册登记车主为凯丰驾校。梁某洪称其是凯丰驾校的员工，但未能举证予以证实。该车辆在保险公司参投了交强险（其中医疗费用赔偿限额为 10000 元、死亡伤残赔偿限额为 110000 元、财产损失赔偿限额为 2000 元）及赔偿限额为 100 万元的不计免赔商业第三者责任险，事故发生在保险期间内。《机动车综合商业保险条款》第二十四条第一款第（二）项约定，事故发生后，驾驶人在未依法采取措施的情况下驾驶被保险机动车或者遗弃被保险机动车离开事故现场，保险人不负责赔偿。

刘某芹起诉至法院，请求法院判令梁某洪、凯丰驾校、保险公司连带赔偿刘某芹交通事故医疗费 59221. 54 元。

【案件焦点】

交通肇事后驾驶人因救人驾驶机动车离开事故现场，保险公司在商业第三者责任险范围内可否免责。

【法院裁判要旨】

广东省佛山市南海区人民法院经审理认为：关于商业第三者责任险的责任承担问题。事故发生后，梁某洪即将原告送至医院进行救治而离开事故现场，在主观上并没有故意逃避法律责任，而是将伤者的生命价值放在第一位而忽略了采取拍照、标明事发位置等现场保护措施。因此，保险公司仍应在商业第三者责任险范围内承担赔偿责任。

广东省佛山市南海区人民法院根据《中华人民共和国侵权责任法》第十六条等规定，作出如下判决：

一、保险公司应于本判决发生法律效力之日起十日内赔偿 59221.54 元予刘某芹；

二、驳回刘某芹的其他诉讼请求。

保险公司不服一审判决，提出上诉。广东省佛山市中级人民法院经审理认为：保险公司上诉主张，梁某洪肇事后未保护好现场，且未及时向其履行通知义务，根据《商业第三者责任保险条款》"事故发生后，驾驶人在未依法采取措施的情况下驾驶被保险机动车或者遗弃被保险机动车离开事故现场"的约定及《中华人民共和国保险法》第二十一条之规定，其在商业第三者责任险范围内可予免责。本院认为保险公司的上诉主张依据不足，理由如下：

一、从法律规定来看。虽然梁某洪肇事后未保护好现场，未及时通知保险公司，违反了法律规定，在主观上存在过错。但是，应当考虑到梁某洪离开现场的原因是急于送伤者就医，该过错既不构成肇事逃逸的故意，亦不构成重大过失，仅属于轻微过失。《中华人民共和国保险法》第二十一条规定："投保人、被保险人或者受益人知道保险事故发生后，应当及时通知保险人。故意或者因重大过失未及时通知，致使保险事故的性质、原因、损失程度等难以确定的，保险人对无法确定的部分，不承担赔偿或者给付保险金的责任，但保险人通过其他途径已经及时知道或者应当及时知道保险事故发生的除外。"据此，投保人、被保险人或者受益人只有因故意或重大过失未及时通知保险公司导致保险事故的性质、原因、损失程度等难以确定的情况下，保险公司方可免责。如前所述，梁某洪在本案中仅构成轻微过失，根据上述法律规定，保险公司不应免责。

二、从法律价值来看。公平和自由均是法律追求的价值。从自由角度而言，保险条款中“事故发生后，驾驶人在未依法采取措施的情况下驾驶被保险机动车或者遗弃被保险机动车离开事故现场”的约定，属于投保人与保险公司的意思自治，系自由意志的体现，保险公司据此似可免责。但是，自由应以不违反公平为界。我们应当认识到，人类的生命和健康，在任何情况下均是应予首要尊重的价值。梁某洪在本案交通事故中造成刘某芹、施某祥两人受伤，单从刘某芹前期的治疗费用为近 8 万元来看，其伤情十分严重。在当时情况下，要求梁某洪既保护好事故现场并及时通知保险公司又不延误伤者的救治时机，显然过于苛严，在客观上亦难以两者兼顾。因此，如判令保险公司免责，对肇事后积极抢救伤员的梁某洪有失公平。另外，如梁某洪为保护现场而延误受害人的治疗时机，对受害人亦有失公平。因此，保险条款中体现的自由和意思自治，在本案中因与公平价值相悖，本院不予保护。

三、从道德风险来看。本案中，如判令保险公司免责，由梁某洪承担赔偿责任，必将导致今后肇事者在发生交通事故后将保护现场视为第一要务，其首要考虑的将是责任如何划分而非积极救治伤者，因害怕承担责任而尽最大可能采取各种现场保护措施，从而极大可能延误伤者的救治时机，将造成一种漠视他人生命和健康的社会导向，而该导向显然是十分危险和有害的。至于保险公司上诉所称的肇事者可能利用救治伤者为由逃避交警部门对于其酒后驾驶、无证驾驶责任的追查，本院认为，肇事者显然不可能利用送伤者就医之机获取一份倒签的驾驶证，因此其借此逃避无证驾驶责任的风险根本无从谈起；因酒精在人体内挥发有一个较为漫长的过程，只要肇事者、受害人或目击者不过分延迟报警，肇事者利用送伤者就医之机逃避酒后驾驶责任追查的可能性极低。因此，保险公司上诉所称两种道德风险根本或基本不存在，可不予考虑。

广东省佛山市中级人民法院依据《中华人民共和国民事诉讼法》第一百七十条第一款第（一）项的规定，作出如下判决：

驳回上诉，维持原判。

【法官后语】

粗看，本案是一起极为简单的交通事故纠纷，争议焦点单一，即交通事故伤及他人后是先救人还是先拍照？不同的立场便有不同的答案，受害人、侵权人、保险公司均有说辞。细究，其中蕴含着法律价值的冲突、人文主义的弘扬、道德风险的评估和社会导向的确立等一系列问题。

众所周知，公平和自由都是法律追求的价值。从自由角度而言，本案保险合同中“事故发生后，驾驶人在未依法采取措施的情况下驾驶被保险机动车或者遗弃被保险机动车离开事故现场”的约定，属于投保人与保险公司的意思自治，这是一种自由的体现，如果遵从“合同自由”的合同法原则，这种保险条款所体现的自由，司法自然是应当予以尊重和保护的。但是，我们认为，自由应以不违反公平为界，如果一种自由严重损害公平，则这种自由在司法实践中一般不予保护。从法律的权利体系和人文关怀角度看，人类的生命健康权，在任何情况下均是应予首要尊重和保护的，如其他权利与之冲突的，则应当优先保护人的生命健康权。本案中如果司法保护了“自由”，则会严重地损害“公平”，一方面，对于肇事后积极抢救伤员的肇事者有失公平；另一方面，更为重要的，如肇事者为保护现场而延误受害人的治疗时机，对受害人亦有失公平。基于此，本案保险条款中体现的自由和意思自治，因与公平价值相悖，不应予以保护。

从社会导向来说，如本案判令保险公司免责，由积极救治伤者的肇事司机承担赔偿责任，必将打击肇事者救人的积极性，导致今后肇事者在发生交通事故后将保护现场视为第一要务，其首要考虑的将是责任如何划分而非积极救治伤者，因害怕承担责任而尽最大可能采取各种现场保护措施，从而极大可能延误伤者的救治时机，将造成一种漠视他人生命和健康的社会导向，而这种导向显然是十分危险和有害的。

本案判决从法律规定、法的价值、道德风险三方面进行了剖析，综合运用规范适用、理论探索、经验法则、逻辑推理等手段对上述问题作出了合法、合情、合理的回答，体现了司法对公平正义价值的至高追求、对人类生命健康的顶格保护、对道德风险的审慎评估、对社会舆论的正确引导。

编写人：广东省佛山市中级人民法院　钟学彬

49

商业险保险公司对无证驾驶免责条款仅需提示即生效

——郭某生诉韩某水、中国人民财产保险股份有限公司泉州市分公司机动车交通事故责任案

【案件基本信息】

1. 裁判书字号

福建省南安市人民法院（2016）闽0583民初第1214号民事判决书

2. 案由：机动车交通事故责任纠纷

3. 当事人

原告：郭某生

被告：韩某水、中国人民财产保险股份有限公司泉州市分公司（以下简称人保财险泉州公司）

【基本案情】

2015年10月25日22时40分许，郭某生驾驶闽C25×××号二轮摩托车从泉州方向沿国道324线右起第二车道往厦门方向行驶，至国道324线222km+500m处，碰撞到右侧翻停在同车道由韩某水（未持有机动车驾驶证）驾驶的闽CK2×××号小型轿车底盘中间部位，造成郭某生受伤及车辆受损的交通事故。郭某生在事故发生后随即被送到中国人民解放军第一八〇医院住院治疗，伤情经诊断确定为“右胫腓骨开放性骨折、多器官功能不全等”，住院期间共支出医疗费140565.02元。被告韩某水在事故发生后支付给原告郭某生100000元。经道路交通事故责任认定，韩某水、郭某生负事故同等责任。福建三晋司法鉴定所于2016年1月25日作出“郭某生的损伤评定为六级伤残、附加一处九级伤残；护理期为90日；误工期为180日；为大部分丧失劳动能力”的司法鉴定意见书，原告郭某生为此支出鉴定费2800元。福建三晋司法鉴定所于2016年6月6日再次作出“郭某生的损伤评定为六级伤残、

附加一处九级伤残；护理期为90日；误工期为180日；为大部分丧失劳动能力；部分护理依赖”的司法鉴定意见书，原告郭某生为此支出鉴定费3500元。

另查明，韩某水系闽CK2×××号小型轿车行驶证登记车主，韩某水就该车向人保财险泉州公司投保机动车交强险、商业第三者责任险，保险期间自2015年5月20日0时起至2016年5月19日24时止，第三者责任保险的保险限额为500000元。

韩某水与人保财险泉州公司签订的机动车第三者责任保险条款第六条约定：“下列情况下，不论任何原因造成的对第三者的损害赔偿责任，保险人均不负赔偿责任……（七）驾驶人有下列情形之一者：1. 无驾驶证或驾驶证有效期已届满……”，被告人保财险泉州公司对上述条款进行了加粗显示，且已将保险条款送达给被告韩某水。

【案件焦点】

保险人将无证驾驶等法律禁止性规定作为商业险免责条款的免责事由，保险人的提示和说明义务能否减轻或免除。

【法院裁判要旨】

福建省南安市人民法院经审理认为：一、关于韩某水的无证驾驶行为可否免除人保财险泉州公司交强险和第三者商业险的赔偿责任。交强险方面，《最高人民法院关于审理道路交通事故损害赔偿案件适用法律若干问题的解释》第十八条规定：“有下列情形之一导致第三人人身损害，当事人请求保险公司在交强险责任限额范围内予以赔偿，人民法院应予支持：（一）驾驶人未取得驾驶资格或者未取得相应驾驶资格的……”，故人保财险泉州公司应当在交强险各分项责任限额内对郭某生承担人身损害的保险责任，其承担责任后可以向侵权人韩某水主张追偿权。商业第三者责任险方面。被告韩某水无证驾驶行为违反了法律禁止性规定，存在明显过错，增大了道路交通安全风险，被告人保财险泉州公司只需对保险免责条款尽提示义务，该项免责条款即生效，因被告人保财险泉州公司已对该免责条款使用了加黑加粗这一具有明显标志的不同字体，且将保险条款送达给被告韩某水，应当认为人保财险泉州公司已履行了提示、告知义务。保险合同上约定的无证驾驶免责条款，具有法律效力，对郭某生超过交强险责任限额的部分，根据商业第三者责任险合同的约定，由韩某水自行承担赔偿责任，人保财险泉州公司无须承担商业第三者责任险的保险责任。二、关于原告郭某生损失赔偿项目及数额。根据法律及司法解释的规定，依法确定原告郭某生因本案造成的经济损失为861398.92元。其中：医疗费141251.12元、住院伙食补助费990元、营养费10000元、残疾赔偿金143447.2元、误工费11410元、护理费6281.6元、交通费3000元、精神损害抚慰金40000元、鉴定费3500元、被扶养人生活费115065元、辅助器具费386454元。三、关于本案原、被告的民事责任。人保财险泉州公司是肇事小车交强险的保险人，应根据《中华人民共和国道路交通安全法》和保险条款的约定承担保险赔偿责任。本案事故发生在保险期限内，车辆驾驶人韩某水负事故同等责任，被告人保财险泉州公司依法负有直接向原告郭某生支付赔偿保险金的义务，即被告人保财险泉州公司应当在交强险医疗费用赔偿限额内赔偿原告郭某生医疗费10000元（优先支付非医保费用），在死亡伤残赔偿限额内赔偿原告各项经济损失110000元（优先支付精神损害抚慰金）。综上，被告人保财险泉州公司应在交强险保险限额范围内先行支付的赔偿款为120000元（10000元+110000元）。被告韩某水对事故的发生承担同等责任，超过交强险限额部分的损失，应由被告韩某水承担50%的赔偿责任。原告郭某生各项合理损失861398.92元扣除被告人保财险泉州公司先行支付的交强险赔偿款120000元，余者741398.92元，该款项应由被告韩某水承担50%的赔偿责任，即370699.46元，扣除被告韩某水已支付的100000元，被告韩某水尚应赔偿给原告郭某生270699.46元。

福建省南安市人民法院依照《中华人民共和国侵权责任法》第十六条，《中华人民共和国保险法》第二条、第十七条第二款、第六十五条，《最高人民法院关于适用〈中华人民共和国保险法〉若干问题的解释（二）》第十条、第十一条，《最高人民法院关于审理人身损害赔偿案件适用法律若干问题的解释》第十九条、第二十条、第二十一条、第二十二条、第二十三条、第二十四条、第二十五条、第三十五条，国务院《机动车交通事故责任强制保险条例》第二十一条第一款、第二十三条之规定，作出如下判决：

一、被告人保财险泉州公司应于本判决生效后十日内在机动车交通事故责任强制保险责任限额内赔偿给原告郭某生120000元；

二、被告韩某水应于本判决生效后十日内赔偿给原告郭某生270699.46元；

三、驳回原告郭某生的其他诉讼请求。

【法官后语】

保险合同是投保人与保险人约定保险权利义务关系的协议，在保险合同中所约定的保险事故发生后，保险人应履行赔付保险金义务，但对符合责任免除情形的保险事故，保险人可依约免除赔付保险金责任。商业第三者责任险保险合同中的免责条款是否有效的关键在于保险人是否履行了告知义务。《中华人民共和国保险法》第十七条第二款规定："对保险合同中免除保险人责任的条款，保险人在订立合同时应当在投保单、保险单或者其他保险凭证上作出足以引起投保人注意的提示，并对该条款的内容以书面或者口头形式向投保人作出明确说明；未作提示或者明确说明的，该条款不产生效力。"即一般情形下，保险公司对免责条款不但要提示还要明确说明，否则对投保人就不产生法律效力。

但是，《中华人民共和国道路交通安全法》第十九条第一款规定："驾驶机动车，应当依法取得机动车驾驶证。"第九十九条也有对"未取得机动车驾驶证、机动车驾驶证被吊销或者机动车驾驶证被暂扣期间驾驶机动车的"情形的处罚规定，显然，无证驾驶是《中华人民共和国道路交通安全法》明确禁止的违法行为，属于法律禁止性规定。禁止性规定属于法律规范，任何人都应当遵守，且较为容易理解，也是众所周知的事实，更是一名驾驶员所应当知道的常识。也因此，《最高人民法院关于适用〈中华人民共和国保险法〉若干问题的解释（二）》第十条规定："保险人将法律、行政法规中的禁止性规定情形作为保险合同免责条款的免责事由，保险人对该条款作出提示后，投保人、被保险人或者受益人以保险人未履行明确说明义务为由主张该条款不生效的，人民法院不予支持。"根据该规定，无证驾驶等法律禁止性规定作为商业险免责条款的免责事由，保险人可免除明确说明义务，仅应负有提示义务。本案中，"无证驾驶"等行为显然是国家立法明令禁止的违法行为，保险公司在告知投保人详细阅读条款后，投保人就应该能够理解其中的含义，应当视为保险人已经尽到提示义务。在保险事故发生后如果允许投保人以保险人对该条款未明确说明为由主张该条款未产生效力，并且要求保险人承担保险责任，不利于遏制被保险人的违法行为，且有可能引发道德风险，危害公众生命财产安全。本案保险公司对该免责条款使用了加黑加粗这一具有明显标志的不同字体，且将保险条款送达给被告韩某水，应当认为保险公司已履行了提示义务，保险公司可以免于负担保险责任。本案的判决能够从责任承担的角度引导当事人养成安全行车，守法驾驶的意识，具有良好的社会效果。

值得一提的是，交强险具有公益性和强制性的特点，目的是保障机动车道路交通事故受害人依法能够得到赔偿，故驾驶员的主体身份不是决定交强险是否理赔的依据。根据《最高人民法院关于审理道路交通事故损害赔偿案件适用法律若干问题的解释》第十八条："有下列情形之一导致第三人人身损害，当事人请求保险公司在交强险责任限额范围内予以赔偿，人民法院应予支持：（一）驾驶人未取得驾驶资格或者未取得相应驾驶资格的……"的规定，在交强险部分，即使存在无证驾驶等违法行为，保险公司仍应负担相应的保险责任，但保险公司可以在赔偿范围向侵权人主张追偿权。

编写人：福建省南安市人民法院　周佳宝　黄振东

50

事故后未及时通知保险人三者险是否免赔的认定

——周某禄诉赵某超等机动车交通事故责任案

【案件基本信息】

1. 裁判书字号

北京市顺义区人民法院（2017）京 0113 民初第 10274 号民事判决书

2. 案由：机动车交通事故责任纠纷

3. 当事人

原告：周某禄

被告：赵某超、刘某发、北京金路运通商贸有限公司、长安责任保险股份有限公司北京市分公司（以下简称长安保险北京分公司）

【基本案情】

2017 年 3 月 10 日 11 时许，赵某超驾驶中型货车与周某禄驾驶的小客车相撞，造成两车损坏。交管部门认定赵某超负事故全部责任。事故发生后，周某禄支付了车辆修理费64400元。后周某禄将肇事司机赵某超、车辆所有人刘某发以及承保肇事车辆机动车交通事故责任强制保险（以下简称交强险）以及商业第三者责任保险（以下简称三者险）的保险公司诉至法院。庭审中，该保险公司依据三者险条款第二十条的规定，以赵某超未进行保险报案为由，主张三者险免赔，并就此提交了投保单以及保险条款予以证实。该第二十条规定如下：发生保险事故时，被保险人应当及时采取合理的、必要的施救和保护措施，防止或者减少损失，并在保险事故发生后48小时内通知保险人。故意或者因重大过失未及时通知，致使保险事故的性质、原因、损失程度难以确定的，保险人对无法确定的部分，不承担赔偿责任，但保险人通过其他途径已经及时知道或者应当及时知道保险事故发生的除外。

【案件焦点】

投保人、被保险人、受益人在发生机动车交通事故后未及时通知保险人，保险人以此为由主张三者险免赔的，法院应如何认定。

【法院裁判要旨】

北京市顺义区人民法院经审理认为：长安保险北京分公司辩称因事故后未接到保险报案故三者险免赔，但本案已经诉讼，周某禄已向法庭提交了相应的证据证实事故事实、责任认定以及损失情况，法庭亦依法进行了审核确认，故本案已不存在保险人对于“保险事故的性质、原因、损失程度难以确定”的情形，综上，本院对于长安保险北京分公司的上述辩解意见，不予采信。

北京市顺义区人民法院依照《中华人民共和国侵权责任法》第十九条、第二十六条、第四十八条，《中华人民共和国道路交通安全法》第七十六条，《最高人民法院关于审理道路交通事故损害赔偿案件适用法律若干问题的解释》第十六条之规定，作出如下判决：

一、被告长安保险北京分公司在机动车交通事故责任强制保险财产损失赔偿限额内赔偿原告周某禄2000元，于本判决生效之日起七日内执行；

二、被告长安保险北京分公司在商业第三者责任保险限额内赔偿原告周某禄62400元，于本判决生效之日起七日内执行。

【法官后语】

发生保险事故时，投保人、被保险人、受益人并未在保险事故发生后48小时内通知保险人。诉讼中，保险人引用三者险第二十条的规定，以被保险人未进行保险报案为由主张三者险免赔，该辩解意见不应被采信。具体理由如下：

一、三者险条款第二十条属于法定免责条款

三者险的免责条款一般有如下几种类型：法定免责条款、禁止性免责条款和一般性免责条款。

法定免责条款指法律、行政法规明确规定的保险人不承担责任的情形，行为人违反法律规定的法律后果是保险人不承担保险责任。保险人就此无须尽到提示和明确说明义务。

禁止性免责条款指的是保险人将法律、行政法规的禁止性规定情形作为保险合同免责条款的事由。行为人违反法律、行政法规的禁止性规定会产生行政或者刑事责任，但不会对司法上的民事合同产生影响。按照《最高人民法院关于适用〈中华人民共和国保险法〉若干问题的解释（二)》第十条的规定，保险人就禁止性免责条款仅需尽到提示义务即可免责。

一般免责条款指免赔条款中除法定免责条款及禁止性免责条款之外的，其他免除或者减轻保险人责任的条款。对于一般免责条款，保险人则需要依据《中华人民共和国保险法》第十七条的规定，尽到提示和明确说明义务方可免责。

本案保险人引用的三者险条款第二十条源于《中华人民共和国保险法》第二十一条的规定："投保人、被保险人或者受益人知道保险事故发生后，应当及时通知保险人。故意或者因重大过失未及时通知，致使保险事故的性质、原因、损失程度等难以确定的，保险人对无法确定的部分，不承担赔偿或者给付保险金的责任，但保险人通过其他途径已经及时知道或者应当及时知道保险事故发生的除外。"该条款属于法定免责条款，是法律、行政法规明确规定的不承担责任的情形。

二、法定免责条款是否发生效力取决于是否满足法定构成要件

法定免责条款属于"当然免责条款"，即使相应条款未在保险合同中约定，一旦发生条款规定的法定情形，保险人也可直接援引以主张免责，因此无须审查保险人是否尽到了提示和明确说明义务，其是否发生法律效力应取决于是否满足法定构成要件。

本案中，按照《中华人民共和国保险法》的规定以及三者险条款的约定，保险人引用法定免责条款主张免责需要满足如下法律要件：(1) 投保人、被保险人、受益人未履行通知义务；(2) 保险事故的性质、原因、损失程度等难以确定；(3) 不符合除外规定，即保险人通过其他途径知晓事故发生。诉讼中，保险人一般基于投保人、被保险人、受益人未报案、保险人对事故不知情进而未进行定损等为由主张免赔，符合上述1、3项的规定，但并不符合“保险事故的性质、原因、损失程度等难以确定”的规定。

在机动车交通事故责任纠纷案件中，受害人需要举证证实事故事实、双方责任情况、自身损失情况，投保人、被保险人、受益人则需举证证实保险投保情况、驾驶人资格及车辆年检等情况，上述事实均属司法机关审核确认的范畴，也即“保险事故的性质、原因、损失程度等”属于司法机关审理查明并依法确认的内容，当然不属于难以确定的部分，因此前述的法定构成要件尚不满足，保险人的主张难以成立。

三、诉讼中需保障保险人权利以排除联合骗保可能

发生保险事故后未及时通知保险人，保险公司最大的顾虑是受害人与投保人、被保险人、受益人联合骗保，因此诉讼中司法机关需要完善诉讼规则以避免骗保情况发生、保障保险公司的合法权利。

诉讼中大部分案件均有交管部门出具的事故认定书、证明证实事故发生，但少部分案件双方于事故后并未报警而是通过签订快速处理协议的方式固定事故事实及责任认定，该种做法虽符合相关行政法规规定（事实上，如果事故轻微，交管部门提倡双方通过此种方式处理，以节约双方乃至行政主管机关的成本），但因缺乏公权力机关的确认，保险人基本都会对事故的真实性提出疑义。司法机关此种情况下也应持谨慎态度，一般均要求双方提供事故现场照片、视频监控等材料佐证以审核事故是否真实。如保险人仍对事故存疑，司法机关也可释明其享有鉴定申请权，如车辆痕迹相符性鉴定、交通事故因果关系鉴定等，进一步保障保险人权利。如保险人对损失程度持有异议，在损失尚未修复的情况下，司法机关可以允许保险人对损失进行查勘定损，双方对保险人定损仍持有异议的，可进一步通过评估鉴定确定损失情况；如损失已被修复，保险人也可通过相关鉴定申请保障其权利。

编写人：北京市顺义区人民法院　涂琳　朱建娜

51

投保人同时为主车和挂车投保商业第三者责任保险的保险公司的赔偿限额总额问题

——史某女等诉蔡某耕等机动车交通事故责任案

【案件基本信息】

1. 裁判书字号

北京市顺义区人民法院（2017）京0113民初第5946号民事判决书

2. 案由：机动车交通事故责任纠纷

3. 当事人

原告：史某女、张某尧、张某江

被告：蔡某耕、王某新、王某鹏、北京刚运兴益商贸有限责任公司、中华联合财产保险股份有限公司北京分公司（以下简称中华保险北京分公司）、安华农业保险股份有限公司乌兰察布中心支公司（以下简称安华保险乌兰察布支公司）、中国太平洋财产保险股份有限公司深圳分公司

【基本案情】

2017年3月6日21时许，在北京市顺义区京沈路金马工业区路口，蔡某耕驾驶重型半挂牵引车与李某春驾驶的轻型厢式货车以及驾驶电动自行车的段某耐、李某红发生事故，造成段某耐、李某红死亡，四车损坏。交管部门故认定蔡某耕负事故全部责任。

重型半挂牵引车主车在中华保险北京分公司投保了交强险，在安华保险乌兰察布支公司投保了三者险100万元（含不计免赔）；挂车在安华保险乌兰察布支公司投保了三者险100万元（含不计免赔）。诉讼中，安华保险乌兰察布支公司主张依据《机动车综合商业保险条款》第二十九条的规定，即“主车和挂车连接使用时

视为一体，发生保险事故时，由主车保险人和挂车保险人按照保险单上载明的机动车第三者责任保险责任限额的比例，在各自的责任限额内承担赔偿责任，但赔偿金额总和以主车的责任限额为限”，本案中三者险的赔偿额度不能超过100万元。

【案件焦点】

投保人同时为主车、挂车投保商业第三者责任保险的，保险公司的赔偿限额总额是否仅以主车的责任限额为限。

【法院裁判要旨】

北京市顺义区人民法院经审理认为：

一、《最高人民法院关于适用〈中华人民共和国保险法〉若干问题的解释（二）》（以下简称《保险法司法解释二》）第九条规定：保险人提供的格式合同文本中的责任免除条款、免赔额、免赔率、比例赔付或者给付等免除或者减轻保险人责任的条款，可以认定为《中华人民共和国保险法》第十七条第二款规定的“免除保险人责任的条款”。本案中涉及的机动车综合商业保险条款第二十九条，明显减轻了安华保险乌兰察布支公司的赔偿责任，应属格式免责条款。

二、上述第二十九条约定在保险条款中的责任限额项下，未采取与其他责任免除条款相同的加粗加黑字体，应视为保险人未尽到提示义务。

三、该条款也不应产生效力，理由如下：1. 挂车缺乏驱动装置，基本不存在单独上路行驶的可能，车辆所有人一方为其单独投保三者险，目的在于增加整车的投保额度进而分散赔偿风险，安华保险乌兰察布支公司对此也应当是明知的，此种情况下其依然承保并单独收取保费，就应当承担相应的保险赔偿责任；2. 该第二十九条的约定如果发生法律效力，则被保险人一方未就其支付的挂车保费享受任何保险利益，安华保险乌兰察布支公司也未就其收取的挂车保费承担任何赔偿风险，合同双方的权利义务明显不对等，有违公平原则。

综上，安华保险乌兰察布支公司应在三者险限额内（含主挂车）根据保险合同予以赔偿。

北京市顺义区人民法院依照《中华人民共和国侵权责任法》第十九条、第二十六条、第四十八条，《中华人民共和国道路交通安全法》第七十六条，《最高人民法院关于审理人身损害赔偿案件适用法律若干问题的解释》第十七条、第十八条、

第十九条、第二十七条、第二十八条、第二十九条，《最高人民法院关于审理道路交通事故损害赔偿案件适用法律若干问题的解释》第十六条，《最高人民法院关于确定民事侵权精神损害赔偿责任若干问题的解释》第一条，《中华人民共和国民事诉讼法》第一百四十四条之规定，作出如下判决：

一、被告中华保险北京分公司在机动车交通事故责任强制保险医疗费用赔偿限额内赔偿原告史某女、张某尧、张某江703元，在死亡伤残赔偿限额内赔偿原告史某女、张某尧、张某江55000元，在财产损失赔偿限额内赔偿原告史某女、张某尧、张某江1429元，于本判决生效之日起七日内执行；

二、被告中国太平洋财产保险股份有限公司深圳分公司在机动车交通事故责任强制保险无责任医疗费用赔偿限额内赔偿原告史某女、张某尧、张某江70元，在无责任死亡伤残赔偿限额内赔偿原告史某女、张某尧、张某江5500元，在无责任财产损失赔偿限额内赔偿原告史某女、张某尧、张某江71元，于本判决生效之日起七日内执行；

三、被告安华农业保险股份有限公司乌兰察布中心支公司在商业第三者责任保险限额内赔偿原告史某女、张某尧、张某江1080000元，于本判决生效之日起七日内执行；

四、被告蔡某耕、王某新、王某鹏、北京刚运兴益商贸有限责任公司共同赔偿原告史某女、张某尧、张某江316338元，于本判决生效之日起七日内执行；

五、驳回原告史某女、张某尧、张某江的其他诉讼请求。

【法官后语】

本案的争议焦点在于投保人同时为主车、挂车投保商业第三者责任保险的，保险公司的赔偿限额总额是否仅以主车的责任限额为限？法院裁判最终认定保险公司应在三者险限额内（含主挂车）根据保险合同予以赔偿。具体理由如下：

一、根据相关保险法律规定，保险人提供的格式合同文本中的有关免除或者减轻保险人责任的条款，可以认定为《中华人民共和国保险法》第十七条第二款规定的“免除保险人责任的条款”

《中华人民共和国保险法》第十七条第二款规定：“对保险合同中免除保险人责任的条款，保险人在订立合同时应当在投保单、保险单或者其他保险凭证上作出足以引起投保人注意的提示，并对该条款的内容以书面或者口头形式向投保人作出明确说明；未作提示或者明确说明的，该条款不产生效力。”《最高人民法院关于适用〈中华人民共和国保险法〉若干问题的解释（二）》（以下简称《保险法司法解释二》）第九条规定：保险人提供的格式合同文本中的责任免除条款、免赔额、免赔率、比例赔付或者给付等免除或者减轻保险人责任的条款，可以认定为《中华人民共和国保险法》第十七条第二款规定的“免除保险人责任的条款”。本案中涉及的《机动车综合商业保险条款》第二十九条规定：主车和挂车连接使用时视为一体，发生保险事故时，由主车保险人和挂车保险人按照保险单上载明的机动车第三者责任保险责任限额的比例，在各自的责任限额内承担赔偿责任，但赔偿金额总和以主车的责任限额为限。在投保人对主车、挂车均投保了三者险的前提下，上述第二十九条将主车、挂车各自承担的赔偿责任按三者险责任限额的比例进行区分，同时又约定了保险赔偿总金额上限为主车的责任限额，明显低于主车、挂车保险金额总额，减轻了保险人的赔偿责任，应属格式免责条款。

二、保险人应对格式免责条款尽到提示和明确说明义务

《最高人民法院关于适用〈中华人民共和国保险法〉若干问题的解释（二）》第十一条规定，保险合同订立时，保险人在投保单或者保险单等其他保险凭证上，对保险合同中免除保险人责任的条款，以足以引起投保人注意的文字、字体、符号或者其他明显标志作出提示的，人民法院应当认定其履行了《中华人民共和国保险法》第十七条第二款规定的提示义务。在签订正式的保险合同之前或之时，保险人应主动向被保险人或投保人说明保险合同所涉及格式条款的有关内容，这是保险人的法定义务。为防止保险销售人员在销售保险时利用格式免责条款误导消费者，督促保险人切实向投保人解释免除保险人责任的格式条款，保护保险消费者的合法权益，保险人应对免除保险人责任的条款特别处理。从内容上，保险人应当确保保险条款表述清晰、准确，避免产生歧义；从形式上，保险人应以足以引起投保人注意的文字、字体、符号或者其他方式作出提示。在签订保险合同前或期间，保险人应提示投保人免责条款的存在。例如，保险人未能将免责条款进行区别于其他条款的重点处理，则视为其未尽到提示义务。本案中，上述第二十九条约定在保险条款中的责任限额项下，未采取与其他责任免除条款相同的加粗加黑字体，应视为安华保险乌兰察布支公司未尽到提示义务。

三、合同双方的权利义务应对等，不得违背公平原则

《中华人民共和国民法总则》第六条规定，民事主体从事民事活动，应当遵循公平原则，合理确定各方的权利和义务。《中华人民共和国合同法》第三十九条规定，采用格式条款订立合同的，提供格式条款的一方应当遵循公平原则确定当事人之间的权利和义务，并采取合理的方式提请对方注意免除或者限制其责任的条款，按照对方的要求，对该条款予以说明。现实生活中，挂车因缺乏驱动装置，主车、挂车一般情况下均连接使用，挂车无法脱离主车单独上路行驶，故挂车在行驶时亦会产生相应的交通事故风险。投保人为挂车投保三者险，其目的在于降低赔偿风险、增加投保额度，保险人在承保时对上述情况系明知的，且收取了挂车的保险费用，故保险人应承担相应的赔偿责任。如上述第二十九条生效，则意味着投保人支付了挂车的保险费用却未享受相应全部的保险利益，而保险人收取保险费用却未承担对应的赔偿风险，合同双方的权利义务明显不对等，有违公平原则。

关于主挂车一体保险限额使用的问题，保险公司的异议由来已久。早期保险公司曾以碰撞点为区分标准，认为如碰撞发生在主车车体上则使用主车保险、如碰撞发生在挂车车体上则使用挂车保险，就此司法机关普遍采用了“主挂车连接使用时视为一体”的观点，未采信保险公司的上述意见。后保险公司又以本案中的观点为由主张赔偿上限，该条款亦饱受争议，但在保险行业协会重新制定车险条款时，上述条款依然未被取消。鉴于保险条款系由行业协会统一制定、全国保险公司均采用该条款且投保人在投保时并不具有议价权，因此司法机关在审查格式保险条款时采取严格态度并不为过，也希望司法裁判的观点能够被保险行业协会重视，以期有更合理、更科学的保险条款促进车险行业的发展。

编写人：北京市顺义区人民法院　朱建娜　刘筠

52

违法驾驶侵权人赔偿后交强险如何承担

——顾某梅诉徐某、中国平安财产保险股份有限公司盐城中心支公司机动车交通事故责任案

【案件基本信息】

1. 裁判书字号

江苏省盐城市中级人民法院（2017）苏09民终第2737号民事判决书

2. 案由：机动车交通事故责任纠纷

3. 当事人

原告（上诉人）：顾某梅

被告（被上诉人）：徐某、中国平安财产保险股份有限公司盐城中心支公司

【基本案情】

2015年10月11日16时20分，徐某未取得机动车驾驶证驾驶苏JXD×××号小型普通客车与案外人王某友驾驶的无号牌电动三轮车（后载顾某梅）尾部发生相撞，致顾某梅受伤、双方车辆不同程度受损。事发后，徐某弃车离开现场。顾某梅当即被送往阜宁县人民医院住院治疗，于2015年11月11日出院。其间，用去医疗费48661.97元。经阜宁县公安局交通警察大队认定，徐某负本起事故的全部责任，王某友、顾某梅无责任。经鉴定：1. 顾某梅因车祸颅脑损伤出血致轻度智能损伤，日常活动能力部分受限，构成道路交通事故九级伤残；其外伤性脑脊液鼻漏构成道路交通事故十级伤残；其双侧神经性耳聋，右耳中等重度听觉障碍构成道路交通事故十级伤残。2. 误工期限6个月，营养期限2个月，护理期限2个月（住院期间2人护理）。3. 顾某梅需后续治疗费用2000元左右。

徐某驾驶的车辆客车在中国平安财产保险股份有限公司盐城中心支公司投保了交强险和100万元不计免赔的商业三者险；事故发生在保险期间内。事发后，徐某为顾某梅垫付医疗费用30400元、现金30000元，合计60400元。

【案件焦点】

侵权人徐某垫付的60400元是否应在交强险赔偿限额中进行扣减。

【法院裁判要旨】

江苏省阜宁县人民法院经审理认为：公民的生命健康权应受法律保护。交警部门的责任认定定责适当，应当作为划分民事赔偿责任的依据。司法鉴定意见书，程序合法，实体正当，依法予以采信。徐某驾驶的客车在中国平安财产保险股份有限公司盐城中心支公司投保了交强险和100万元不计免赔的商业三者险，事故发生在保险期间内，原告请求中国平安财产保险股份有限公司盐城中心支公司在保险限额内承担赔偿责任，依法予以支持。对原告主张的误工费、护理费、营养费诉讼请求，依据司法鉴定书确定的时限结合相应标准计算。对于原告主张的精神抚慰金，符合法律规定，依法予以支持。对于原告主张的误工费，原告已年满60周岁，且未有提供证据予以证明，故不予支持。对于财物损失，原告未能提供证据予以证明，不予支持，可待证据充分后另行主张。徐某未取得驾驶资格驾驶机动车上路行驶致事故发生，现原告请求保险公司在交强险范围内予以赔偿，依法在当事人违法驾车的情况下，若受害人已经从侵权人处获得全部赔偿，其无权再向保险公司请求赔偿；若受害人从侵权人处获得部分赔偿，保险公司可以在赔偿时相应扣减。本案徐某已经垫付了相关费用，故保险公司在赔偿时可以相应扣减。依法认定顾某梅的医疗费为48661.97元、残疾赔偿金为155383.14元、住院伙食补助费为558元、营养费为540元、护理费为4550元、精神抚慰金9000元、交通费酌定为1000元、后续治疗费用2000元，合计221693.11元。

江苏省阜宁县人民法院根据《中华人民共和国侵权责任法》第三条、第六条，《中华人民共和国道路交通安全法》第七十六条，《最高人民法院关于审理人身损害赔偿案件适用法律若干问题的解释》第十七条、第十九条、第二十条、第二十一条、第二十二条、第二十三条、第二十四条，《最高人民法院关于审理道路交通事故损害赔偿案件适用法律若干问题的解释》第十六条、第十八条之规定，作出如下判决：

一、中国平安财产保险股份有限公司盐城中心支公司在交强险范围内赔偿顾某梅59600元；

二、徐某赔偿原告顾某梅167089.11元，冲抵其已经垫付的60400元，其需向顾某梅支付106689.11元。

顾某梅不服一审判决，提起上诉。

江苏省盐城市中级人民法院生效裁判认为：从交强险设立的目的看，其主要是为了保护交通事故受害人权益，防止在发生交通事故时，因侵权人无力赔偿或难以向侵权人求偿的情况下，受害人无法得到及时救治等情形出现。本案中，侵权人徐某未取得驾驶资格或者未取得相应驾驶资格而驾驶机动车发生交通事故，导致第三人顾某梅人身损害，根据《最高人民法院关于审理道路交通事故损害赔偿案件适用法律若干问题的解释》第十八条规定，受害人顾某梅请求保险人中国平安财产保险股份有限公司盐城中心支公司在交强险责任范围内予以赔偿，依法应当予以支持。现顾某梅因交通事故产生的各项损失总额为221693.11元，徐某已预支60400元（包含医疗费30400元），两者差额为161293.11元。该161293.11元差额部分超出交强险限额120000元，故应当认定顾某梅未从侵权人徐某处获得全部赔偿，中国平安财产保险股份有限公司盐城中心支公司在交强险赔偿限额内的先行赔付义务不能免除。因在徐某先行预付的60400元中，顾某梅与徐某均认可其中的30400元系医疗费用性质，故中国平安财产保险股份有限公司盐城中心支公司在交强险医疗费项下对徐某应承担的10000元医疗费用限额垫付义务予以免除。经审查，顾某梅因交通事故导致伤残赔偿项下的损失超过110000元，故中国平安财产保险股份有限公司盐城中心支公司应在110000元赔偿限额内承担先行垫付义务；其余损失111693.11元由徐某承担，扣减其已经赔付的60400元，仍应赔偿51293.11元。综上所述，顾某梅的上诉请求均部分成立，依法予以支持。

江苏省盐城市中级人民法院依照《中华人民共和国民事诉讼法》第一百七十条第一款第（二）项规定，作出如下判决：

一、撤销江苏省阜宁县人民法院（2016）苏0923民初2624号民事判决；

二、被上诉人中国平安财产保险股份有限公司盐城中心支公司于本判决生效后十五日内在机动车交通事故责任强制保险限额内赔偿上诉人顾某梅110000元；

三、被上诉人徐某于本判决生效后十五日内再赔偿上诉人顾某梅51293.11元；

四、驳回上诉人顾某梅的其他诉讼请求。

【法官后语】

本案处理重点主要在于对违法驾驶情形下，侵权人部分赔偿后交强险如何承担的理解。《最高人民法院关于审理道路交通事故损害赔偿案件适用法律若干问题的解释》第十八条规定："有下列情形之一导致第三人人身损害，当事人请求保险公司在交强险责任限额范围内予以赔偿，人民法院应予支持：（一）驾驶人未取得驾驶资格或者未取得相应驾驶资格的；（二）醉酒、服用国家管制的精神药品或者麻醉药品后驾驶机动车发生交通事故的；（三）驾驶人故意制造交通事故的。保险公司在赔偿范围内向侵权人主张追偿权的，人民法院应予支持。追偿权的诉讼时效期间自保险公司实际赔偿之日起计算。"该条文的规定符合我国交强险的立法目的和立法宗旨，即强制性和社会保障性，能使交通事故中的伤者得到及时的救治和补偿。但该条文中亦规定了保险公司享有追偿权，这决定了交强险的赔偿责任，实质上是一种垫付赔偿责任，最终的赔偿责任在于侵权人。这便出现了交强险和侵权人之间的责任分配及责任承担顺序等问题。从侵权责任法所确立的损害赔偿原则来看，我国目前主要采取填补原则，即有损害才有赔偿，若受害人已经从侵权人处获得全部赔偿，其无权再向保险公司请求赔偿；若受害人从侵权人处获得部分赔偿，保险公司可以在赔偿时相应扣减。具体到本案中，一、二审法院审理思路出现分歧，其主要原因即在于对上述规定的不同理解。一审法院认为，徐某已经垫付了60400元，交强险限额除去财物损失后为120000元，顾某梅的损失已经超出该限额，故中国平安财产保险股份有限公司盐城中心支公司应在该范围内扣减徐某垫付的费用，即只需在交强险范围内承担59600元。但二审法院认为顾某梅未从侵权人徐某处获得全部赔偿，中国平安财产保险股份有限公司盐城中心支公司在交强险赔偿限额内的先行赔付义务不能免除。因在徐某先行预付的60400元中，顾某梅与徐某均认可其中的30400元系医疗费用性质，故中国平安财产保险股份有限公司盐城中心支公司在交强险医疗费项下对徐某应承担的10000元医疗费用限额垫付义务予以免除。顾某梅因交通事故导致伤残赔偿项下的损失超过110000元，故中国平安财产保险股份有限公司盐城中心支公司应在110000元赔偿限额内承担先行垫付义务；其余损失111693.11元由徐某承担，扣减其已经赔付的60400元，仍应赔偿51293.11元。

由此可见，一、二审法院的法官在处理该案时均注意到了我国侵权责任法的填补原则，但一审法院更强调的是《最高人民法院关于审理道路交通事故损害赔偿案件适用法律若干问题的解释》第十八条中的追偿权，即保险公司承担责任后仍可向侵权人追偿，即实际侵权人仍是最终的责任承担者，而二审法院则更加注重交强险的社会保险性质，即为了更好地保护交通事故受害人权益，防止在发生交通事故时，因侵权人无力赔偿或难以向侵权人求偿的情况下，受害人无法得到及时救治等情形出现，从而将侵权人垫付的费用进一步细化为医疗费项下和残疾赔偿金项下。

综上，法院不仅是审判权力机构，更是社会稳定和谐的屏障，在侵权人、保险公司和受害人之间，法院会对“相对弱势群体”交通事故受害人给予充分的保护，而保险公司在承担垫付赔偿责任后亦可以行使追偿权。

编写人：江苏省阜宁县人民法院　楚士将　顾海洋

53

委托配偶签订投保合同应认定对投保人本人履行提示说明义务

——易某坤诉韩某福、中国人民财产保险股份有限公司璧山支公司机动车交通事故责任案

【案件基本信息】

1. 裁判书字号

重庆市第一中级人民法院（2017）渝01民终第4187号民事判决书

2. 案由：机动车交通事故责任纠纷

3. 当事人

原告（被上诉人）：易某坤

被告（原审被告）：韩某福

被告（上诉人）：中国人民财产保险股份有限公司璧山支公司

【基本案情】

2015 年 10 月 31 日，韩某福酒后驾驶渝 BCF×××号小型普通客车从璧山区黛山大道方向经国道 319 线往璧山区璧城街道方向行驶，当行驶至璧山区国道 319 线新堰村 6 组路段，与前方同向由易某坤驾驶的渝 CPM×××普通两轮摩托车相撞，造成易某坤受伤、两车受损的道路交通事故。经重庆市璧山区公安局巡逻警察支队认定，韩某福承担此次事故全部责任，易某坤在此事故中无责任。

交通事故发生后，易某坤被送往璧山区人民医院治疗，易某坤两次住院共计 31 天，支出医疗费 44532.04 元（其中韩某福支付 42098.8 元）。

交通事故发生时，渝 BCF×××号小型普通客车在中国人民财产保险股份有限公司璧山支公司投保交强险及 1000000 元商业三者险，并购买不计免赔。审理中，中国人民财产保险股份有限公司璧山支公司提交了签收单和机动车综合商业保险免责事项说明书，主张因韩某福酒驾故对因此次事故造成的损失免赔。韩某福称其未在签收单和机动车综合商业保险免责事项说明书上签字，其并不知晓饮酒驾驶第三者责任险免赔。韩某福对签收单和机动车综合商业保险免责事项说明书投保人处“韩某福”字样申请笔迹鉴定，经重庆法正司法鉴定所鉴定（鉴定费 4000 元），上述字样均不是韩某福书写。

【案件焦点】

中国人民财产保险股份有限公司璧山支公司是否对韩某福尽到了提示和说明义务。

【法院裁判要旨】

重庆市璧山区人民法院经审理认为：被告中国人民财产保险股份有限公司璧山支公司辩称韩某福饮酒驾车而拒赔商业三者险，但其举示的签收单和机动车综合商业保险免责事项说明书上并非韩某福签字，不能证实韩某福知晓饮酒免赔的条款。同时，虽然韩某福缴纳了保险费可以视为对订立保险合同代签字的追认，但对免责条款的提示义务是一个事实问题，对签字的追认不能证实中国人民财产保险股份有限公司璧山支公司履行了提示义务，故饮酒驾驶免赔的合同条款对韩某福不生效。

因韩某福承担此次事故全部责任，故原告的各项损失应先由中国人民财产保险股份有限公司璧山支公司在交强险范围内支付，不足部分由中国人民财产保险股份有限公司璧山支公司在商业三者险范围内赔偿。超过上述需赔偿的部分，由被告韩某福负担。

重庆市劈山区人民法院依照《中华人民共和国侵权责任法》第六条第一款、第十六条，《最高人民法院关于审理道路交通损害赔偿案件适用法律若干问题的解释》第十六条之规定，判决：

一、被告中国人民财产保险股份有限公司璧山支公司在本判决生效之日起十五日内支付原告易某坤因交通事故发生的医疗费、残疾赔偿金、护理费、交通费、误工费、营养费等损失共计191806.84元；

二、驳回原告易某坤的其他诉讼请求。

中国人民财产保险股份有限公司璧山支公司不服一审判决，提起上诉。重庆市第一中级人民法院经审理认为，涉案保险合同的所有手续均是其前妻杨某平办理。合同签订时间为2015年7月25日，韩某福与杨某平离婚时间为2016年8月11日，故杨某平办理上述手续时仍然与韩某福处于夫妻关系存续期间。虽然韩某福辩称杨某平办理保险合同手续时未告知韩某福，其对保险合同不知情，保险费也不是韩某福交纳，但杨某平作为韩某福配偶，其以韩某福的名义签订涉案保险合同并在保险合同免责事项说明书上签字，应视为接受韩某福的委托办理。并且，涉案免责事项说明书系涉案保险合同的组成部分，二者是一个整体，韩某福称其未委托杨某平签订涉案保险合同，对杨某平签订保险合同不知情，不认可中国人民财产保险股份有限公司璧山支公司将保险合同免责事项对其进行了提示和说明义务，但又认可杨某平签订该保险合同的效力，二者存在逻辑矛盾。

本案中，涉案保险合同免责事项说明书载明驾驶人酒驾系机动车商业三者险的免责事项，该说明书首页和尾页以黑体字明确对免责事项进行提示，且该说明书上有投保人手书的“保险人已明确说明免除保险人责任条款的内容及法律后果”及投保人签名，故应当认定中国人民财产保险股份有限公司壁山支公司对投保人进行了提示和说明义务。因此，基于新查明的事实，一审判决认为中国人民财产保险股份有限公司壁山支公司将免责事项未对韩某福尽到提示和说明义务判决其承担商业三者险赔偿责任不当，应予改判。

综上，因二审中出现新的事实，中国人民财产保险股份有限公司壁山支公司不应当承担商业三者险赔偿责任，一审判决应予改判。依照《中华人民共和国民事诉讼法》第一百七十条第一款第（二）项之规定，判决如下：

一、撤销重庆市璧山区人民法院（2016）渝0120民初3801号民事判决；

二、中国人民财产保险股份有限公司璧山支公司于本判决生效之日起七日内支付易某坤赔偿款120000元；

三、韩某福于本判决生效之日起七日内支付易某坤赔偿款75515.04元；

四、驳回易某坤的其他诉讼请求。

【法官后语】

根据《最高人民法院关于适用〈中华人民共和国保险法〉若干问题的解释（二）》第三条规定，“投保人或者投保人的代理人订立保险合同时没有亲自签字或者盖章，而由保险人或者保险人的代理人代为签字或者盖章的，对投保人不生效。但投保人已经交纳保险费的，视为其对代签字或者盖章行为的追认”。通常，交纳保险费仅表明投保人愿意签订保险合同，对他人代为签订保险合同进行追认，但不能认定保险公司对免责条款履行了提示、说明义务，免责条款对投保人通常不发生法律效力。但代为签订保险合同的情形越来越普遍，一并作此处理可能会助长肇事者气焰。因此，代为签订保险合同者的身份亦应适当考量。本案中，代为签订保险合同的是韩某福的妻子，夫妻之间的紧密结合决定了二者之间并非一般意义上的委托代理关系，且韩某福明确表示认可该份保险合同，免责条款与该保险合同作为一个整体，一并认可更符合诚实信用原则。

同时，韩某福系酒驾发生交通事故。酒驾属于严重违法行为，如果对这种违法行为由保险公司赔付商业三者险，行为人因违法行为而获得利益，客观上纵容了违法行为的发生，个案看可能给受害人予以保护，但从整个社会看却会引导错误的价值取向，有违保险制度设立的初衷，有违公序良俗。

值得注意的是，由他人代为签订保险合同时，除非确有证据证明投保人明确知悉了免责条款的，通常不能确认保险人履行了对免责条款的提示义务。本案中存在一定的特殊性，由于代为签订保险合同的人为投保人的妻子，其超乎寻常的紧密结合关系才使得本案不能按一般情况处理。

编写人：重庆市璧山区人民法院　袁园

54

肇事车辆的发动机号和车架号与保险单载明的信息不符时交强险责任承担的认定

——顾某兴诉杨某友、中国平安财产保险股份有限公司郑州中心支公司机动车交通事故责任案

【案件基本信息】

1. 裁判书字号

江苏省无锡市中级人民法院（2017）苏 02 民终第 4802 号民事判决书

2. 案由：机动车交通事故责任纠纷

3. 当事人

原告（被上诉人）：顾某兴

被告（被上诉人）：杨某友

被告（上诉人）：中国平安财产保险股份有限公司郑州中心支公司（以下简称保险公司）

【基本案情】

2016 年 7 月 20 日 7 时 29 分，杨某友驾驶超过核定载质量的皖 0390×××变形拖拉机，沿江阴市西城路由南向北行驶至中国石化加油站门口右转弯时，与同向非机动车道行驶顾某兴驾驶的苏 DVD×××普通二轮摩托车相撞，造成顾某兴受伤及车辆损坏的交通事故。2016 年 8 月 2 日，江阴市公安局交通警察大队作出第 3202816201627176 号道路交通事故认定书，认定杨某友负事故主要责任，顾某兴负事故次要责任。

号牌号码为皖 0390×××变形拖拉机的登记车主是怀远县荣盛汽车运输有限公司，车架号 LVAV2PAB48E117×××，发动机号码 Q00705014×××，行驶证检验合格至2016 年 10 月有效。2016 年 1 月 24 日，杨某友为该车向保险公司投保了机动车交

通事故责任强制保险（以下简称交强险），保险单载明：号牌号码皖0390×××，发动机号码Q00705014×××，车架号LVAV2PAB48E117×××，保险期间自2016年1月25日0时起至2017年1月24日24时止。责任限额：死亡伤残赔偿限额110000元、医疗费用赔偿限额10000元、财产损失赔偿限额2000元。

经顾某兴申请，受法院委托，常州市德安医院司法鉴定所于2017年4月20日出具常德司鉴所（2017）临鉴字第461号司法鉴定意见书，鉴定意见为：顾某兴因交通事故致脑外伤所致器质性神经症样综合征，神经功能障碍，日常活动能力受限，构成十级伤残，顾某兴受伤后需设置的误工期以180日为宜，护理期以60日为宜，营养期以90日为宜。

事发前，顾某兴在江阴市无缝钢管总厂工作，其事发前4月工资为5159元、5月工资为4716元、6月工资为5408元。

顾某兴诉至法院，请求判令杨某友、保险公司共同承担交通事故损失共计142389.19元。

审理中，法院通知杨某友到庭陈述情况，杨某友称他是皖0390×××变形拖拉机的实际车主，车辆是前几年在江苏溧水区农资大市场购买，购买时未签订书面合同，也没有到交警部门办理机动车登记证书，当时卖主的名字他不记得了，车辆购买价格为一万多元。车辆购买后，他未更换发动机号及车架号，购买保险时是由他人代办的，只是将车辆行驶证提供给了保险公司，保险公司在接受投保时未核实过车辆信息。当初购买时，车辆的号牌号码也不是皖0390×××，过了一年，代办年审人员称这个牌号不好通过年审，所以车辆换了一个号牌号码。2016年7月20日事故发生后，保险公司到长源停车场核实过车辆发动机号及车架号，均非行驶证及保单载明的内容。事故发生后，陈某友垫付顾某兴5000元。

【案件焦点】

本案保险公司应否在交强险限额范围内承担赔偿责任。

【法院裁判要旨】

江苏省江阴市人民法院经审理认为：保险公司辩称事发前杨某友驾驶车辆并非他公司承保车辆，本院认为交强险是对机动车所造成的第三人损失的保险，其目的之一是保障道路交通事故受害人得到赔偿，因此投保人是否履行如实告知义务与保险人是否承担赔偿责任之间不应有直接的关联，否则将有违机动车强制保险制度的设立目的。保险公司承保的标的是机动车本身而非保单上记载的机动车数字信息，况且保险公司作为专业保险机构，其业务能力相对于投保人而言无疑占有相当优势，其未提供证据证明在车辆投保时询问杨某友机动车辆的有关情况，故其本身对数据信息与车辆本身不符有较大过错，保险公司应在交强险限额范围内承担赔偿责任。

江苏省江阴市人民法院依照《中华人民共和国侵权责任法》第十六条，《中华人民共和国道路交通安全法》第七十六条，《最高人民法院关于审理人身损害赔偿案件适用法律若干问题的解释》第十七条、第十八条、第十九条、第二十条、第二十一条、第二十二条、第二十三条、第二十四条、第二十五条，《中华人民共和国民事诉讼法》第一百四十四条之规定，作出如下判决：

一、顾某兴因交通事故造成的损失：医疗费16014.19元、住院伙食补助费306元、营养费1620元、护理费3600元、误工费30000元、残疾赔偿金80304元、精神损害抚慰金3500元、车辆损失900元、鉴定费4627元，合计140871.19元，由中国平安财产保险股份有限公司郑州中心支公司在机动车交通事故责任强制保险限额范围内赔偿120900元，由杨某友赔偿13979.83元，扣除其垫付款5000元，尚需赔偿8979.83元，其余损失由顾某兴自行承担。上述款项均于本判决发生法律效力之日起十日内给付；

二、驳回顾某兴的其他诉讼请求。

保险公司不服一审判决，提起上诉。江苏省无锡市中级人民法院经审理认为：根据《机动车交通事故责任强制保险条例》第二十一条第一款规定，被保险机动车发生道路交通事故造成本车人员、被保险人以外的受害人人身伤亡、财产损失的，由保险公司依法在机动车交强险责任限额范围内予以赔偿。本案中，杨某友为皖0390×××车辆向保险公司投保了交强险，被保险机动车发生道路交通事故造成受害人顾某兴十级伤残，事故发生在保险期间，保险公司应依法在机动车交强险责任限额范围内予以赔偿。交强险的免责事由具有法定性。《机动车交通事故责任强制保险条例》第二十二条以列举方式规定了四种法定免除责任的情形，即无证驾驶、醉酒驾车、机动车被盗抢期间肇事和被保险人故意制造交通事故。保险公司承保时未认真审核投保车辆相关信息，现又以肇事车辆的发动机号码与车架号与保险单载明的信息不符为由，认为本案肇事车辆并非其承保车辆，拒绝承担任何赔偿责任，缺乏事实与法律依据，法院不予支持。江苏省无锡市中级人民法院依照《中华人民共和国民事诉讼法》第一百七十条第一款第（一）项之规定，作出如下判决：

驳回上诉，维持原判。

【法官后语】

本案的争议点在于保险公司辩称肇事车辆投保单信息与车辆实载的发动机号、车架号不一致时，保险公司应否在交强险限额范围内承担赔偿责任。对此，承办法官认为应当结合交强险设立目的、保险公司接受投保时是否尽到审核义务、交强险免责事由等因素予以考虑认定。

1. 交强险是对机动车所造成的第三人损失的保险，其目的之一是为保障道路交通事故受害人得到赔偿。其突出的特点是公益性和强制性，不以营利为目的，它将具有严重损害性的机动车交通事故风险社会化，从而实现更便捷救济受害人的目的。

2. 保险公司未尽到重大事项审核义务。根据法律规定，投保人投保交强险时应当向保险公司如实告知重要事项，如机动车种类、厂牌型号、识别代码、牌照号码等情况，由保险公司审核后办理保险。保险公司除投保人对重要事项未履行如实告知义务外，不得解除机动车交强险保险合同。交强险合同解除前，保险公司应当按照合同承担保险责任。本案中，保险公司未能提供证据证明其已尽到重要事项的审核义务，更没有提供证据证明投保人在未告知重大事项上存在故意或重大过失，在合同未解除前，其应当按照法律规定承担保险责任。

3. 交强险的免责事由具有法定性。根据《机动车交通事故责任强制保险条例》第二十二条的规定，交强险免除责任的情形，分别是无证驾驶、醉酒驾车、机动车被盗抢期间肇事和被保险人故意制造交通事故。

编写人：江苏省江阴市人民法院 尹德元

55

正在上下车人员与交强险中的第三者的关系问题

——刘某焕诉邓某敦等机动车交通事故责任案

【案件基本信息】

1. 裁判书字号

山东省青州市人民法院（2017）鲁0781民初第1698号民事判决书

2. 案由：机动车交通事故责任纠纷

3. 当事人

原告：刘某焕

被告：邓某敦、青州凯程公共交通股份有限公司（以下简称凯程公司）、安盛天平财产保险股份有限公司潍坊中心支公司

【基本案情】

山东省青州市人民法院经公开审理查明：2016年10月9日7时46分许，被告邓某敦驾驶鲁GT5×××大型普通客车在青州市云门山路云门山花园公交站牌处临时停车关闭车门时，与即将上车的原告发生交通事故，致原告受伤。青州市公安局交通警察大队经现场勘查后，认定被告邓某敦违反《中华人民共和国道路交通安全法实施条例》第六十二条第（一）项之规定，在车门没有关好时行车，承担该事故的全部责任。

被告邓某敦驾驶的鲁GT5×××大型普通客车的实际车主是被告凯程公司，邓某敦是凯程公司职工，在执行职务时发生交通事故。该车在被告保险公司投保了机动车交通事故责任强制保险，保险期间自2016年4月26日始至2017年4月25日止。

原告受伤后在潍坊市益都中心医院住院治疗26天，主要诊断为腰1椎体压缩性骨折。诉讼中，根据原告的申请，本院依法委托山东齐都司法鉴定所对原告的人

身损害赔偿项目进行了司法鉴定，于2017年5月10日出具鉴定意见为：1. 被鉴定人刘某焕构成道路交通事故10级伤残；2. 住院期间2人护理，出院后30日1人护理；3. 60天参照当地标准给予营养费补助；4. 无后续治疗费用。

原告主张因该事故造成如下损失：医疗费12342.89元、住院伙食补助费780元（30元/天×26天）、护理费7640.76元（93.18元/天×26天+93.18元/天×26天+93.18元/天×30天）、残疾赔偿金17006元（34012元/年×5年×10%）、营养费1200元（20元/天×60天）、鉴定费2200元、鉴定检查费135元、交通费300元、精神损害抚慰金10000元。其中，被告方认可的损失有：医疗费12342.89元、住院伙食补助费780元、护理费7640.76元、残疾赔偿金17006元、营养费1200元、鉴定费2200元、鉴定检查费135元。上述损失，本院予以确认。原告主张的证据不充分和需本院自由裁量的损失为交通费、精神损害抚慰金。

被告凯程公司在诉前为原告垫付2538元。

【案件焦点】

交通事故发生时刘某焕是否属于交强险赔偿的第三者范围。

【法院裁判要旨】

山东省青州市人民法院经审理认为：被告邓某敦违反道路交通安全法律法规的规定，发生交通事故而致原告受伤。公安机关交通管理部门依职权进行现场勘查后作出的事实认定及事故成因分析清楚，确定被告邓某敦承担该事故的全部责任，于法有据，本院予以采信。

关于原告主张的各项费用，本院已经确认的损失为41304.65元。本院酌情认定原告的交通费为260元、精神损害抚慰金1000元。

原告因该事故造成的前述合理损失总额为42564.65元。

被告凯程公司作为被告邓某敦的工作单位，应当依照《中华人民共和国侵权责任法》第三十四条之规定，承担替代赔偿责任。

被告凯程公司为本案事故车辆鲁GT5×××大型普通客车投保的交强险是根据《中华人民共和国道路交通安全法》和《机动车交通事故责任强制保险条例》的规定强制实行的法定保险，是为确保因被保险人的致害行为而遭受损害的受害人能够得到切实有效的赔偿而存在的保险。保险公司对保险事故承担无过错责任，无论受损害的第三者对交通事故是否负有责任，保险公司均应当在责任限额内赔偿第三者的损失。保险公司承担的赔偿责任是法定义务，在保险人与不特定第三人之间形成了一种法定责任。除了法律规定的免责事由，均不能免除或者减轻保险公司的赔偿责任。凯程公司缴清了交强险保险费，被告保险公司即应当对保险事故承担法定的保险责任。关于原告是否属于交强险第三者的范围问题。《中华人民共和国保险法》第三十条规定，对合同条款有两种以上解释的，人民法院应当作出有利于被保险人和受益人的解释。本案中，被告保险公司主张该事故发生在原告上车过程中，原告一只脚已经踏上车，应属于车上人员，不属于交强险赔偿范围。从被告凯程公司提供的录像光盘来看，原告尚未完全进入车内，就一般人的通常理解而言，当然算不上车上人员。基于上述考虑，本院确认原告属于车外受害人，属于交强险第三者范围。被告保险公司的抗辩理由，与事实不符，本院不予采纳。本案事故发生在保险期间，属于保险事故。按照《中华人民共和国道路交通安全法》第七十六条之规定，本院确定被告保险公司在交强险责任限额范围内赔偿原告如下损失：医疗费用赔偿限额10000元、护理费7640.76元、残疾赔偿金17006元、交通费260元、精神损害抚慰金1000元，共计35906.76元；其余损失6657.89元（42564.65元－35906.76元），由被告凯程公司按照责任比例予以赔偿。被告邓某敦经本院合法传唤，无正当理由拒不到庭，应视为对自己诉讼权利的放弃。

江苏省青州市人民法院依照《中华人民共和国侵权责任法》第六条、第十六条、第三十四条、第四十八条，《中华人民共和国道路交通安全法》第七十六条，《中华人民共和国道路交通安全法实施条例》第六十二条第（一）项，《最高人民法院关于审理人身损害赔偿案件适用法律若干问题的解释》第十七条第一款和第二款、第十八条、第十九条、第二十一条、第二十二条、第二十三条、第二十四条，《中华人民共和国民事诉讼法》第一百四十四条之规定，判决如下：

一、被告安盛天平财产保险股份有限公司潍坊中心支公司在本案事故车辆鲁GT5×××大型普通客车投保的交通事故责任强制保险责任限额范围内赔偿原告刘某焕损失35906.76元；

二、超过机动车第三者责任强制保险责任限额的部分损失6657.89元，由被告凯程公司予以赔偿原告刘某焕。扣除已支付的2538元，被告凯程公司尚应赔偿原告刘某焕4119.89元；

三、驳回原告刘某焕的其他诉讼请求；

四、被告邓某敦在本案中不承担赔偿责任。

如果未按本判决指定的期间履行给付金钱义务，应当依照《中华人民共和国民事诉讼法》第二百五十三条的规定，加倍支付迟延履行期间的债务利息。

【法官后语】

正在上下车的人员分为正在上车人员和正在下车人员。上车是身体完全在车外到完全到车内的过程。下车是身体完全在车内到完全到车外的过程。可见，上下车是一个连续进行的一连串动作的组合。任何人都不能永远置身于车上，故保险合同所涉“第三者”和“车上人员”均为特定时空条件下的临时性身份，非永久性、固定不变的身份。两者可因特定时间条件的变化而转化。判断保险车辆发生交通事故而受伤的人是属于“第三者”还是“车上人员”，必须以发生事故当时的特定时空条件下是否置身保险车辆之上为依据。故正在上下车人员与交强险中的第三者既不能简单地画等号，也不是完全排斥的关系，而是一种交叉关系。

本案交通事故发生时，刘某焕一只脚刚踏上车，而另一只脚还在地面，身体的绝大部分及重心均还在车外，因保险车辆关闭车门将其碰倒在车外，摔倒在地，不能认定事故发生时刘某焕已在车上，其完全符合交强险“第三者”的特征。安盛天平财产保险股份有限公司潍坊中心支公司将正在上下车人员直接与车上人员画等号，认为只要上车人员的一只脚放在车上就是车上人员，进而把受伤的上车人员排除在第三者之外，从语义解释的角度，已经超出了公众对正在上下车人员和车上人员理解的范围，从规定意图上看也有利用格式条款类推，缩小第三者范围，免除承保人责任之嫌。既不符合格式条款的失效原则，也不符合《机动车交通事故责任强制保险条例》的立法目的。安盛天平财产保险股份有限公司潍坊中心支公司上诉主张的保险近因原则理论，无法否认交通事故发生时刘某焕身体尚未完全进入车内的事实，故不能适用于本案情形。

编写人：山东省青州市人民法院　张国鹏

56

质押车辆发生交通事故保险金应如何赔付

——范某光诉张某等机动车交通事故责任案

【案件基本信息】

1. 裁判书字号

河北省邯郸市馆陶县人民法院（2017）冀0433民初第851号民事判决书

2. 案由：机动车交通事故责任纠纷

3. 当事人

原告：范某光

被告：张某、董某岗、中国平安财产保险股份有限公司馆陶支公司

【基本案情】

苏E7N×××号小型轿车登记车主为凌某凤，该车经3次转押后转至孙某凤手。2016年9月27日，孙某凤与原告签订“车辆转押协议”内容为：孙某凤将该车转押给范某光，转押价格132000元。孙某凤保证对该车享有质押权和转押权。转押后发生交通事故和交通违章所产生的法律责任以及经济纠纷与孙某凤无关。孙某凤保证该车以后不会变质为盗抢、诈骗车辆，如不是车辆所有权人抵押的，发生一切后果与范某光无关。同时孙某凤在协议下端写有“今收到苏E7N×××抵押车款132000元　孙某凤”的字据。

2017年2月19日10时许，被告张某驾驶冀DHG×××号小型轿车在馆陶县英才路园林局路段左转弯时，与原告范某光驾驶的苏E7N×××号小型轿车相撞，造成两车不同程度损坏的交通事故。经馆陶县公安交通警察大队认定，张某负事故全部责任，范某光无责任。事故发生后，范某光驾驶的车辆经河北天元保险公估有限公司评估，车损为51586元，范某光为此花去公估费3680元，另付施救费800元。

被告张某驾驶的冀DHG×××号小型轿车登记车主为董某岗，该车在被告中

国平安财产保险股份有限公司馆陶支公司投保了交强险和商业三者险，交强险财产损失赔偿限额为2000元。商业三者险保险金为50万元，不计免赔率，事故发生在保险期间。原告请求判令被告赔偿车辆损失、公估费、施救费共计56066元。

【案件焦点】

原告范某光作为质押物的质权人有无权利获得保险金。

【法院裁判要旨】

河北省馆陶县人民法院经审理认为，根据《中华人民共和国物权法》第二百零八条规定，动产质押是指为担保债务的履行，债务人或者第三人将其动产出质给债权人占有的，债务人不履行到期债务或者发生当事人约定的实现债权的情形，债权人有权就该动产优先受偿权。据此规定范某光与孙某凤签订的“车辆转押协议”名为转押，实为质押。范某光作为质权人依据《中华人民共和国物权法》第二百一十五条质权人负有妥善保管质押财产的义务；因保管不善致使质押财产毁损、灭失的，应当承担赔偿责任的规定，应对质押财产苏E7N×××号小型轿车负有妥善保管的义务。因第三人侵权造成毁损后，范某光作为法定保管人有权向第三人主张索赔。因范某光不是车辆所有权人，所得赔偿款应由范某光保管。经审查确认，本次事故造成的损失为：1. 苏E7N×××号小型轿车车损51586元；2. 范某光支付公估费3680元、施救费800元，合计56066元。被告中国平安财产保险股份有限公司馆陶支公司作为冀DHG×××号小型轿车的交强险和商业三者险保险人，应首先在交强险财产损失赔偿限额内赔偿质押车辆的损失2000元，不足部分即56066元－2000元＝54066元，由保险公司根据保险合同约定在商业三者险保险限额内对质押车辆进行赔偿。

综上，河北省邯郸市馆陶县人民法依照《中华人民共和国物权法》第二百一十五条，《中华人民共和国侵权责任法》第四十八条，《中华人民共和国道路交通安全法》第七十六条，《最高人民法院关于审理道路交通事故损害赔偿案件适用法律若干问题的解释》第十六条，《中华人民共和国民事诉讼法》第一百四十二条之规定，于2017年8月4日作出（2017）冀0433民初第851号民事判决书，判决如下：

一、被告中国人民财产保险股份有限公司馆陶支公司于本判决书生效之日起十日内赔偿苏E7N×××号小型轿车损失51586元，该款交由原告范某光保管；

二、被告中国人民财产保险股份有限公司馆陶支公司于本判决书生效之日起十日内赔偿原告范某光公估费、施救费损失共计4480元；

三、驳回原告范某光对被告张某、董某岗的诉讼请求。

【法官后语】

本案处理的重点在于质押车辆的所有权人难以查找情况下，质权人作为保管义务人，有无权利获得保险公司赔付的保险金。

1.《中华人民共和国物权法》第二条规定，本法所称物权，是指权利人依法对特定的物享有直接支配和排他的权利，包括所有权、用益物权和担保物权。物权是一种绝对权，是权利主体对于归其所有的任何物所享有的占有、使用、享用和处分的权利。本案第三人造成质押车辆损害侵犯的是物权人的财产权利。根据《中华人民共和国民法通则》第一百零六条第二款规定：公民、法人由于过错侵害国家的、集体的财产，侵害他人财产、人身的，应当承担民事责任。本案质押车辆的所有权人有权获得保险金。因本案经多次质押，物权人难以查找，为保护物权人和质权人的权利，本案判决保险公司向质权人支付保险金，并由质权人予以保管，符合法律的逻辑推理。

2. 物权人从质权人处领取保险金时，如果对损失数额有异议应如何处理？本院认为，第一，质押物在质权人保管期间遭受损失，物权人依据《中华人民共和国物权法》第二百一十五条第一款“质权人负有妥善保管质押财产的义务；因保管不善致使质押财产毁损、灭失的，应当承担赔偿责任”的规定，可向质权人主张领取保险金。第二，如果物权人有证据证明质押车辆的损失超过了保险金数额，不足部分依据上述法律规定可向质权人主张赔偿。

综上，该判决在法律未作明确规定情况下，通过逻辑推理及时作出了由范某光保管保险金的判决，该判决既保障了物权人的物权行使，又保护了质权人的索赔权。

编写人：河北省馆陶县人民法院　陈彦

57

私家车通过“滴滴顺风车”搭载乘客不属于商业三者险免赔范围

——齐某秀、李某诉李某迪等机动车交通事故责任案

【案件基本信息】

1. 裁判书字号

重庆市九龙坡区人民法院（2016）渝 0107 民初第 22089 号民事判决书

2. 案由：机动车交通事故责任纠纷

3. 诉讼双方

原告：齐某秀、李某

被告：李某迪、代某佳、中国人寿财产保险股份有限公司重庆市分公司沙坪坝区支公司（以下简称保险公司）

【基本案情】

2016 年 9 月 19 日 14 时许，被告李某迪驾驶小型轿车驶出九龙坡区西彭镇绕城高速小湾收费站下道口后，沿小湾立交经西彭银康路往江津区方向行驶，当车行驶至西彭镇银康路小湾立交上层路段时，与车行方向由左至右横过马路的行人李普银（系原告齐某秀的配偶，李某的父亲）碰撞，造成李某银经江津区中心医院医治无效死亡，本车受损的交通事故。经交巡警认定，李某迪、李某银承担此次事故的同等责任。

事故发生时，肇事车辆登记在代某佳名下，代某佳通过“滴滴顺风车”有偿搭载李某迪，车辆由李某迪驾驶，在保险公司投保了交强险和商业三者险，并购买了不计免赔。

被告李某迪、代某佳认为肇事车辆保险公司投保了交强险和商业险，应先由保

险公司理赔，不足部分由二被告承担连带责任。被告保险公司认为肇事车辆通过滴滴顺风车搭载乘客，属于从事营运活动，改变了车辆使用性质，不符合商业三者险理赔条件，故保险公司不同意承担商业三者险理赔责任。

【案件焦点】

代某佳车通过“滴滴顺风车”搭载乘客是否构成保险公司商业三者险免赔范围。

【法院裁判要旨】

重庆市九龙坡区人民法院经审理认为：对于保险公司是否应当承担商业第三者责任险的问题，本院认为，虽然《中国保险行业协会机动车综合商业保险示范条款》第二十五条载明：“下列原因导致的人身伤亡、财产损失和费用，保险人不负责赔偿：……（三）被保险机动车被转让、改装、加装或改变使用性质等，被保险人、受让人未及时通知保险人且因转让、改装、加装或改变使用性质等导致被保险机动车危险程度显著增加。”对此本院认为，目前网约车业务尚处于逐步规范之中，肇事车辆于事故发生时系从事滴滴出行顺风车业务，其行为虽属有偿服务，但究其顺风车业务而言缓解了交通拥堵，优化了交通资源，其主要目的毕竟不以营运、营利为目的，肇事车辆在行驶过程中搭载乘客，但从空间角度而言，目的地或方向一致，行驶时间没发生改变，并没有显著增加肇事车辆的驾驶风险，被告保险公司并无证据证实被保险车辆长期处于营运状态，确实改变了使用性质，故本院认为，被告保险公司并无证据证实被保险机动车危险程度显著增加，并不构成免责事由。因此，保险公司除承担交强险理赔责任外，还应承担商业第三者责任险理赔责任。

重庆市九龙坡区人民法院依照《中华人民共和国侵权责任法》第六条、第四十八条，《中华人民共和国合同法》第三十九条，《中华人民共和国民事诉讼法》第六十四条，《最高人民法院关于审理人身损害赔偿案件适用法律若干问题的解释》第十七条、第十八条、第十九条、第二十条、第二十一条、第二十二条、第二十三条、第二十七条、第二十九条、第三十五条，《重庆市道路交通安全条例》第六十七条的规定，作出如下判决：

一、被告保险公司于本判决生效之日起三日内支付原告齐某秀、李某保险理赔款416227.02元；

二、驳回原告齐某秀、李某的其他诉讼请求。

【法官后语】

本案处理的重点是对私家车通过“滴滴顺风车”搭载乘客是否属于保险公司商业三者险免赔范围的认定。

网约车业务正处在逐步规范中，法院在裁判私家车通过网络约车平台搭载乘客是否属于商业三者险免赔范围的案件时，争议较大，主要有两种意见：(1) 属于免赔范围。不同类型的车辆保险费不同，营运车辆和非营运车辆的保险费差距很大。事故车辆以非营运车辆投保商业三者险，但在事故发生时从事网约车运营活动，属于改变了车辆的使用性质，但并未将该情况通知保险公司，因此应当认定保险公司不承担保险责任。(2) 不属于免赔范围。私家车从事网约车运营活动并未改变车辆的使用性质，车辆仍主要由车主自己使用，与专门从事载客营运的车辆性质不同，也无证据表明私家车通过网络约车平台搭载乘客导致被保险机动车危险程度显著增加。

目前，规制此问题的主要规定是《中国保险行业协会机动车综合商业保险示范条款》第二十五条。从裁判的角度而言，只能依据该规定认定是否属于保险免责范围。根据该条规定：“下列原因导致的人身伤亡、财产损失和费用，保险人不负责赔偿：……（三）被保险机动车被转让、改装、加装或改变使用性质等，被保险人、受让人未及时通知保险人且因转让、改装、加装或改变使用性质等导致被保险机动车危险程度显著增加。”构成保险公司免责需要满足的要件为：(1) 被保险机动车改变使用性质；(2) 未及时通知保险人；(3) 因改变使用性质导致被保险机动车危险程度显著增加。保险公司承保时根据车辆的不同性质制定了不同的保险费，承保的车辆危险越大保费越高，一般营运车辆的保费是非营运车辆的二倍到三倍。根据权利与义务相一致的原则，如果被保险车辆改变使用性质，从私家车变为载客的营运车辆，再让保险公司承担保险责任有失公平。对被保险车辆是否改变了使用性质，可以从形式和实质两个方面认定。被保险车辆登记为营运车辆，不论其是在营运过程中发生事故，还是营运过程之外发生事故，均应认定为营运车辆；被保险车辆登记为非营运车辆，可以根据被保险车辆行驶的路线、次数等方面认定是否改变了被保险车辆的使用性质，对于行驶路线和次数与车主的工作和生活不符，可以认定为改变了被保险车辆的使用性质。一般而言，在驾驶员不变的情况下，被保险车辆行驶过程中增加危险程度主要取决于行驶路线和行驶时间。行驶不同的路线会面临不同程度的危险；在途行驶时间越长，面临的危险程度越高。顺风车与专车和快车不同，顺风车的车主与搭乘人的目的地或行驶方向一致，并未因行驶不同路线导致危险增加；顺风车的行驶时间也未因搭载人而延长导致危险增加。

具体到本案中，肇事车辆于事故发生时系从事滴滴出行顺风车业务，其行为虽属有偿服务，但车辆主要仍归车主自己使用，有偿服务并非该车辆的主要用途和目的，并未改变车辆的使用性质；肇事车辆在行驶过程中搭载乘客，从空间角度而言，搭乘人和车主的目的地或方向一致，并未改变路线显著增加了危险；从时间角度而言，行驶时间没因为搭乘而延长，也并未显著增加危险，因此不构成保险公司免责。

此外，自社会经济效果而言，顺风车缓解了交通拥堵，优化了交通资源，方便了群众出行，节约了资源，与绿色可持续发展理念高度契合。为鼓励以顺风车为代表的共享经济的发展，宜从严认定保险公司的免责范围。

编写人：重庆市九龙坡区人民法院　齐健

58

租赁私家车发生事故保险公司不能拒赔

——饶某义诉方某波等机动车交通事故责任案

【案件基本信息】

1. 裁判书字号

江西省金溪县人民法院（2017）赣1027民初第418号民事判决书

2. 案由：机动车交通事故责任纠纷

3. 当事人

原告：饶某义

被告：方某波、谢某、陈某标、东乡县顺发汽车租赁服务部、中国人民财产保险股份有限公司东乡支公司

【基本案情】

2015 年 11 月 17 日中午，被告方某波驾驶赣 C0Y×××号小型普通客车在金溪县琉璃乡桂家村下宋组路段行驶，因未确保安全车速行驶至左侧车道，与一辆对向正常直行由原告饶某义无证驾驶的无牌两轮摩托车发生碰撞，造成原告饶某义受伤及两车受损的交通事故。经金溪县公安局交警大队认定，被告方某波负此次事故主要责任，原告饶某义负此次事故次要责任。原告饶某义受伤共花医疗费 255260.37 元。经江西博中司法鉴定中心鉴定，原告右上肢损伤构成八级伤残，胸 10 椎体脱位并截瘫构成一级伤残，后续治疗费为 64000 元，完全护理依赖。被告方某波驾驶的赣 C0Y×××号小型普通客车所有人为被告陈某标，登记的使用性质为非营运，赣 C0Y×××号小型普通客车在被告中国人民财产保险股份有限公司东乡支公司投保了“交强险”及 50 万元不计免赔率的“商业三者险”。

事故发生前，被告陈某标将赣 C0Y×××号小型普通客车放在被告东乡县顺发汽车租赁服务部。2015 年 7 月 31 日，被告谢某与被告东乡县顺发汽车租赁服务部签订汽车租赁合同，约定被告谢某向被告东乡县顺发汽车租赁服务部租赁赣 C0Y×××号小型普通客车，租车日期为 2015 年 7 月 31 日至 2015 年 8 月 1 日，车辆费用为每天 260 元。被告谢某在租赁车辆后，未按约定日期归还，在继续使用车辆期间，被告谢某因对被告方某波负有债务，出借车辆给被告方某波使用，被告方某波在占有车辆期间发生了该起交通事故。被告谢某在租赁车辆期间，共向被告东乡县顺发汽车租赁服务部支付租金 5360 元。

为此，被告方某波、陈某标、东乡县顺发汽车租赁服务部主张，方某波在事故发生时只是驾驶该车辆，而不是营运，原告的合理损失应由保险公司在“交强险”及“商业三者险”限额范围内优先赔付。被告中国人民财产保险股份有限公司东乡支公司主张，被告方某波并非被保险人允许的驾驶人，该车辆在投保时为家庭自用非运营车辆，被保险人将该车辆委托给租赁公司改变了用途，保险公司在“商业三者险”范围内拒赔。

事故原告损失共计 1231440.48 元，被告方某波向原告垫付 10 万元医疗费，被告中国人民财产保险股份有限公司东乡支公司向原告垫付 1 万元医疗费。

【案件焦点】

租赁私家车发生交通事故保险公司能否以改变车辆使用性质为由拒赔“商业三者险”。

【法院裁判要旨】

江西省金溪县人民法院经审理认为：原告因被告方某波的侵权行为而遭受经济损失，双方形成了机动车交通事故责任纠纷，现原告诉至本院要求被告方某波承担机动车交通事故侵权责任，本院予以支持。赣C0Y×××号小型普通客车系被告陈某标所有，被告陈某标将性能完好的车辆放在被告东乡县顺发汽车租赁服务部，并不具有过错，不应承担赔偿责任。被告东乡县顺发汽车租赁服务部将车租赁给具有合法驾驶资格的被告谢某，并不具有过错，不应承担赔偿责任。被告谢某未按合同约定的日期归还车辆，私自将车辆出借给被告方某波使用，最终导致被告方某波在占有车辆期间发生交通事故，故被告谢某与被告方某波构成共同侵权，应承担连带赔偿责任。赣C0Y×××号小型普通客车在被告中国人民财产保险股份有限公司东乡支公司投保了“交强险”和“商业三者险”，本起交通事故发生在保险期间内，根据相关法律规定，对于原告因本起交通事故所导致的合理损失，被告中国人民财产保险股份有限公司东乡支公司应当首先在“交强险”和“商业三者险”限额范围内予以赔偿，不足赔偿的部分由被告方某波、谢某连带赔偿。被告中国人民财产保险股份有限公司东乡支公司认为赣C0Y×××号小型普通客车在投保“商业三者险”时，该车的使用性质是非营运，被告陈某标将车辆用于租赁营利，属于营运性质，并且导致被保险机动车危险程度显著增加的，根据双方约定没有及时书面通知保险人，故保险人不承担赔偿责任。本院认为，车辆出租行为与出租车等营运车辆的营运行为存在明显不同，进行汽车租赁的车辆并非经营性车辆，且保险公司亦未提供其他证据证明被告陈某标及其他当事人存在利用租赁车辆从事营利性的道路运输行为，故被告中国人民财产保险股份有限公司东乡支公司关于涉案车辆因为被告陈某标的出租行为导致车辆使用性质变为“营运”车辆的主张，缺乏事实和法律依据，本院不予支持。

据此，江西省金溪县人民法院依照《中华人民共和国侵权责任法》第三条、第六条、第十三条、第十六条、第二十二条、第二十六条、第四十八条，《中华人民共和国保险法》第六十四条、第六十五条，《最高人民法院关于审理道路交通事故损害赔偿案件适用法律若干问题的解释》第十六条之规定，判决如下：

一、被告中国人民财产保险股份有限公司东乡支公司一次性赔偿给原告饶某义各项经济损失共计 610000 元；

二、被告方某波、谢某连带赔偿给原告饶某义各项经济损失共计 178008.34 元。

三、驳回原告饶某义的其他诉讼请求。

【法官后语】

该案涉及租赁私家车发生交通事故，保险公司能否拒赔“商业三者险”的问题。保险公司主张保险车辆的所有人将车辆用于租赁营利，属于营运性质，并且导致被保险机动车危险程度显著增加的，保险公司不承担“商业三者险”赔偿责任，仅在“交强险”范围内承担赔偿责任。笔者认为，营运车辆通常是指交通运输管理部门核发营运证书的从事客运、货运或客货两用的车辆；或车辆的运载是以完成商业性传递或交通运输为目的。

该案中对涉案车辆的租赁或者使用的一系列民事行为均不构成营运。从车主的角度，陈某标将车辆经汽车租赁服务部租赁给谢某使用的行为，是在不配备驾驶人员的情况下，将车辆交付承租人使用，收取租赁费用的出租行为，该出租行为属于租赁性经营行为，与出租车等营运车辆的营运行为存在明显不同；从汽车租赁服务部的角度来看，其将车辆交付承租人使用，收取租赁费用的行为同样属于租赁性经营行为，而非营运行为；从承租人的角度来看，谢某租赁和使用车辆是为了日常出行，而不是为了从事营利性的运输并收取费用，这显然不符合营运车辆的基本范畴；从车辆使用人的角度，方某波驾驶车辆是为了日常出行所用，也未进行任何营运收取费用，同样不符合营运车辆的性质。

而且，现有法律、法规未规定从事汽车租赁业务的车辆应为使用性质为营运的车辆，故涉案车辆不能认定为营运用途。且谢某和方某波驾驶车辆系为了日常生活出行所用，并未用于营业性质的运输，与私人生活用车并无本质性区别，该种行为并不会显著增加该车的使用风险，保险公司“显著增加车辆使用风险”的主张缺乏依据。故保险公司主张的免责事由并不成立，其应在“交强险”及“商业三者险”范围内承担赔偿责任。

编写人：江西省金溪县人民法院　左禄山

图书在版编目（CIP）数据

中国法院2019年度案例．道路交通纠纷／国家法官学院案例开发研究中心编．—北京：中国法制出版社，2019.4

ISBN 978-7-5216-0111-4

Ⅰ.①中… Ⅱ.①国… Ⅲ.①公路运输-交通运输事故-民事纠纷-案例-汇编-中国 Ⅳ.①D920.5

中国版本图书馆CIP数据核字（2019）第061562号

策划编辑：李小草（lixiaocao2008@sina.cn）

责任编辑：韩璐玮（hanluwei666@163.com）

封面设计：温培英、李宁

中国法院2019年度案例·道路交通纠纷

ZHONGGUO FAYUAN 2019 NIANDU ANLI · DAOLU JIAOTONG JIUFEN

编者/国家法官学院案例开发研究中心

经销/新华书店

印刷/三河市紫恒印装有限公司

开本/730毫米×1030毫米 16开

印张/14.75 字数/250千

版次/2019年4月第1版

2019年4月第1次印刷

中国法制出版社出版

书号 ISBN 978-7-5216-0111-4

定价：49.00元

北京西单横二条2号

邮政编码 100031

传真：010-66031119

网址：http：//www.zgfzs.com

编辑部电话：010-66070084

市场营销部电话：010-66033393

邮购部电话：010-66033288

（如有印装质量问题，请与本社印务部联系调换。电话：010-66032926）

最高人民法院指导性案例裁判规则理解与适用系列

公司卷二	98 元	物权卷	88 元
公司卷（第二版）（上下册）	139 元	婚姻家庭卷（第二版）	68 元
民事诉讼卷（第二版）（上下册）	145 元	合同卷四（第二版）	98 元
侵权赔偿卷二	69 元	合同卷三（第二版）	98 元
侵权赔偿卷一	69 元	合同卷二（第二版）	108 元
房地产卷	98 元	合同卷一（第二版）	108 元
劳动争议卷	58 元	担保卷（第二版）（上下册）	139 元

最高人民法院知识产权审判实务系列

商标法适用的基本问题（增订版）	78 元
反不正当竞争法的创新性适用【精装】	68 元
知识产权保护的新思维——知识产权司法前沿问题	98 元
最高人民法院知识产权审判案例指导（第 9 辑）	88 元
最高人民法院知识产权审判案例指导（第 8 辑）	88 元
最高人民法院知识产权审判案例指导（第 7 辑）	98 元
最高人民法院知识产权审判案例指导（第 6 辑）	78 元
最高人民法院知识产权审判案例指导（第 5 辑）	88 元
最高人民法院知识产权审判案例指导（第 4 辑）	78 元
最高人民法院知识产权审判案例指导（第 3 辑）	78 元
最高人民法院知识产权审判案例指导（第 2 辑）	78 元
最高人民法院知识产权审判案例指导（第 1 辑）	48 元
中国知识产权指导案例评注（第 8 辑）	98 元
中国知识产权指导案例评注（第 7 辑）	118 元
中国知识产权指导案例评注（第 6 辑）	128 元
中国知识产权指导案例评注（第 5 辑）	118 元
中国知识产权指导案例评注（第 4 辑）	98 元
中国知识产权指导案例评注（第 3 辑）	98 元
中国知识产权指导案例评注（上、下卷）	188 元
知识产权法律适用的基本问题——司法哲学、司法政策与裁判方法	168 元
最高人民法院知识产权司法解释理解与适用（最新增订版）	69 元
最高人民法院知识产权案件年度报告（2008 ~ 2015）（中英文版）	198 元
知识产权司法实务新型疑难问题：专利、商标与著作权热点问题	138 元
知识产权司法实务新型疑难问题：知识产权司法保护与产业发展	120 元
商业特许经营合同原理解读与审判实务	58 元
赢在 IP：知识产权诉讼实战策略	49 元
网络游戏知识产权司法保护	68 元

最高人民法院审判指导书系

执行规范理解与适用——最新民事诉讼法与民诉法解释保全、执行条文关联解读（增订 2 版）	159 元
最高人民法院民事立案业务指导	108 元
最高人民法院审判监督业务指导	128 元
最高人民法院执行业务指导	128 元